JOURNAL DE CLÉRY,

SUIVI

DES DERNIÈRES HEURES
DE LOUIS SEIZE,

Par M. EDGEWORTH DE FIRMONT;

DU RÉCIT
DES ÉVÉNEMENS ARRIVÉS AU TEMPLE,

Par MADAME ROYALE,
FILLE DU ROI;

ET D'ÉCLAIRCISSEMENS HISTORIQUES TIRÉS DE DIVERS MÉMOIRES DU TEMPS.

PARIS.
BAUDOUIN FRÈRES, LIBRAIRES,
RUE DE VAUGIRARD, Nº. 36.
BRUXELLES, MÊME MAISON.

1825.

COLLECTION
DES MÉMOIRES
RELATIFS
A LA RÉVOLUTION FRANÇAISE.

JOURNAL
DE CLÉRY.

PARIS.—IMPRIMERIE DE FAIN, RUE RACINE, N°. 4,
PLACE DE L'ODÉON.

JOURNAL

DE CE QUI S'EST PASSÉ

A LA TOUR DU TEMPLE,

PENDANT LA CAPTIVITÉ

DE LOUIS XVI,

ROI DE FRANCE.

J'ai servi pendant cinq mois le Roi et son auguste famille dans la tour du Temple, et malgré la surveillance des officiers municipaux qui en étaient les gardiens, j'ai pu cependant, soit par écrit, soit par d'autres moyens, prendre quelques notes sur les principaux événemens qui se sont passés dans l'intérieur de cette prison.

En classant ces notes en forme de journal, mon intention est plutôt de fournir des matériaux à ceux qui écriront l'histoire de la fin malheureuse de l'infortuné Louis XVI, que de composer moi-même des mémoires : je n'en ai ni le talent ni la prétention.

Seul témoin continuel des traitemens injurieux qu'on a fait souffrir au Roi et à sa famille, je puis seul les écrire et en attester l'exacte vérité; je me bornerai donc à présenter les faits dans tous leurs détails, avec simplicité, sans aucune réflexion et sans partialité.

Quoique attaché depuis l'année 1782 à la famille royale, et témoin, par la nature de mon service, des événemens les plus désastreux pendant le cours de la révolution, ce serait sortir de mon sujet, que de les décrire : ils sont pour la plupart recueillis dans différens ouvrages. Je commencerai donc ce journal à l'époque du 10 août 1792, jour affreux où quelques hommes renversèrent un trône de quatorze siècles, mirent leur roi dans les fers, et précipitèrent la France dans un abîme de malheurs.

J'étais de service auprès de M. le Dauphin à l'époque du 10 août. Dès le matin du 9 l'agitation des esprits était extrême; des groupes se formèrent dans tout Paris, et l'on apprit avec certitude aux Tuileries le plan des conjurés. Le tocsin devait sonner à minuit dans toute la ville, et les Marseillais, réunis aux habitans du faubourg Saint-Antoine, devaient aussitôt marcher pour assiéger le château. Retenu par mes fonctions dans l'appartement du jeune prince et auprès de sa personne, je n'ai connu qu'en partie ce qui s'est passé à l'extérieur; je ne rendrai compte que des événemens dont j'ai été témoin pendant cette journée où l'on vit tant de scènes différentes, même dans le palais (1).

Le neuf au soir, à huit heures et demie, après avoir fait le coucher de M. le Dauphin, je sortis des Tuileries, pour chercher à connaître l'opinion publique. Les cours du château étaient remplies d'environ huit mille gardes nationaux de différentes sections, disposés à défendre le Roi. J'allai au Palais-Royal dont je trouvai presque toutes les issues fermées : des gardes nationaux y étaient sous les armes, prêts à marcher aux Tuileries pour soutenir les bataillons qui les avaient précédés; mais une populace agitée par les factieux remplissait les rues voisines, et ses clameurs retentissaient de toutes parts.

Je rentrai au château vers onze heures par les appartemens du Roi. Les personnes de sa cour et celles de son service s'y rassemblaient avec inquiétude. Je passai dans l'appartement de M. le Dauphin, d'où un instant après j'entendis sonner le tocsin et battre la générale dans tous les quartiers de Paris. Je restai dans le salon jusqu'à cinq heures du matin avec madame de St.-Brice, femme de chambre du jeune prince. A six heures, le Roi descendit dans les cours du château, et passa en revue les gardes nationaux et les Suisses qui jurè-

---

(1) On peut rapprocher de ce récit celui que fait M. Huë dans son ouvrage intitulé : *Dernières années de Louis XVI*. On y trouvera de nouveaux détails, et des faits curieux. (Éclaircissemens A.)

(*Note des nouv. éditeurs.*)

rent de le défendre. La Reine et ses enfans suivaient le roi. On entendit dans les rangs quelques voix séditieuses; elles furent bientôt étouffées par les cris mille fois répétés de *Vive le Roi! Vive la Nation!*

L'attaque des Tuileries ne paraissant pas encore prochaine, je sortis une seconde fois, et je suivis les quais jusqu'au Pont-Neuf. Je rencontrai partout des rassemblemens de gens armés dont les mauvaises intentions n'étaient pas douteuses; ils portaient des piques, des fourches, des haches, des croissans. Le bataillon des Marseillais marchait dans le plus grand ordre avec ses canons, mèche allumée : il invitait le peuple à le suivre, *pour l'aider*, disait-il, *à faire déloger le tyran, et proclamer sa déchéance à l'Assemblée nationale*. Trop certain de ce qui allait se passer, mais ne consultant que mon devoir, je devançai ce bataillon, et regagnai aussitôt les Tuileries. Un corps nombreux de gardes nationaux en sortait en désordre par la porte du jardin vis-à-vis le Pont-Royal. La douleur était peinte sur le visage de la plupart d'entre eux. Plusieurs disaient « Nous
» avons juré ce matin de défendre le Roi, et, au
» moment où il court le plus grand danger, nous
» l'abandonnons. » Les autres, du parti des conspirateurs, injuriaient, menaçaient leurs camarades, et les forçaient à s'éloigner. Les bons se laissèrent ainsi dominer par les séditieux, et cette faiblesse coupable, qui jusque-là avait produ

tous les maux de la révolution, fut encore le commencement des malheurs de cette journée.

Après bien des tentatives pour pénétrer dans le palais, je fus reconnu par le suisse d'une des portes, et je parvins à entrer. J'allai sur-le-champ à l'appartement du Roi, et je priai quelqu'un de son service d'instruire Sa Majesté de tout ce que j'avais vu et entendu.

A sept heures, les inquiétudes augmentèrent par la lâcheté de plusieurs bataillons qui abandonnaient successivement les Tuileries. Ceux des gardes nationaux qui restaient à leur poste, au nombre de quatre ou cinq cents, montrèrent autant de fidélité que de courage; ils furent placés indistinctement avec les Suisses dans l'intérieur du palais, aux différens escaliers, et à toutes les issues. Ces troupes avaient passé la nuit sans prendre aucune nourriture, je m'empressai, avec d'autres serviteurs du roi, de leur porter du pain et du vin, en les encourageant à ne point abandonner la famille royale. Ce fut alors que le Roi donna le commandement de l'intérieur de son palais à MM. le maréchal de Mailly, le duc du Châtelet, le comte de Puységur, le baron de Vioménil, le comte d'Hervilly, le marquis du Pujet, etc. Les personnes de la cour et du service furent distribuées dans différentes salles, après avoir juré de défendre jusqu'à la mort la personne du Roi. Nous étions environ trois ou quatre cents, mais sans autres armes que des épées ou des pistolets.

A huit heures, le danger devint plus pressant. L'assemblée législative tenait ses séances dans le bâtiment du Manége donnant sur le jardin des Tuileries : le Roi lui avait adressé plusieurs messages pour lui faire part de la position où il se trouvait, et l'inviter à nommer une députation qui l'aidât de ses conseils ; l'Assemblée, quoique l'attaque du château se préparât sous ses yeux, n'avait fait aucune réponse.

Quelques instans après, on vit entrer le département de Paris et plusieurs municipaux, ayant à leur tête Rœderer, alors procureur-général-syndic. Rœderer, sans doute d'accord avec les conjurés, engagea vivement Sa Majesté à se rendre avec sa famille à l'Assemblée : il assura que le Roi ne pouvait plus compter sur la garde nationale ; et que, s'il restait dans son palais, ni le département, ni la municipalité de Paris ne répondaient plus de sa sûreté. Le Roi l'écouta sans émotion ; il rentra dans sa chambre avec la Reine, les ministres et un petit nombre de personnes, et bientôt après il en sortit pour se rendre avec sa famille à l'Assemblée. Il était entouré d'un détachement de Suisses et de gardes nationaux. De toutes les personnes du service, madame la princesse de Lamballe, et madame la marquise de Tourzel, gouvernante des enfans de France, eurent seules la permission de suivre la famille royale. Madame de Tourzel, pour ne pas quitter le jeune prince, fut obligée de laisser aux Tuileries mademoiselle sa fille, âgée de dix-sept ans, au milieu des soldats. Il était alors près de neuf heures.

Forcé de rester dans les appartemens, j'attendais avec terreur la suite de la démarche du Roi : j'étais aux fenêtres qui donnent sur le jardin. Il y avait déjà une demi-heure que la famille royale était à l'Assemblée, lorsque je vis sur la terrasse des Feuillans quatre têtes placées sur des piques, que l'on portait du côté du lieu des séances du Corps Législatif. Ce fut là, je crois, le signal de l'attaque du château, car au même instant un feu terrible de canon et de mousqueterie se fit entendre. Les balles et les boulets criblaient le palais. Le Roi n'y étant plus, chacun ne s'occupa que de sa propre sûreté; mais toutes les issues étaient fermées, et une mort certaine nous attendait. Je cours de toutes parts : déjà les appartemens et les escaliers étaient jonchés de morts; je me détermine à sauter sur la terrasse par une des fenêtres de l'appartement de la Reine. Je traverse rapidement le parterre pour gagner le Pont-Tournant. Un gros de Suisses, qui m'avait précédé, se ralliait sous les arbres. Placé entre deux feux, je revins sur mes pas pour gagner l'escalier neuf de la terrasse du bord de l'eau : je voulus sauter sur le quai, le feu continuel qui partait du Pont-Royal m'en empêcha. Je m'avançai du même côté jusqu'à la porte du jardin de monsieur le Dauphin; là, des Marseillais qui venaient de massacrer plusieurs Suisses, les dépouillaient. L'un d'eux vint à

moi, une épée sanglante à la main : « Comment,
« citoyen, me dit-il, tu es sans armes ? prends
« cette épée, aide-nous à tuer. » Un autre Marseillais s'en empara. J'étais en effet sans armes, et
vêtu d'un simple frac ; si quelque chose eût indiqué que j'étais de service au château, je n'eusse
pas échappé.

Quelques Suisses poursuivis se réfugièrent
dans une écurie peu distante de là, moi-même
je m'y cachai : ces Suisses furent bientôt massacrés
à mes côtés. Aux cris de ces malheureuses victimes, le maître de la maison, M. le Dreux, accourut : je profitai de cet instant pour entrer chez lui,
et, sans me connaître, M. le Dreux et sa femme
m'engagèrent à rester, jusqu'à ce que le danger
fût passé. J'avais dans ma poche quelques lettres,
des journaux à l'adresse du prince royal et une
carte d'entrée aux Tuileries sur laquelle étaient
écrits mon nom et la nature de mon service ; ces
papiers auraient pu me faire reconnaître : j'eus à
peine le temps de les jeter. Aussitôt une troupe
armée vint visiter la maison pour s'assurer si des
Suisses n'y étaient point cachés ; M. le Dreux me
dit de faire semblant de travailler à des dessins placés sur une grande table. Après une recherche
inutile, ces hommes, les mains teintes de sang,
s'arrêtèrent pour raconter froidement leurs assassinats. Je restai dans cet asile depuis dix heures
du matin jusqu'à quatre heures du soir, ayant sous
les yeux le spectacle des horreurs qui se commirent

sur la place de Louis XV. Des hommes assassinaient, d'autres coupaient la tête des cadavres; des femmes, oubliant toute pudeur, les mutilaient, en arrachaient des lambeaux, et les portaient en triomphe.

Pendant cet intervalle, madame de Rambaut, femme de chambre de monsieur le Dauphin, qui n'avait échappé qu'avec peine au massacre des Tuileries, vint aussi se réfugier dans cette maison; quelques signes que nous nous fîmes nous engagèrent au silence. Les fils de nos hôtes, qui dans ce moment arrivèrent de l'Assemblée nationale, nous apprirent que le Roi, *suspendu de ses fonctions*, était gardé à vue avec la famille royale dans la loge du rédacteur du *Logographe*, et qu'il était impossible d'approcher de sa personne (1).

Je résolus alors d'aller retrouver ma femme et mes enfans, dans une maison de campagne, à cinq lieues de Paris, que j'habitais depuis plus de deux ans; mais les barrières étaient fermées, et je ne devais pas abandonner madame de Rambaut. Nous convînmes de prendre la route de Versailles, où elle demeurait; les fils de nos hôtes nous accompagnèrent. Nous traversâmes le pont de Louis XVI, couvert de cadavres nus, déjà putréfiés par la

---

(1) Voyez les Éclaircissemens (B) sur le danger que courut, dans la même occasion, M. Huë. Nous avons également extrait de son ouvrage ce qu'il a dit sur le séjour momentané de la famille royale aux Feuillans.

(*Note des nouv. éditeurs.*)

grande chaleur; et, après bien des dangers, nous sortîmes de Paris par une brèche qui n'était point gardée.

Dans la plaine de Grenelle, nous fûmes rencontrés par des paysans à cheval qui crièrent de loin en nous menaçant de leurs armes : « Arrête, ou la mort ! » L'un d'eux, me prenant pour un garde du Roi, me coucha en joue et allait tirer sur moi, lorsqu'un autre proposa de nous conduire à la municipalité de Vaugirard. « Il y en a déjà » une vingtaine, disait-il, l'abatis sera plus » grand. » Arrivés à la municipalité, nos hôtes furent reconnus : le maire m'interrogea. « Pour- » quoi dans le danger de la patrie n'es-tu pas » à ton poste? Pourquoi quittes-tu Paris? Cela an- » nonce de mauvaises intentions. » — « Oui, » oui, » cria la populace, « en prison, les aristo- » crates! en prison ! » — « C'est précisément, ré- » pondis-je, parce que je voulais me rendre à » mon poste, que vous m'avez rencontré sur la » route de Versailles, où je demeure; c'est là » qu'est mon poste, comme c'est ici le vôtre. » — On interrogea aussi madame de Rambaut : nos hôtes assurèrent que nous disions la vérité, et l'on nous délivra des passe-ports. Je dois rendre grâce à la Providence de n'avoir pas été conduit à la prison de Vaugirard : on venait d'y enfermer vingt-deux gardes du Roi, que l'on conduisit ensuite à l'Abbaye, où ils furent massacrés le 2 septembre suivant.

De Vaugirard à Versailles, des patrouilles de gens armés nous arrêtèrent à chaque instant pour vérifier nos passe-ports. Je conduisis madame de Rambaut chez ses parens, et je partis aussitôt pour me rendre au sein de ma famille. La chute que j'avais faite en sautant par une fenêtre des Tuileries, la fatigue d'un voyage de douze lieues, et mes réflexions douloureuses sur les déplorables événemens qui venaient de se passer, m'accablèrent tellement, que j'eus une fièvre très-forte. Je gardai le lit pendant trois jours ; mais, impatient de savoir le sort du Roi, je surmontai mon mal, et revins à Paris.

Le 13 au soir, j'appris à mon arrivée que la famille royale, après avoir été retenue depuis le 10 aux Feuillans, venait d'être conduite au Temple ; que le Roi avait fait choix pour son service de M. de Chamilly son premier valet de chambre, et que M. Huë, huissier de la chambre du Roi, et destiné à la place de premier valet de chambre de M. le Dauphin, devait servir ce jeune prince (1). Madame la princesse de Lamballe, madame la marquise de Tourzel et mademoiselle Pauline de Tourzel avaient accompagné la Reine. Les dames Thibaut, Bazire, Navarre et Saint-Brice, femmes

---

(1) M. Huë raconte avec intérêt les premiers momens de ce séjour au Temple. Voyez les Éclaircissemens (C).

(*Note des nouv. éditeurs.*)

de chambre, avaient suivi les trois Princesses et le jeune Prince.

Je perdis alors tout espoir de continuer mes fonctions auprès de M. le Dauphin, et j'allais retourner à la campagne, lorsque, le sixième jour de la détention du Roi, je fus informé que l'on avait enlevé dans la nuit toutes les personnes qui étaient dans la tour auprès de la famille royale, et qu'après les avoir interrogées au conseil de la commune de Paris, on les avait conduites à la prison de la Force, excepté M. Huë qui fut ramené au Temple pour servir le Roi(1). On chargea Pétion, alors maire de Paris, d'indiquer deux autres personnes. Instruit de ces dispositions, je résolus de tenter tous les moyens de reprendre mon service auprès du jeune Prince. Je me présentai chez Pétion : il me dit que, faisant partie de la maison du Roi, je n'obtiendrais pas l'agrément du conseil général de la commune ; je citai M. Huë qui venait d'être envoyé par ce même conseil pour servir le roi ; il promit d'appuyer un mémoire que je lui remis ; mais j'observai qu'il était nécessaire, avant tout, qu'il fît part au Roi de ma démarche. Deux jours après, il écrivit à Sa Majesté en ces termes :

---

(1) Voyez dans les Éclaircissemens (D), le récit de la première arrestation de M. Huc.

(*Note des nouv. éditeurs.*)

« Sire,

» Le valet de chambre attaché au prince royal
» depuis son enfance demande à continuer son
» service auprès de lui ; comme je crois que cette
» proposition vous sera agréable, j'ai accédé à son
» vœu, etc. »

Sa Majesté répondit par écrit qu'elle m'agréait pour le service de son fils ; en conséquence, je fus mené au Temple ; on me fouilla, on me donna des avis sur la manière dont on prétendait que je devais me conduire, et le même jour, 26 août, à huit heures du soir, j'entrai dans la tour.

Il me serait difficile de décrire l'impression que fit sur moi la vue de cette auguste et malheureuse famille. Ce fut la Reine qui m'adressa la parole, et après des expressions pleines de bonté, « Vous
» servirez mon fils, ajouta-t-elle, et vous vous
» concerterez avec M. Huë pour ce qui nous re-
» garde. » J'étais tellement oppressé, qu'à peine je pus répondre.

Pendant le souper, la Reine et les Princesses, qui depuis huit jours étaient sans leurs femmes, me demandèrent si je pourrais peigner leurs cheveux ; je répondis que je ferais tout ce qui leur serait agréable. Un officier municipal s'approcha de moi, et me dit d'un ton assez haut d'être plus circonspect dans mes réponses. Je fus effrayé de ce début.

Les premiers huit jours que je passai au Temple, je n'eus aucune communication avec l'extérieur. M. Huë était seul chargé de recevoir et de demander les choses nécessaires pour la famille royale; je la servais indistinctement et conjointement avec lui. Mon service auprès du Roi se bornait à le coiffer le matin, et à rouler ses cheveux le soir. Je m'aperçus que j'étais sans cesse observé par les officiers municipaux; un rien leur donnait de l'ombrage (1); je me tins sur mes gardes, afin d'éviter quelque imprudence qui m'aurait infailliblement perdu.

Le 2 septembre il y eut beaucoup de fermentation autour du Temple. Le Roi et sa famille descen-

---

(1) Le fidèle Turgy, dont il sera question dans ces mémoires, donne, en ces mots, une idée des précautions tyranniques que prenaient les officiers municipaux.

« Après le souper, on annonça au Roi que, pour sa sûreté et celle de sa famille, ils occuperaient la tour pendant la nuit. On y avait posé une sentinelle à tous les étages. Les Marseillais ne cessèrent de chanter, au moment du passage de la Reine et pendant toute la nuit;

> Madame monte à sa tour,
> Ne sait quand descendra.

» Dès que le Roi fut entré au Temple, on prescrivit les précautions les plus minutieuses. Voici de quelle manière se faisait le service qui me concernait. S'agissait-il du dîner ou d'un autre repas, on allait au conseil demander deux municipaux.

» Ils se rendaient à l'office; on dressait les plats, on les goû-

dirent comme à l'ordinaire pour se promener dans le jardin ; un officier municipal qui suivait le Roi dit à un de ses collègues : « Nous avons mal fait de
» consentir à les promener cet après-dîner. » J'avais remarqué dès le matin l'inquiétude des commissaires : ils firent rentrer la famille royale avec précipitation ; mais à peine fut-elle réunie dans la chambre de la Reine, que deux officiers municipaux qui n'étaient point de service à la tour, entrèrent, et l'un d'eux, nommé Mathieu, ex-capucin, dit au Roi : « Vous ignorez, monsieur, ce qui
» se passe : la patrie est dans le plus grand dan-
» ger ; l'ennemi est entré en Champagne ; le roi de
» Prusse marche sur Châlons : vous répondrez de
» tout le mal qui peut en résulter ! Nous savons
» que nous, nos femmes, nos enfans, périrons ;
» mais le peuple sera vengé, vous mourrez avant
» nous ; cependant il en est temps encore, et vous
» pouvez..... ». — « J'ai tout fait pour le peuple ;

---

tait devant eux pour leur faire voir qu'il n'y avait rien de caché ni de suspect. On remplissait en leur présence les carafes et les cafetières. Pour couvrir les carafes de lait d'amande, on déchirait, à leur volonté, un morceau de papier dans telle feuille et telle main qu'ils indiquaient. Arrivés avec eux, à la salle à manger, on ne me mettait la table qu'après l'avoir montrée dessus et dessous aux municipaux : on dépliait devant eux les nappes et les serviettes, il fendaient les pains par moitié et sondaient la mie avec une fourchette, ou même avec leurs doigts. »
(*Fragmens historiques sur le Temple.*)
(*Note des nouv. éditeurs.*)

» répondit le Roi, je n'ai rien à me reprocher. »
Ce même Mathieu dit à M. Huë : « Le conseil de la
« commune m'a chargé de vous mettre en état
d'arrestation. » — « Qui ? » demanda le Roi.—
« C'est votre valet de chambre. » Le Roi voulut
savoir de quel crime on l'accusait, mais il ne put
rien apprendre ; ce qui lui donna des inquiétudes
sur son sort, et il le recommanda avec intérêt aux
deux officiers municipaux. On mit les scellés en
présence de M. Huë sur le petit cabinet qu'il occupait, et il partit à six heures du soir, après
avoir passé vingt jours au Temple (1). En sortant, Mathieu me dit : « Prenez garde à la ma-
» nière dont vous vous conduirez ; il vous en arri-
» verait autant. »

Le Roi m'appela un instant après : il me remit
des papiers que M. Huë lui avait rendus, et qui
contenaient des notes de dépense. L'air inquiet
des municipaux, les clameurs du peuple aux environs de la tour, agitaient cruellement son cœur.
Après son coucher, le Roi me dit de passer la nuit
près de lui ; je plaçai un lit à côté de celui de Sa
Majesté.

Le 3 septembre, en habillant le Roi, Sa Majesté

---

(1) M. Huë a raconté lui-même cette seconde arrestation
d'une manière très-intéressante et très-dramatique ; nous plaçons ce récit dans les Éclaircissemens (E).

(*Note des nouv. éditeurs.*)

me demanda si j'avais appris des nouvelles de
M. Huë, et si je savais quelque chose des mouvemens de Paris. Je répondis que, pendant la nuit,
j'avais entendu dire, par un municipal, que le
peuple se portait aux prisons; que j'allais chercher
à me procurer d'autres renseignemens. « Prenez
» garde de vous compromettre, me dit le Roi, car
» alors nous resterions seuls, et je crains que leur
» intention ne soit de mettre près de nous des
» étrangers. »

A onze heures du matin, le Roi étant réuni avec
sa famille dans la chambre de la Reine, un municipal me dit de monter dans celle du Roi, où je
trouvai Manuel et quelques membres de la commune. Manuel me demanda ce que disait le Roi de
l'enlèvement de M. Huë : je lui répondis que Sa
Majesté en était inquiète. « Il ne lui arrivera rien,
» me dit-il; mais je suis chargé d'informer le Roi
» qu'il ne reviendra plus, et que le conseil le
» remplacera : vous pouvez l'en prévenir. » Je le
priai de m'en dispenser, et j'ajoutai que le Roi désirait le voir relativement à plusieurs objets dont
la famille royale avait le plus grand besoin. Manuel se détermina avec peine à descendre dans la
chambre où était Sa Majesté; il lui fit part de l'arrêté du conseil de la commune qui concernait
M. Huë, et la prévint qu'on enverrait une autre
personne. « Je vous remercie, répondit le Roi; je
» me servirai du valet de chambre de mon fils, et
» si le conseil s'y refuse, je me servirai moi-même;

» j'y suis résolu. » Le Roi lui parla ensuite des besoins de sa famille qui manquait de linge et d'autres vêtemens. Manuel dit qu'il allait en rendre compte au conseil, et se retira. Je lui demandai, en le reconduisant, si la fermentation continuait : il me fit craindre, par ses réponses, que le peuple ne se portât au Temple. « Vous vous êtes chargé » d'un service difficile, ajouta-t-il ; je vous exhorte » au courage. »

A une heure, le Roi et sa famille témoignèrent le désir de se promener ; on s'y refusa. Pendant le dîner on entendit le bruit des tambours, et bientôt les cris de la populace. La famille royale sortit de table avec inquiétude et se réunit dans la chambre de la Reine. Je descendis, pour dîner, avec Tison et sa femme employés au service de la tour.

Nous étions à peine assis qu'une tête au bout d'une pique fut présentée à la croisée. La femme de Tison jeta un grand cri ; les assassins crurent avoir reconnu la voix de la Reine, et nous entendîmes le rire effréné de ces barbares. Dans l'idée que Sa Majesté était encore à table, ils avaient placé la victime de manière qu'elle ne pût échapper à ses regards : c'était la tête de madame la princesse de Lamballe ; quoique sanglante, elle n'était point défigurée ; ses cheveux blonds, encore bouclés, flottaient autour de la pique.

Je courus aussitôt vers le Roi. La terreur avait tellement altéré mon visage, que la Reine s'en aperçut; il était important de lui en cacher la cause : je voulais seulement avertir le Roi ou madame Élisabeth, mais les deux municipaux étaient présens. « Pourquoi n'allez-vous pas dîner? » me dit la Reine. — « Madame, lui répondis-je, je suis » indisposé. » Dans ce moment un municipal entra dans la tour, et vint parler avec mystère à ses collègues. Le Roi leur demanda si sa famille était en sûreté. « On fait courir le bruit, répondirent-» ils, que vous et votre famille n'êtes plus dans la » tour; on demande que vous paraissiez à la croi-« sée, mais nous ne le souffrirons point ; le peu-» ple doit montrer plus de confiance à ses magis-» trats. »

Cependant les cris du dehors augmentaient : on entendit très-distinctement des injures adressées à la Reine. Un autre municipal survint, suivi de quatre hommes députés par le peuple pour s'assurer si la famille royale était dans la tour. L'un d'eux, en habit de garde national, portant deux épaulettes, et armé d'un grand sabre, insista pour que les prisonniers se montrassent à la fenêtre : les municipaux s'y opposèrent. Cet homme dit à la Reine, du ton le plus grossier : « On veut vous cacher la tête de la Lamballe, que » l'on vous apportait pour vous faire voir com-» ment le peuple se venge de ses tyrans; je vous » conseille de paraître, si vous ne voulez pas que » le peuple monte ici. » A cette menace la Reine tomba évanouie : je volai à son secours ; madame

Élisabeth m'aida à la placer sur un fauteuil : ses enfans fondaient en larmes, et cherchaient, par leurs caresses, à la ranimer. Cet homme ne s'éloignait point ; le Roi lui dit avec fermeté : « Nous » nous attendons à tout, monsieur ; mais vous au- » riez pu vous dispenser d'apprendre à la reine ce » malheur affreux. » Il sortit alors avec ses camarades, leur but était rempli.

La reine, revenue à elle, mêla ses larmes à celles de ses enfans et passa avec la famille royale dans la chambre de madame Élisabeth, d'où l'on entendait moins les clameurs du peuple. Je restai un instant dans la chambre de la Reine, et, regardant par la fenêtre, à travers les stores, je vis une seconde fois la tête de madame la princesse de Lamballe ; celui qui la portait était monté sur les décombres des maisons que l'on abattait pour isoler la tour ; un autre, à côté de lui, tenait au bout d'un sabre le cœur tout sanglant de cette infortunée princesse. Ils voulurent forcer la porte de la tour ; un municipal, nommé Daujon, les harangua, et j'entendis très-distinctement qu'il leur disait : « La tête d'Antoinette » ne vous appartient pas, les départemens y ont » des droits ; la France a confié la garde de ces » grands coupables à la ville de Paris : c'est à vous » de nous aider à les garder, jusqu'à ce que la » justice nationale venge le peuple. » Ce ne fut qu'après une heure de résistance qu'il parvint à les faire éloigner.

Le soir de la même journée, un des commissaires me dit que la populace avait tenté de pénétrer avec la députation, et de porter dans la tour le corps nu et sanglant de la princesse de Lamballe, qui avait été traîné depuis la prison de la Force jusqu'au Temple; que des municipaux, après avoir lutté contre cette populace, lui avaient opposé pour barrière un ruban tricolor attaché en travers de la principale porte d'entrée; qu'ils avaient inutilement réclamé du secours de la commune de Paris, du général Santerre et de l'Assemblée nationale, pour arrêter des projets qu'on ne dissimulait pas; et que pendant six heures, il avait été incertain si la famille royale ne serait pas massacrée. En effet, la faction n'était pas encore toute-puissante : les chefs, quoique d'accord sur le régicide, ne l'étaient pas sur les moyens de l'exécuter, et l'assemblée désirait peut-être que d'autres mains que les siennes fussent l'instrument des conspirateurs. Une circonstance assez remarquable, c'est qu'après son récit, le municipal me fit payer quarante-cinq sous qu'avait coûté le ruban aux trois couleurs.

A huit heures du soir, tout était calme aux environs de la tour, mais la même tranquillité était loin de régner dans Paris où les massacres continuèrent pendant quatre ou cinq jours. J'eus occasion, en déshabillant le Roi, de lui faire part des mouvemens que j'avais vus, et des détails que j'avais appris. Il me demanda quels étaient ceux des municipaux qui avaient montré le plus de fermeté pour défendre les jours de sa famille ; je lui citai Daujon qui avait arrêté l'impétuosité du peuple, quoiqu'il ne fût rien moins que porté pour Sa Majesté. Ce municipal ne revint à la tour que quatre mois après ; le Roi, se souvenant de sa conduite, le remercia.

Les scènes d'horreur dont je viens de parler ayant été suivies de quelque tranquillité, la famille royale continua le genre de vie uniforme qu'elle avait adopté à son entrée au Temple. Pour qu'on en suive plus facilement les détails, je crois devoir placer ici une description de la petite tour où le Roi était alors renfermé.

Elle était adossée à la grande tour, sans communication intérieure, et formait un carré long flanqué de deux tourelles ; dans une de ces tourelles était un petit escalier qui partait du premier étage et conduisait à une galerie sur la plate-forme; dans l'autre étaient des cabinets qui correspondaient à chaque étage de la tour.

Le corps de bâtimens avait quatre étages. Le premier était composé d'une antichambre, d'une salle à manger et d'un cabinet, pris dans la tourelle, où se trouvait une bibliothèque de douze à quinze cents volumes.

Le second étage était divisé à peu près de la même manière. La plus grande pièce servait de chambre à coucher à la Reine et à monsieur le Dauphin ; la seconde, séparée de la première par une petite antichambre fort osbcure, était occupée par madame Royale et madame Élisabeth. Il fallait traverser cette chambre pour entrer dans le cabinet pris dans la tourelle, et ce cabinet, qui servait de garde-robe à tout ce corps de bâtiment, était commun à la famille royale, aux officiers municipaux et aux soldats.

Le Roi demeurait au troisième étage et couchait dans la grande pièce. Le cabinet pris dans la tourelle lui servait de cabinet de lecture. A côté était une cuisine séparée de la chambre du roi par une petite pièce obscure, qu'avaient habitée MM. de Chamilly et Huë et sur laquelle étaient les scellés. Le quatrième étage était fermé. Il y avait au rez-de-chaussée des cuisines dont on ne fit aucun usage.

Le Roi se levait ordinairement à six heures du matin (1); il se rasait lui-même; je le coiffais et

---

(1) M. Huë a tracé aussi le précis rapide de son service près de la famille royale. Voici comme il s'exprime :

Le dîner fini *, le Roi passait ordinairement dans le cabinet des livres du garde des archives de l'ordre de Malte qui, précédemment, occupait le logement de la tour. La bibliothéque était restée en place, et Sa Majesté venait y choisir des livres ; un jour que j'étais avec le Roi dans ce cabinet, il me montra du doigt les œuvres de Rousseau et de Voltaire. « Ces deux » hommes, me dit-il à voix basse, ont perdu la France. » Dans l'intention de recouvrer l'habitude de la langue latine et de pouvoir, pendant sa captivité, en donner les premières leçons

* Le Roi dînait à deux heures et soupait à neuf.

l'habillais. Il passait aussitôt dans son cabinet de lecture. Cette pièce étant très-petite, le municipal restait dans la chambre à coucher; la porte entr'ouverte, afin d'avoir toujours les yeux sur le Roi. Sa Majesté priait à genoux pendant cinq à six minutes, et lisait ensuite jusqu'à neuf heures. Dans

---

à M. le Dauphin, le Roi traduisait les odes d'Horace et quelquefois Cicéron. Pour le distraire de sa lecture et de son travail qu'il était toujours pressé de reprendre, la Reine et madame Élisabeth faisaient avec lui après le dîner une partie, tantôt de de piquet, tantôt de trictrac; et le soir, l'une ou l'autre princesse lisait, à haute voix, une pièce de théâtre.

» A huit heures, je dressais, dans la chambre de madame Élisabeth, le souper de M. le Dauphin, la Reine venait y présider. Ensuite, lorsque les municipaux étaient assez loin pour ne rien entendre, Sa Majesté faisait réciter à son fils la prière suivante :

« Dieu tout-puissant, qui m'avez créé et racheté, je vous
» adore. Conservez les jours du Roi, mon père, et ceux de ma
» famille ! Protégez-nous contre nos ennemis ! Donnez à ma-
» dame de Tourzel les forces dont elle a besoin pour suppor-
» ter ce qu'elle endure à cause de nous ! »

» Après cette pièce, je couchais monsieur le Dauphin; la Reine et madame Élisabeth restaient alternativement auprès de lui. Le souper servi, je portais à manger à celle des deux princesses que ce soin retenait. Le Roi, en sortant de table, allait aussitôt auprès de son fils. Après quelques momens, il prenait, à la dérobée, la main de la Reine et celle de madame Élisabeth, recevait les caresses de madame Royale, et remontait dans sa chambre. Passant ensuite dans la petite tour, sa Majesté n'en sortait plus qu'à onze heures, pour venir se coucher. »

(*Note des nouveaux éditeurs.*)

cet intervalle, après avoir fait sa chambre et préparé la table pour le déjeûner, je descendais chez la Reine : elle n'ouvrait sa porte qu'à mon arrivée, afin d'empêcher que le municipal n'entrât chez elle. Je faisais les cheveux du jeune prince, j'arrangeais la toilette de la Reine, et j'allais pour le même service, dans la chambre de madame Royale et de madame Élisabeth. Ce moment de la toilette était un de ceux où je pouvais instruire la Reine et les princesses de ce que j'avais appris. Un signe indiquait que j'avais quelque chose à leur dire, et l'une d'elles, causant avec l'officier municipal, détournait son attention.

A neuf heures, la Reine, ses enfans et madame Élisabeth montaient dans la chambre du Roi pour le déjeûner : après les avoir servis, je faisais les chambres de la Reine et des princesses; Tison et sa femme ne m'aidaient que dans ces sortes d'occupations. Ce n'était pas pour le service seulement qu'on les avait placés dans la tour : un rôle plus important leur avait été confié; c'était d'observer tout ce qui aurait pu échapper à la surveillance des municipaux, et de dénoncer les municipaux eux-mêmes. Des crimes à commettre entraient aussi sans doute dans le plan de ceux qui les avaient choisis, car la femme Tison, qui paraissait alors d'un caractère assez doux, mais qui tremblait devant son mari, s'est fait ensuite connaître par une infâme dénonciation contre la Reine à la suite de laquelle elle est tombée dans des accès de folie, et Tison, ancien commis aux barrières, était un vieillard d'un caractère dur et méchant, incapable d'aucun mouvement de pitié, et étranger à tout sentiment d'humanité. A côté de ce qu'il y avait de plus vertueux sur la terre, les conspirateurs avaient voulu placer ce qu'ils avaient trouvé de plus vil.

A dix heures, le Roi descendait avec sa famille dans la chambre de la Reine et y passait la journée. Il s'occupait de l'éducation de son fils, lui faisait réciter quelques passages de Corneille et de Racine; lui donnait des leçons de géographie, et l'exerçait à laver des cartes. L'intelligence prématurée du jeune Prince répondait parfaitement aux tendres soins du Roi. Sa mémoire était si heureuse que sur une carte couverte d'une feuille de papier, il indiquait les départemens, les districts, les villes et le cours des rivières : c'était la nouvelle géographie de la France que le Roi lui montrait. La Reine, de son côté, s'occupait de l'éducation de sa fille; et ces différentes leçons duraient jusqu'à onze heures. Le reste de la matinée se passait à coudre, à tricoter, ou travailler à de la tapisserie. A midi les trois Princesses se rendaient dans la chambre de madame Élisabeth pour quitter leur robe du matin; aucun municipal n'entrait avec elles.

A une heure, lorsque le temps était beau, on faisait descendre la famille royale dans le jardin; quatre officiers municipaux et un chef de légion de la garde nationale l'accompagnaient. Comme il y avait quantité d'ouvriers dans le Temple, employés aux démolitions des maisons et aux constructions des nouveaux murs, on ne donnait pour promenade qu'une partie de l'allée des marroniers ; il m'était aussi permis de participer à ces promenades, pendant lesquelles je faisais jouer le jeune Prince, soit au ballon, au palet, à la course, soit à d'autres jeux d'exercice.

A deux heures, on remontait dans la tour où je servais le dîner ; et tous les jours à la même heure, Santerre, brasseur de bière, commandant général de la garde nationale de Paris, venait au Temple, accompagné de deux aides-de-camp. Il visitait exactement les différentes pièces. Quelquefois le Roi lui adressait la parole, la Reine jamais. Après le repas, la famille royale se rendait dans la chambre de la Reine, Leurs Majestés faisaient assez ordinairement une partie de piquet ou de trictrac. C'était pendant ce temps que je dînais.

A quatre heures, le Roi prenait quelques instans de repos, les Princesses autour de lui, chacune un livre à la main; le plus grand silence régnait pendant ce sommeil. Quel spectacle ! un Roi poursuivi par la haine et la calomnie, tombé du trône dans les fers, mais soutenu par sa conscience, et dormant paisiblement du sommeil du juste !.... son épouse, ses enfans, sa sœur, contemplant avec respect ses traits augustes dont le malheur semblait encore augmenter la sérénité, et sur lesquels on pouvait lire d'avance le bonheur dont il jouit aujourd'hui!.... Non! ce spectacle ne s'effacera jamais de mon souvenir.

Au réveil du Roi, on reprenait la conversation; ce Prince me faisait asseoir auprès de lui. Je donnais sous ses yeux des leçons d'écriture à son fils; et, d'après ses indications, je copiais des exemples dans les OEuvres de Montesquieu et d'autres auteurs célèbres. Après cette leçon, je conduisais le jeune prince dans la chambre de madame Élisabeth, où je le faisais jouer à la balle et au volant.

A la fin du jour, la famille royale se plaçait autour d'une table; la Reine faisait à haute voix une lecture de livres d'histoire ou de quelques ouvrages bien choisis, propres à instruire et à amuser ses enfans, mais dans lesquels des rapprochemens imprévus avec sa situation se présentaient souvent et donnaient lieu à des idées bien douloureuses. Madame Élisabeth lisait à son tour, et cette lecture durait jusqu'à huit heures. Je servais ensuite le souper du jeune Prince dans la chambre de madame Élisabeth. La famille royale y assistait; le Roi se plaisait à y donner quelque distraction à ses enfans, en leur faisant deviner des énigmes tirées d'une collection de Mercures de France qu'il avait trouvée dans la bibliothèque.

Après le souper de monsieur le Dauphin, je le déshabillais; c'était la Reine qui lui faisait réciter ses prières : il en faisait une particulière pour madame la princesse de Lamballe, et par une autre il demandait à Dieu de protéger les jours de madame la marquise de Tourzel, sa gouvernante. Lorsque les municipaux étaient trop près, ce jeune Prince avait de lui-même la précaution de dire ces deux dernières prières à voix basse. Je le faisais passer ensuite dans le cabinet; et si j'avais quelque chose à apprendre à la Reine, je saisissais cet instant. Je l'instruisais du contenu des journaux : on n'en laissait arriver aucun dans la tour; mais un crieur envoyé exprès venait tous les soirs à sept heures, s'approchait près du mur du côté de la rotonde dans l'enclos du Temple, et criait, à plusieurs reprises, le précis de tout ce qui s'était passé à l'Assemblée nationale, à la commune et aux armées. C'était dans le cabinet du Roi que je me plaçais pour l'écouter, et là, dans le silence, il m'était facile de retenir tout ce que j'entendais.

A neuf heures, le Roi soupait. La Reine et madame Élisabeth restaient alternativement auprès de monsieur le Dauphin pendant ce repas : je leur portais ce qu'elles désiraient du souper; c'était encore un des instans où je pouvais leur parler sans témoins.

Après le souper, le Roi remontait un instant dans la chambre de la Reine, lui donnait la main en signe d'adieu, ainsi qu'à sa sœur, et recevait les embrassemens de ses enfans; il allait dans sa chambre, se retirait dans son cabinet, et y lisait jusqu'à minuit. La Reine et les Princesses se renfermaient chez elles. Un des municipaux restait dans la petite pièce qui séparait leurs chambres, et y passait la nuit : l'autre suivait Sa Majesté.

Je plaçais alors mon lit près de celui du Roi ; mais Sa Majesté attendait pour se coucher que le nouveau municipal fût monté, afin de savoir qui il était, et si elle ne l'avait pas encore vu, elle me chargeait de demander son nom. Les municipaux étaient relevés à onze heures du matin, à cinq heures du soir, et à minuit. Ce genre de vie dura tout le temps que le Roi resta dans la petite tour, jusqu'au trente de septembre.

Je reprends l'ordre des faits. Le quatre septembre, le secrétaire de Pétion vint à la tour pour remettre au Roi une somme de deux mille livres en assignats : il exigea du roi une quittance; Sa Majesté lui recommanda de rendre à M. Huë une somme de cinq cent vingt-six livres qu'il avait avancée pour son service ; il le lui promit (1). Cette

---

(1) Voici exactement, d'après M. Huë, ce dont il s'agissait dans cette occasion :

« En venant au Temple, le roi n'avait qu'une très-légère somme en numéraire. Manuel, ayant fait diverses emplettes dont je lui avais donné la note, me les envoya avec le mémoire des frais, montant à cinq cent vingt-six livres. A la vue de ce mémoire, que Manuel avait signé : » « Je suis hors » d'état, me dit Sa Majesté, d'acquitter de ma bourse une pa- » reille dette. » Une somme de six cents livres qui me restait,

somme de deux mille livres est la seule qui ait été payée, quoique l'Assemblée législative eût destiné cinq cent mille livres aux dépenses de Sa Majesté dans la tour du Temple, mais avant qu'elle eût prévu sans doute les véritables projets de ses chefs, ou qu'elle eût osé s'y associer.

Deux jours après, madame Élisabeth me fit rassembler quelques petits effets appartenans à la princesse de Lamballe, qu'elle avait laissés à la tour, lorsqu'elle en fut enlevée. J'en fis un paquet que j'adressai avec une lettre à sa première femme de chambre. J'ai su depuis que ni le paquet, ni la lettre, ne lui étaient parvenus.

A cette époque, le caractère de la plupart des

épargna au roi l'humiliation de contracter envers Manuel une obligation pécuniaire. Sa Majesté voulut bien accéder à la demande que je lui fis de solder ce mémoire.

» C'est à tort qu'il a été publié par certains journaux que, dans sa détresse, le Roi avait accepté un emprunt de Pétion. Ce maire, il est vrai, remit enfin une somme à Sa Majesté, mais c'était un à-compte de celle que lui attribuait le décret de l'Assemblée nationale, le reçu donné par le roi portait :

« Le Roi reconnaît avoir reçu de M. Pétion, la somme de
» deux mille cinq cent vingt-six livres y compris les cinq cents
» vingt-six livres que messieurs les commissaires de la muni-
» cipalité se sont chargés de remettre à M. Huë qui les avait
» avancées pour le service du Roi.

» A Paris, le 3 septembre 1792.
» LOUIS. »

(*Note des nouveaux éditeurs.*)

municipaux qu'on choisissait pour venir au Temple, indiquait de quelle espèce d'hommes on s'était servi pour la révolution du dix août, et pour les massacres du deux septembre.

Un municipal nommé James, maître de langue anglaise, voulut un jour suivre le Roi dans son cabinet de lecture, et s'assit à côté de lui. Le Roi lui dit, d'un ton modéré, que ses collègues le laissaient toujours seul, que la porte restant ouverte, il ne pouvait échapper à ses regards, mais que la pièce était trop petite pour y rester deux. James insista d'une manière dure et grossière; le Roi fut forcé de céder : il renonça pour ce jour-là à sa lecture, et rentra dans sa chambre où ce municipal continua de l'obséder par la plus tyrannique surveillance.

Un jour, à son lever, le Roi, prenant le commissaire de garde pour celui de la veille, et lui témoignant avec intérêt qu'il était fâché qu'on eût oublié de le relever, ce municipal ne répondit à ce mouvement de sensibilité du Roi que par des injures. « Je viens, ici dit-il, pour examiner » votre conduite, et non pour que vous vous oc- » cupiez de la mienne (1). » Et s'avançant près

---

(1) M. Huë atteste par quelques autres exemples la tyrannie grossière de ces surveillans :

« On eût dit qu'en entrant au Temple chaque municipal avait pour commission d'aggraver la captivité de la famille royale. « Quel quartier habitez-vous? demandait un jour la

de Sa Majesté, le chapeau sur la tête : « Personne,
» et vous moins qu'un autre, n'a le droit de s'en
» mêler. » Il fut insolent le reste de la journée.
J'ai su depuis qu'il s'appelait Meunier.

Un autre commissaire, nommé Le Clerc, médecin de profession, se trouva dans la chambre de la Reine au moment où je donnais une leçon d'écriture au jeune prince ; il affecta d'interrompre ce travail, pour disserter sur l'éducation républicaine qu'il fallait donner à monsieur le Dauphin : il voulait substituer à ses lectures celle des ouvrages les plus révolutionnaires.

Un quatrième était présent à une lecture que la Reine faisait à ses enfans : elle lisait un volume de l'Histoire de France, à l'époque où le connétable de Bourbon prit les armes contre la France ; il prétendit que la Reine, par cet exemple voulait inspirer à son fils des sentimens de vengeance contre sa patrie, et il en fit une dénonciation formelle au conseil. J'en prévins la Reine qui, dans la suite, choisit ses lectures, de

---

Reine à l'un de ces hommes qui assistaient au dîner. « La patrie, » répondit-il avec arrogance. « La patrie, c'est la France, » répliqua la Reine. J'en ai vu s'opiniâtrer à rester jusqu'à l'heure du coucher dans la chambre de la Reine, et n'en sortir qu'à force d'instances. Les mouvemens, les gestes, les paroles, les regards, tout, jusqu'au silence même de Leurs Majestés, était interprété méchamment.

(*Note des nouveaux éditeurs.*)

manière qu'on ne pût calomnier ses intentions.

Le nommé Simon, cordonnier et officier municipal, était un des six commissaires chargés d'inspecter les travaux et les dépenses du Temple ; mais il était le seul qui, sous le prétexte de bien remplir sa place, ne quittait point la Tour. Cet homme ne paraissait jamais devant la famille royale, sans affecter la plus basse insolence ; souvent il me disait, assez près du Roi, pour en être entendu : « Cléry, demande à Capet s'il a besoin » de quelque chose, pour que je n'aie pas la peine » de remonter une seconde fois. » J'étais forcé de répondre, « Il n'a besoin de rien. » C'est ce même Simon qui, dans la suite, fut placé près du jeune Louis, et qui, par une barbarie calculée, rendit cet intéressant enfant si malheureux. Il y a lieu de croire qu'il fut l'instrument de ceux qui abrégèrent ses jours.

Pour apprendre à calculer à ce jeune Prince, j'avais fait une table de multiplication, d'après les ordres de la Reine. Un municipal prétendit qu'elle montrait à son fils à parler en chiffres ; et il fallut renoncer aux leçons d'arithmétique.

La même chose arriva pour des tapisseries auxquelles la Reine et les Princesses travaillaient dans les premiers jours de leur détention. Quelques dossiers de chaise étant finis, la reine m'ordonna de les envoyer à madame la duchesse de Sérent ; les municipaux, à qui j'en demandai la permission, crurent que les dessins représentaient des hiéroglyphes, destinés à correspondre avec le dehors; en conséquence ils prirent un arrêté, par lequel il fut défendu de laisser sortir de la tour les ouvrages des Princesses.

Quelques-uns des commissaires ne parlaient jamais du Roi, du jeune Prince et des Princesses sans joindre à leurs noms les épithètes les plus injurieuses. Un municipal nommé Turlot, dit un jour devant moi : « Si le bourreau ne guillotinait » pas cette s..... famille, je la guillotinerais moi-» même. »

Le Roi et sa famille, en sortant pour la promenade, devaient passer devant un grand nombre de sentinelles dont plusieurs, même à cette époque, étaient placés dans l'intérieur de la petite tour. Les factionnaires présentaient les armes aux municipaux et aux chefs de légion, mais quand le Roi arrivait près d'eux, ils posaient l'arme au pied, ou la renversaient avec affectation (1).

Un de ces factionnaires de l'intérieur écrivit un jour sur la porte de la chambre du Roi et en dedans : « *La guillotine est permanente et attend*

---

(1) La famille royale, durant les premiers jours de sa captivité au Temple, descendit quelquefois dans le jardin pour s'y promener. Alors elle marchait conduite par Santerre, et environnée de la bande municipale. Santerre absent, la promenade n'avait pas lieu. M. le Dauphin, accoutumé à l'air et à l'exercice si nécessaires à son âge, souffrait sensiblement de cette privation. Au reste, la famille royale ne descendait au

le tyran Louis XVI. » Le Roi lut ces paroles; je fis un mouvement pour les effacer, Sa Majesté s'y opposa.

Un des portiers de la tour, nommé Rocher (1), d'une horrible figure, vêtu en sapeur, avec de longues moustaches, un bonnet de poil noir sur la tête, un large sabre et une ceinture à laquelle pendait un trousseau de grosses clefs, se présentait à la porte, lorsque le Roi voulait sortir; il ne l'ouvrait qu'au moment où Sa Majesté était près de lui, et sous prétexte de choisir dans ce grand nombre de clefs qu'il agitait avec un bruit épou-

---

jardin que pour s'y voir exposée chaque fois à de nouvelles insultes. Au moment de son passage, les gardes du service extérieur, placés au bas de la tour, affectaient de se couvrir et de s'asseoir : A peine la famille royale était-elle passée, qu'ils se levaient aussitôt et se découvraient.

(*Dernières années de Louis XVI*, par M. Huë.)
(*Note des nouveaux éditeurs.*)

(1) Rocher, de sellier qu'il était, devint officier dans l'armée des rebelles. On lui a entendu dire en parlant des augustes captifs : « Marie Antoinette faisait la fière, mais je l'ai forcée de
» s'humaniser. Sa fille et Élisabeth me font malgré elles la ré-
» vérence : le guichet est si bas, que, pour passer, il faut
» bien qu'elles se baissent devant moi. Chaque fois je flanque
» à cette Élisabeth une bouffée de ma pipe. Ne dit-elle pas
» l'autre jour à nos commissaires : Pourquoi donc Rocher
» fume-t-il toujours? Apparemment que cela lui plaît, répon-
» dirent-ils. »

(*Dernières années de Louis XVI.*)
(*Note des nouveaux éditeurs.*)

vantable, il faisait attendre avec affectation la famille royale, et tirait les verrous avec fracas. Il descendait ensuite précipitamment, se plaçait à côté de la dernière porte, une longue pipe à la bouche, et à chaque personne de la famille royale qui sortait, il soufflait de la fumée de tabac, surtout devant les Princesses. Quelques gardes nationaux, qui s'amusaient de ces insolences, se rassemblaient près de lui, riaient aux éclats à chaque bouffée de fumée et se permettaient les propos les plus grossiers; quelques-uns même, pour jouir plus à leur aise de ce spectacle, apportaient des chaises du corps-de-garde, s'y tenaient assis, et obstruaient le passage déjà fort étroit.

Pendant la promenade, les canonniers se rassemblaient pour danser, et chantaient des chansons toujours révolutionnaires, quelquefois obscènes.

Lorsque la famille royale remontait dans la tour, elle essuyait les mêmes injures; souvent on couvrait les murs des apostrophes les plus indécentes, écrites en assez gros caractères pour ne pas échapper à ses regards. On y lisait : *Madame Véto la dansera... Nous saurons mettre le gros cochon au régime... A bas le cordon rouge... Il faut étrangler les petits louveteaux*, etc. On crayonnait tantôt une potence où était suspendue une figure, sous les pieds de laquelle était écrit, *Louis prenant un bain d'air;* tantôt une guillotine, avec ces mots : *Louis crachant dans le sac*, etc.

On changeait ainsi en supplice cette courte promenade que l'on accordait à la famille royale. Le Roi et la Reine auraient pu s'y dérober en restant dans la tour, mais leurs enfans, objets de leur sensibilité, avaient besoin de prendre l'air : c'était pour eux que Leurs Majestés supportaient chaque jour sans se plaindre ces milliers d'outrages.

Quelques témoignages cependant, ou de fidélité ou d'attendrissement, vinrent quelquefois adoucir l'horreur de ces persécutions, et furent d'autant plus remarqués qu'ils étaient plus rares.

Un factionnaire montait la garde à la porte de la chambre de la Reine : c'était un habitant des faubourgs, vêtu avec propreté, quoiqu'en habit de paysan. J'étais seul dans la première chambre, occupé à lire ; il me considérait avec attention, et paraissait très-ému ; je passe devant lui ; il me présente les armes, et me dit d'une voix tremblante : « Vous ne pouvez pas sortir. — Pourquoi ? — Ma consigne m'ordonne d'avoir les yeux sur vous. — Vous vous trompez, lui dis-je. — Quoi ! monsieur, vous n'êtes pas le Roi ? — Vous ne le connaissez donc pas ? — Jamais je ne l'ai vu, monsieur, et je voudrais bien le voir ailleurs qu'ici. — Parlez bas : je vais entrer dans cette chambre, j'en laisserai la porte à demi ouverte, et vous verrez le Roi ; il est assis près de la croisée, un livre à la main. » Je fis part à la Reine du désir de ce factionnaire, et le Roi, qu'elle en instruisit, eut la bonté de se promener d'une chambre à l'autre pour passer devant lui. Je m'approchai de nouveau de ce factionnaire. « Ah! monsieur, me dit-il, » que le Roi est bon ; comme il aime ses enfans!» Il était si attendri qu'à peine il pouvait parler. « Non, continua-t-il, en se frappant la poitrine, » je ne peux croire qu'il nous ait fait tant de mal.» Je craignis que son extrême agitation ne le compromît, et je le quittai.

Un autre factionnaire, placé au bout de l'allée qui servait de promenade, encore fort jeune et d'une figure intéressante, exprimait par ses regards le désir de donner quelques renseignemens à la famille royale. Madame Élisabeth, dans un second tour de promenade, s'en approcha pour voir s'il lui parlerait ; soit crainte, soit respect, il ne l'osa point ; mais quelques larmes roulèrent dans ses yeux, et il fit un signe pour indiquer qu'il avait déposé près de lui un papier dans les décombres; je me mis à le chercher, en feignant de choisir des palets pour le jeune Prince; mais les officiers municipaux me firent retirer, et me défendirent d'approcher désormais des sentinelles. J'ai toujours ignoré les intentions de ce jeune homme.

Cette heure de la promenade offrait encore à la famille royale un genre de spectacle qui déchirait souvent sa sensibilité. Un grand nombre de sujets fidèles profitaient chaque jour de ce court instant pour voir leur Reine et leur Roi, en se plaçant aux fenêtres des maisons situées autour du jardin du

Temple, et il était impossible de se tromper sur leurs sentimens et sur leurs vœux. Je crus une fois reconnaître madame la marquise de Tourzel, et j'en jugeai surtout par son extrême attention à suivre des yeux tous les mouvemens du jeune Prince, lorsqu'il s'écartait de ses augustes parens. Je fis part de cette observation à madame Élisabeth. Au nom de madame de Tourzel, cette princesse, qui la croyait une des victimes du 2 septembre, ne put retenir ses larmes. Quoi, dit-elle, elle vivrait encore !

Le lendemain, je trouvai moyen de prendre des renseignemens ; madame la marquise de Tourzel était dans une de ses terres. J'appris aussi que madame la princesse de Tarente et madame la marquise de la Roche-Aimon, qui, le 10 août, au moment de l'attaque, s'étaient trouvées dans le château des Tuileries, avaient échappé aux assassins. La sûreté de ces personnes, dont le dévouement s'était manifesté en tant d'occasions, donna quelques instans de consolation à la famille royale ; mais elle apprit bientôt l'affreuse nouvelle que les prisonniers de la haute cour d'Orléans avaient été massacrés, le 9 septembre, à Versailles. Le Roi fut accablé de douleur de la fin malheureuse de M. le duc de Brissac qui ne l'avait pas quitté un seul jour depuis le commencement de la révolution. Sa Majesté regretta beaucoup aussi M. de Lessart et les autres intéressantes victimes de leur attachement à sa personne et à leur patrie.

Le 21 septembre, à quatre heures du soir, le nommé Lubin, municipal, vint, entouré de gendarmes à cheval et d'une nombreuse populace, faire une proclamation devant la tour. Les trompettes sonnèrent, et il se fit un grand silence. Ce Lubin avait une voix de Stentor. La famille royale put entendre distinctement la proclamation de l'abolition de la royauté et de l'établissement d'une république. Hébert, si connu sous le nom de père Duchesne, et Destournelles, depuis ministre des contributions publiques, se trouvaient de garde auprès de la famille royale; ils étaient assis dans ce moment près de la porte, et fixaient le Roi avec un sourire perfide : ce Prince s'en aperçut; il tenait un livre à la main, et continua de lire : aucune altération ne parut sur son visage. La Reine montra la même fermeté; pas un mot, pas un mouvement qui pussent accroître la jouissance de ces deux hommes. La proclamation finie, les trompettes sonnèrent de nouveau; je me mis à une fenêtre; aussitôt les regards du peuple se tournèrent vers moi; on me prit pour Louis XVI : je fus accablé d'injures. Les gendarmes me firent des signes menaçans avec leurs sabres, et je fus obligé de me retirer pour faire cesser le tumulte.

Le même soir, je fis part au Roi du besoin qu'avait son fils de rideaux et de couvertures pour son lit, le froid commençant à se faire sentir. Le roi me dit d'en écrire la demande, et la signa. Je m'étais servi des mêmes expressions que j'avais

employées jusqu'alors : *Le roi demande pour son fils*, etc. « Vous êtes bien osé, me dit Destour-
» nelles, de vous servir d'un titre aboli par la
» volonté du peuple, comme vous venez de l'en-
» tendre. » Je lui observai que j'avais entendu une proclamation, mais que je n'en savais pas l'objet. « C'est, me dit-il, l'abolition de la royauté,
» et vous pouvez dire à *Monsieur*, en me mon-
» trant le Roi, de cesser de prendre un titre que
» le peuple ne reconnaît plus. — Je ne puis, lui
» répondis-je, changer ce billet qui est déjà signé,
» le Roi m'en demanderait la cause, et ce n'est
» pas à moi à la lui apprendre. — Vous ferez ce
» que vous voudrez, me répliqua-t-il, mais je ne
» certifierai pas votre demande. » Le lendemain madame Élisabeth m'ordonna d'écrire à l'avenir, pour ces sortes d'objets, de la manière suivante : *Il est nécessaire pour le service de Louis XVI..... de Marie-Antoinette..... de Louis-Charles.... de Marie-Thérèse..... de Marie-Élisabeth*, etc.

Jusqu'alors j'avais été forcé de répéter souvent ces demandes. Le peu de linge qu'avaient le Roi et la Reine, leur avait été prêté par des personnes de la cour (1), pendant le temps qu'ils étaient restés aux Feuillans. On n'avait pu s'en procurer du château des Tuileries où, dans la journée du

---

(1) La comtesse de Sutherland, ambassadrice d'Angleterre en France, trouva le moyen de faire parvenir à la Reine du linge et d'autres effets pour le jeune Prince. La Reine m'or-

10 août, tout avait été livré au pillage. La famille royale manquait surtout de vêtemens : les princesses les raccommodaient chaque jour, et souvent madame Élisabeth, pour recoudre ceux du Roi, était obligée d'attendre qu'il fût couché : j'obtins cependant, après beaucoup d'instances, qu'on fît un peu de linge neuf ; mais les ouvrières l'ayant marqué de lettres couronnées, les municipaux exigèrent que les princesses ôtassent les couronnes : il fallut obéir.

Le 26 septembre j'appris, par un municipal, qu'on se proposait de séparer le Roi de sa famille, et que l'appartement qu'on lui destinait dans la grande tour serait bientôt prêt. Ce ne fut pas sans beaucoup de précautions que j'annonçai au Roi cette nouvelle tyrannie ; je lui témoignai combien il m'en avait coûté pour l'affliger. « Vous
» ne pouvez me donner une plus grande preuve
» d'attachement, me dit Sa Majesté ; j'exige de
» votre zèle de ne me rien cacher ; je m'attends
» à tout ; tâchez de savoir le jour de cette pénible
» séparation, et de m'en instruire. »

Le 29 septembre, à dix heures du matin, cinq ou six municipaux entrèrent dans la chambre

---

donna dans la suite de renvoyer à lady Sutherland les effets qui lui appartenaient, et de lui écrire de sa part pour la remercier. (La Reine à cette époque était privée de papier et d'encre.) Les municipaux s'opposèrent à cet envoi et gardèrent le linge et les effets.

de la Reine où était la famille royale. L'un d'eux, nommé Charbonnier, fit lecture au Roi d'un arrêté du conseil de la commune qui ordonnait « d'enlever papier, encre, plumes, crayons et » même les papiers écrits, tant sur la personne » des détenus que dans leurs chambres, ainsi » qu'au valet de chambre et autres personnes » du service de la tour ; et lorsque vous aurez » besoin de quelque chose, ajouta-t-il, Cléry » descendra et écrira vos demandes sur un re- » gistre qui restera dans la salle du conseil. » Le Roi et sa famille, sans faire la moindre observation, se fouillèrent, donnèrent leurs papiers, crayons, nécessaires de poche, etc. Les commissaires visitèrent ensuite les chambres, les armoires, et emportèrent les objets désignés par l'arrêté. Je sus alors par un municipal de la députation, que le soir même le Roi serait transféré dans la grande tour ; je trouvai le moyen d'en faire avertir Sa Majesté par madame Élisabeth.

En effet, après le souper, comme le Roi quittait la chambre de la Reine pour remonter dans la sienne, un municipal lui dit d'attendre, le conseil ayant quelque chose à lui communiquer. Un quart d'heure après, les six municipaux, qui le matin avaient enlevé les papiers, entrèrent et firent lecture au Roi d'un second arrêté de la commune, qui ordonnait sa translation dans la grande tour. Quoique instruit de cet événement, le Roi en fut de nouveau très-vivement affecté ; sa famille désolée cherchait à lire dans les yeux des commissaires jusqu'où devaient s'étendre leurs projets ; ce fut en la laissant dans les plus vives alarmes que le Roi reçut ses adieux, et cette séparation, qui annonçait déjà tant d'autres malheurs, fut un des momens les plus cruels que Leurs Majestés eussent encore passé au Temple. Je suivis le Roi dans sa nouvelle prison.

L'appartement du Roi dans la grande tour n'était point achevé, il n'y avait qu'un seul lit et aucun meuble : les peintres et les colleurs y travaillaient encore, ce qui causait une odeur insupportable, et je craignis que Sa Majesté n'en fût incommodée. On me destinait pour logement une chambre très-éloignée de celle du Roi ; j'insistai fortement pour en être rapproché. Je passai la première nuit sur une chaise auprès de Sa Majesté ; le lendemain le Roi n'obtint qu'avec beaucoup de difficulté qu'on me donnât une chambre à côté de la sienne.

Après le lever de Sa Majesté, je voulus me rendre dans la petite tour, pour habiller le jeune Prince ; les municipaux s'y refusèrent. L'un d'eux, nommé Véron, me dit : — « Vous n'aurez plus de » communication avec les prisonnières, votre » maître non plus, il ne doit pas même revoir » ses enfans. »

A neuf heures, le Roi demanda qu'on le conduisît vers sa famille. « Nous n'avons point d'or» dres pour cela, » dirent les commissaires. Sa

Majest leur fit quelques observations : ils ne répondirent pas.

Une demi-heure après, deux municipaux entrèrent suivis d'un garçon servant qui apportait au roi un morceau de pain et une carafe de limonade, pour son déjeuner ; le Roi leur témoigna le désir de dîner avec sa famille : ils répondirent qu'ils prendraient les ordres de la commune. » Mais, ajouta le Roi, mon valet de chambre peut » descendre, c'est lui qui a soin de mon fils, et » rien n'empêche qu'il ne continue de le servir. » — « Cela ne dépend pas de nous, » dirent les commissaires, et ils se retirèrent.

J'étais alors dans un coin de la chambre accablé de douleur, et livré aux réflexions les plus déchirantes sur le sort de cette auguste famille. D'un côté, je voyais les souffrances de mon maître, de l'autre, je me représentais le jeune prince abandonné peut-être à d'autres mains. On avait déjà parlé de le séparer de Leurs Majestés ; et quelles nouvelles souffrances cet enlèvement ne causerait-il pas à la Reine !

J'étais occupé de ces affligeantes idées, lorsque le Roi vint à moi, tenant à la main le pain qu'on lui avait apporté ; il m'en présenta la moitié, et me dit : — « Il paraît qu'on a oublié votre déjeu- » ner, prenez ceci, j'ai assez du reste. » Je refusai, mais il insista : je ne pus retenir mes larmes, le Roi s'en aperçut, et laissa couler les siennes.

A dix heures, d'autres municipaux amenèrent les ouvriers, pour continuer les travaux de l'appartement. Un de ces municipaux dit au Roi, qu'il venait d'assister au déjeuner de sa famille, et qu'elle était en bonne santé. « Je vous remer- » cie, » répondit le Roi ; « Je vous prie de lui » donner de mes nouvelles, et de lui dire que je » me porte bien. Ne pourrais-je pas, ajouta-t-il, » avoir quelques livres que j'ai laissés dans la » chambre de la Reine : vous me feriez plaisir de » me les envoyer, car je n'ai rien à lire. » Sa Majesté indiqua les livres qu'elle désirait : ce municipal consentit à la demande du Roi, mais ne sachant pas lire, il me proposa de l'accompagner. Je me félicitai de l'ignorance de cet homme, et je bénis la providence de m'avoir ménagé ce moment de consolation. Le Roi me chargea de quelques ordres, ses yeux me dirent le reste.

Je trouvai la Reine dans sa chambre, entourée de ses enfans et de madame Élisabeth : ils pleuraient tous, et leur douleur augmenta à ma vue ; ils me firent mille questions sur le Roi, auxquelles je ne pus répondre qu'avec réserve. La Reine, s'adressant aux municipaux qui m'avaient accompagné, renouvela vivement la demande d'être avec le Roi, au moins pendant quelques instans du jour, et à l'heure des repas. Ce n'étaient plus des plaintes, ni des larmes, c'étaient des cris de douleur....... « Eh bien ! ils dîneront ensemble au- » jourd'hui, dit un officier municipal ; mais

» comme notre conduite est subordonnée aux
» arrêtés de la commune, nous ferons demain ce
» qu'elle prescrira. » Ses collègues y consentirent.

A la seule idée de se retrouver encore avec le Roi, un sentiment, qui tenait presque de la joie, vint soulager cette malheureuse famille. La Reine tenant ses enfans dans ses bras, madame Élisabeth les mains élevées vers le ciel, remerciaient Dieu de ce bonheur inattendu, et offraient le spectacle le plus touchant. Quelques municipaux ne purent retenir leurs larmes (ce sont les seules que je leur ai vu répandre dans cet affreux séjour). L'un d'eux le cordonnier Simon, dit assez haut : « Je » crois que ces b... de femmes me feraient pleu- » rer : » et s'adressant ensuite à la Reine : « Lors- » que vous assassiniez le peuple le 10 août, vous ne » pleuriez point. » — « Le peuple est bien trompé » sur nos sentimens, » répondit la Reine.

Je pris ensuite les livres que le Roi m'avait demandés et les lui portai : les municipaux entrèrent avec moi pour annoncer à Sa Majesté qu'elle verrait sa famille. Je dis à ces commissaires que je pouvais sans doute continuer de servir le jeune Prince et les Princesses : ils y consentirent. J'eus ainsi occasion d'apprendre à la Reine ce qui s'était passé, et tout ce qu'avait souffert le Roi depuis qu'il l'avait quittée.

On servit le dîner chez le Roi, où sa famille se rendit, et par les sentimens qu'elle fit éclater on put juger des craintes qui l'avaient agitée, on n'entendit plus parler de l'arrêté de la Commune, et la famille royale continua de se réunir aux heures des repas, ainsi qu'à la promenade.

Après le dîner, on fit voir à la Reine l'appartement qu'on lui préparait au-dessus de celui du Roi ; elle sollicita les ouvriers d'achever promptement, mais ils n'eurent fini qu'au bout de trois semaines.

Dans cet intervalle, je continuai mon service, tant auprès de Leurs Majestés, qu'auprès du jeune Prince et des Princesses ; leurs occupations furent à peu près les mêmes. Les soins que le Roi donnait à l'éducation de son fils n'éprouvèrent aucune interruption, mais ce séjour de la famille royale dans deux tours séparées, en rendant la surveillance des municipaux plus difficile, la rendait aussi plus inquiète. Le nombre de commissaires était augmenté, et leur défiance me laissait bien peu de moyens pour être instruit de ce qui se passait au dehors ; voici ceux dont je fis usage :

Sous le prétexte de me faire apporter du linge et d'autres objets nécessaires, j'obtins la permission que ma femme vînt au Temple une fois la semaine ; elle était toujours accompagnée d'une dame de ses amies, qui passait pour une de ses parentes. Personne n'a prouvé plus d'attachement que cette dame à la famille royale, par les démarches qu'elle a faites et les risques qu'elle a courus en plusieurs occasions. A leur arrivée on me faisait descendre dans la chambre du conseil, mais je ne pouvais leur parler qu'en présence des municipaux; nous étions observés de près, et les premières visites ne remplirent pas mon but. Je leur fis alors comprendre de ne venir qu'à une heure de l'après-midi : c'était le moment de la promenade, pendant laquelle la plupart des officiers municipaux suivaient la famille royale; il n'en restait qu'un dans la chambre du conseil, et lorsque c'était un homme honnête, il nous laissait un peu plus de liberté, sans cependant nous perdre de vue.

Ayant ainsi la facilité de parler sans être entendu, je leur demandais des nouvelles des personnes à qui la famille royale prenait intérêt, et je m'informais de ce qui se passait à la Convention. C'était ma femme qui avait engagé le crieur dont j'ai déjà parlé, à venir chaque jour se placer près des murs du Temple, et à crier, à plusieurs reprises, le précis des journaux.

Je joignais à ces notions ce que je pouvais apprendre de quelques municipaux, et surtout d'un serviteur très-fidèle nommé Turgy, garçon servant de la bouche du Roi, et qui, par attachement pour Sa Majesté, avait trouvé le moyen de se faire employer au Temple, avec deux de ses camarades, Marchand et Chrétien. Ils apportaient dans la tour les repas de la famille royale préparés dans une cuisine assez éloignée; ils étaient en outre chargés des commissions d'approvisionnemens, et Turgy, qui partageait avec eux cet emploi, sortant du Temple, à son tour, deux ou trois fois la semaine, pouvait s'informer de ce qui se passait. La difficulté était de m'instruire de ce qu'il avait appris, on lui avait défendu de me parler, à moins que ce ne fût pour le service de la famille royale, mais toujours en présence des municipaux; lorsqu'il voulait me dire quelque chose, il me faisait un signe convenu, et je cherchais à l'entretenir sous différens prétextes. Tantôt je le priais de me coiffer. Madame Élisabeth, qui connaissait mes relations avec Turgy, causait alors avec les municipaux; j'avais ainsi le temps nécessaire pour nos conversations. Tantôt je lui donnais l'occasion d'entrer dans ma chambre; il saisissait ce moment pour placer sous mon lit les journaux, mémoires et autres imprimés qu'il avait à me remettre.

Lorsque le Roi ou la Reine désiraient quelques éclaircissemens du dehors, et que le jour où ma femme devait venir était éloigné, j'en chargeais encore Turgy; si ce n'était pas son jour de sortie, je feignais d'avoir besoin de quelque objet pour le service de la famille royale. « Ce sera pour un au» tre jour, me disait-il. » — « Eh bien! lui répon» dais-je d'un air indifférent, le Roi attendra. » Je voulais, en parlant ainsi, engager les municipaux à lui donner l'ordre de sortir; souvent il le recevait, et le même soir, ou le lendemain matin, il me donnait les détails que je désirais. Nous étions convenus de cette manière de nous entendre, mais il fallait prendre garde de ne pas employer une seconde fois les mêmes moyens devant les mêmes commissaires.

De nouveaux obstacles se présentaient pour rendre compte au Roi de ce que j'avais appris. Le soir je ne pouvais parler à Sa Majesté qu'au moment où l'on relevait les municipaux, et à son coucher. Quelquefois je pouvais lui dire un mot le matin; quand ses gardiens n'étaient pas encore en état de paraître à son lever; j'affectais de ne pas vouloir entrer sans eux, mais en leur faisant sentir que Sa Majesté m'attendait. Me permettaient-ils d'entrer, je tirais aussitôt les rideaux du lit du Roi, et, pendant que je le chaussais, je lui parlais sans être vu ni entendu. Le plus souvent mes espérances étaient trompées, et les municipaux me forçaient d'attendre la fin de leur toilette pour m'accompagner chez Sa Majesté. Plusieurs d'entre eux me traitaient même avec dureté; les uns m'ordonnaient le matin d'enlever leurs lits de sangle, et le soir me forçaient de les replacer; les autres me tenaient sans cesse des propos insultans : mais cette conduite me fournissait de nouveaux moyens d'être utile à Leurs Majestés. N'opposant aux commissaires que de la douceur et de la complaisance, je les captivais presque malgré eux; je leur inspirais de la confiance sans qu'ils s'en aperçussent, et je parvenais souvent à savoir d'eux-mêmes ce que je voulais apprendre.

Tel était le plan que je suivais avec tant de soin depuis mon entrée au Temple, lorsqu'un événement aussi bizarre qu'inattendu me fit craindre d'être séparé pour toujours de la famille royale.

Un soir, vers les six heures, c'était le 5 octobre, après avoir accompagné la Reine dans son appartement, je remontais chez le Roi avec deux officiers municipaux, lorsque la sentinelle placée à la porte du grand corps-de-garde, m'arrêtant par le bras, et me nommant par mon nom, me demanda comment je me portais, et me dit, avec un air de mystère, qu'elle voudrait bien m'entretenir. « Monsieur, lui répondis-je, parlez haut; il
» ne m'est pas permis de parler bas à personne. »
— « On m'a assuré, répliqua le factionnaire, qu'on
» avait mis le Roi au cachot depuis quelques jours,
» et que vous étiez avec lui. » — « Vous voyez
» bien le contraire, » lui dis-je, et je le quittai. Dans ce moment un des municipaux marchait devant moi, et l'autre me suivait; le premier s'arrêta et nous entendit.

Le lendemain matin, deux commissaires m'attendaient à la porte de l'appartement de la Reine: ils me conduisirent à la chambre du conseil, et les municipaux qui s'y étaient rassemblés m'interrogèrent. Je rapportai la conversation telle qu'elle avait eu lieu : celui des municipaux qui nous avait entendus confirma mon récit; l'autre soutint que la sentinelle m'avait remis un papier dont il avait entendu le froissement, et que c'était une lettre pour le Roi. Je niai le fait, en invitant les municipaux à me fouiller et à faire des recherches. On dressa procès verbal de la séance du conseil; je fus confronté avec le factionnaire, et celui-ci fut condamné à vingt-quatre heures de prison.

Je croyais cette affaire terminée, lorsque le 26 octobre, pendant le dîner de la famille royale, un municipal entra, suivi de six gendarmes le sabre à la main, d'un greffier et d'un huissier, tous deux en costume. Je crus qu'on venait chercher le Roi, et je fus saisi de terreur. La famille royale se leva; le Roi demanda ce qu'on lui voulait; mais le municipal, sans répondre, m'appela dans une autre chambre; les gendarmes le suivirent; et, le greffier m'ayant lu un mandat d'arrêt, on se saisit de moi pour me traduire au tribunal. Je demandai la permission d'en prévenir le Roi; on me répondit que dès ce moment il ne m'était plus permis de lui parler. « Prenez seulement une chemise, ajouta » le municipal, cela ne sera pas long. » Je crus l'entendre et n'emportai que mon chapeau. Je passai à côté du Roi et de sa famille, qui étaient debout, et consternés de la manière dont on m'enlevait. La populace rassemblée dans la cour du Temple m'accabla d'injures, en demandant ma tête. Un officier de la garde nationale dit qu'il était nécessaire de me conserver la vie, jusqu'à ce que j'eusse révélé les secrets dont j'étais seul dépositaire, et les mêmes vociférations se firent entendre pendant ma route.

Je fus à peine arrivé au Palais de Justice, qu'on me mit au secret : j'y restai six heures, occupé, mais en vain, à découvrir quels pouvaient être les motifs de mon arrestation; je me rappelai seulement que, dans la matinée du 10 août, pendant l'attaque du château des Tuileries, quelques personnes qui s'y trouvaient enfermées, et qui cherchaient à en sortir, m'avaient prié de cacher dans une commode qui m'appartenait plusieurs effets précieux, et même des papiers qui auraient pu les faire reconnaître; je crus que ces papiers avaient été saisis, et que peut-être ils allaient causer ma perte.

A huit heures je parus devant des juges qui m'étaient inconnus. C'était un tribunal révolutionnaire établi le 17 août, pour faire un choix entre ceux qui avaient échappé à la fureur du peuple, et les mettre à mort. Quel fut mon étonnement lorsque j'aperçus sur le fauteuil des accusés ce même jeune homme soupçonné de m'avoir remis une lettre trois semaines auparavant, et lorsque je reconnus dans mon accusateur cet officier municipal qui m'avait dénoncé au conseil du Temple! On m'interrogea; des témoins furent entendus. Le municipal renouvela son accusation : je lui répliquai qu'il n'était pas digne d'être magistrat du peuple; que, puisqu'il avait entendu le froissement d'un papier, et cru voir qu'on me remettait une lettre, il aurait dû me fouiller sur-le-champ, au lieu d'attendre dix-huit heures pour me dénoncer au conseil du Temple. Après les débats, les jurés passèrent aux opinions, et sur leur déclaration nous fûmes acquittés. Le président chargea quatre municipaux présens à mon jugement de me reconduire au Temple : il était minuit. J'arrivai au moment où le Roi venait de se coucher, et il me fut permis de lui annoncer mon retour. La famille royale avait pris le plus vif intérêt à mon sort, et me croyait déjà condamné.

Ce fut à cette époque que la Reine vint habiter l'appartement qu'on lui avait préparé dans la grande tour; mais ce jour-là même, si vivement désiré, et qui semblait promettre à Leurs Majestés quelques consolations, fut marqué, de la part des officiers municipaux, par un nouveau trait d'animosité contre la Reine. Depuis son entrée au Temple, ils la voyaient consacrer son existence au soin de son fils, et trouver quelque adoucissement à ses maux dans sa reconnaissance et dans ses caresses; ils l'en séparèrent sans l'en prévenir : sa douleur fut extrême. Le jeune Prince ayant été remis au Roi, je fus chargé de son service. Avec quel attendrissement la Reine ne me recommanda-t-elle point de veiller sur les jours de son fils!

Les événemens dont j'aurai désormais à parler s'étant passés dans un local différent de celui dont j'ai donné la description, je crois devoir faire connaître la nouvelle habitation de Leurs Majestés.

La grande tour, d'environ cent cinquante pieds de hauteur, forme quatre étages qui sont voûtés, et soutenus au milieu par un gros pilier, depuis le bas jusqu'à la flèche. L'intérieur est d'environ trente pieds en carré.

Le second et le troisième étages destinés à la famille royale, étant, comme les autres, d'une seule pièce, furent divisés en quatre chambres par des cloisons de planche. Le rez-de-chaussée était à l'usage des municipaux; le premier étage servait de corps-de-garde; le Roi fut logé au second.

La première pièce de son appartement était une antichambre (1) où trois portes différentes conduisaient séparément aux trois autres pièces (*a*). En face de la porte d'entrée était la chambre du Roi (*b*), dans laquelle on plaça un lit pour M. le Dauphin; la mienne se trouvait à gauche (*c*), ainsi que la salle à manger (*d*), qui était séparée de l'antichambre par une cloison en vitrage. Il y avait une cheminée dans la chambre du Roi; un grand poêle placé dans l'antichambre chauffait les autres pièces. Chacune de ces chambres était éclairée par une croisée, mais on avait mis en dehors de gros barreaux de fer et des abat-jour qui empêchaient l'air de circuler; les embrasures des fenêtres avaient neuf pieds de profondeur.

La grande tour communiquait par chaque étage à quatre tourelles placées sur les angles.

Dans une de ces tourelles était l'escalier (*e*) qui allait jusqu'aux créneaux; on y avait placé des

---

(1) Les lettres italiques placés dans cette page, et dans les deux pages suivantes, indiquent la distribution des lieux, sur le plan qui fait partie de la collection des portraits, *fac simile*, etc. etc.

(*Note des nouveaux éditeurs.*)

guichets de distance en distance au nombre de sept. De cet escalier on entrait dans chaque étage, en franchissant deux portes; la première était en bois de chêne fort épais, et garnie de clous, la seconde en fer.

Une autre tourelle (*f*) donnait dans la chambre du Roi, et y formait un cabinet. On avait ménagé une garde-robe (*g*) dans la troisième. La quatrième (*h*) renfermait le bois de chauffage; on y déposait aussi pendant le jour les lits de sangle sur lesquels les municipaux de garde auprès de Sa Majesté passaient la nuit.

Les quatre pièces de l'appartement du Roi avaient un faux plafond en toile, les cloisons étaient recouvertes d'un papier peint. Celui de l'antichambre représentait l'intérieur d'une prison, et sur un des panneaux on avait affiché en très-gros caractères, *la déclaration des droits de l'homme*, encadrée dans une bordure aux trois couleurs. Une commode, un petit bureau, quatre chaises garnies, un fauteuil, quelques chaises de paille, une table, une glace sur la cheminée et un lit de damas vert, composaient tout l'ameublement; ces meubles, ainsi que ceux des autres pièces, avaient été pris au palais du Temple. Le lit du Roi était celui qui servait au capitaine des gardes de monseigneur le comte d'Artois (1).

---

(1) Monseigneur le duc d'Angoulême, en sa qualité de grand-prieur de France, était propriétaire du palais du Tem-

La Reine logeait au troisième étage : la distribution en était à peu près la même que celle de l'appartement du Roi. La chambre à coucher de la Reine (*i*) et de madame Royale était au-dessus de celle du Roi ; la tourelle (*k*) leur servait de cabinet. Madame Élisabeth occupait la chambre (*l*) au-dessus de la mienne ; la pièce d'entrée servait d'antichambre (*m*) : les municipaux s'y tenaient le jour et y passaient la nuit. Tison et sa femme furent logés au-dessus de la salle à manger (*n*) de l'appartement du Roi.

Le quatrième étage n'était point occupé ; une galerie régnait dans l'intérieur des créneaux, et servait quelquefois de promenade. On avait placé des jalousies entre les créneaux, pour empêcher la famille royale de voir et d'être vue (1).

Depuis cette réunion de Leurs Majestés dans la grande tour, il y eut peu de changemens dans les heures des repas, des lectures et des promenades,

---

ple. Monseigneur le comte d'Artois l'avait fait meubler : c'était sa résidence, lorsqu'il venait à Paris. La grande tour, éloignée du palais de deux cents pas, et située au milieu du jardin, était le dépôt des archives de l'ordre de Malte.

(1) Les lettres AA, indiquent, sur le plan, le second étage de la petite tour, habité par la Reine, ses enfans et madame Élisabeth, depuis le 13 août jusqu'à la fin d'octobre 1792.

Les lettres BB, indiquent le troisième étage de la petite tour habité par le roi depuis le 13 août jusqu'au 29 septembre 1792.

ainsi que dans les momens que le Roi et la Reine avaient jusque-là consacrés à l'éducation de leurs enfans. Après son lever, le Roi lisait l'office des chevaliers du Saint-Esprit ; et comme on avait refusé de laisser dire la messe au Temple, même les jours de fête, il m'ordonna de lui acheter un bréviaire à l'usage du diocèse de Paris. Ce prince était véritablement religieux, mais sa religion, pure et éclairée, ne l'avait jamais détourné de ses autres devoirs. Des livres de voyages, les œuvres de Montesquieu, celles du comte de Buffon, le spectacle de la nature de Pluche, l'histoire d'Angleterre de Hume, en anglais, l'Imitation de Jésus-Chris en langue latine, le Tasse en langue italienne, nos différens théâtres, étaient, depuis son entrée au Temple, sa lecture habituelle. Il consacrait quatre heures de la journée à celle des auteurs latins.

Madame Élisabeth et la Reine ayant désiré des livres de piété semblables à ceux du Roi, Sa Majesté m'ordonna de les faire acheter. Combien de fois n'ai-je pas vu madame Élisabeth à genoux près de son lit, et priant avec ferveur !

A neuf heures, on venait chercher le Roi et son fils pour le déjeuner ; je les accompagnais. J'arrangeais ensuite les cheveux des trois princesses, et, par les ordres de la Reine, je montrais à coiffer à madame Royale. Pendant ce temps, le Roi jouait aux dames ou aux échecs, tantôt avec la Reine, tantôt avec madame Élisabeth (1).

Après le dîner, le jeune Prince et sa sœur jouaient dans l'antichambre au volant, au siam ou à d'autres jeux ; madame Élisabeth était toujours présente, et s'asseyait près d'une table, un livre à la main. Je restais dans cette pièce et quelquefois je lisais ; je m'asseyais alors pour obéir aux ordres de cette princesse. La famille royale ainsi dispersée inquiétait souvent les deux municipaux de garde, qui, ne voulant pas laisser le Roi et la Reine seuls, voulaient encore moins se séparer, tant ils se méfiaient l'un de l'autre. C'était ce moment que saisissait madame Élisabeth pour me faire des questions, ou me donner ses ordres. Je l'écoutais et lui répondais sans détourner les yeux du livre que je tenais à la main, pour ne pas être surpris par les municipaux. M. le Dauphin et madame Royale, d'accord avec leur tante, facilitaient ces conversations par leurs jeux bruyans, et souvent l'avertissaient par quelques signes de l'entrée des municipaux dans cette pièce. Je devais surtout me méfier de Tison, suspect même aux

---

(1) La collection très-intéressante des mémoires relatifs à la révolution d'Angleterre, publiée par M. Guizot, nous fournira plus d'un trait de rapprochement. Voyez, dans les Éclaircissemens (F), les détails que donne Herbert, valet de chambre de Charles Ier., sur la captivité de ce malheureux Prince.

(*Note des nouveaux éditeurs.*)

commissaires qu'il avait dénoncés plusieurs fois ; c'était en vain que le Roi et la Reine le traitaient avec bonté, rien ne pouvait vaincre sa méchanceté naturelle.

Le soir, à l'heure du coucher, les municipaux plaçaient leurs lits dans l'antichambre de manière à barrer la pièce que Sa Majesté occupait. Ils fermaient encore une des portes de ma chambre par laquelle j'aurais pu entrer dans celle du Roi et en emportaient la clef ; il me fallait donc passer par l'antichambre lorsque Sa Majesté m'appelait pendant la nuit, essuyer la mauvaise humeur des commissaires, et attendre qu'ils voulussent bien se lever.

Le 7 octobre, à six heures du soir, on me fit descendre à la salle du conseil où je trouvai une vingtaine de municipaux assemblés, présidés par Manuel qui, de procureur de la commune, était devenu membre de la Convention nationale ; sa présence me surprit et me donna des inquiétudes. On me prescrivit d'ôter au Roi, dès le soir même, les *Ordres* dont il était encore décoré, tels que ceux de *Saint-Louis* et de la *Toison-d'Or ;* sa Majesté ne portait plus l'ordre du *Saint-Esprit*, qui avait été supprimé par la première assemblée.

Je représentai que je ne pouvais obéir, et que ce n'était point à moi à faire connaître au Roi les arrêtés du conseil. Je fis cette réponse pour avoir le temps d'en prévenir Sa Majesté, et je m'aperçus d'ailleurs, à l'embarras des municipaux, qu'ils agissaient dans ce moment sans y être autorisés par aucun arrêté, ni de la Convention, ni de la commune. Les commissaires refusèrent de monter chez le Roi ; Manuel les y décida, en offrant de les accompagner. Le Roi était assis et occupé à lire : ce fut Manuel qui lui adressa la parole, et la conversation qui suivit fut aussi remarquable par la familiarité indécente de Manuel, que par le calme et la modération du Roi.

« Comment vous trouvez-vous ? lui dit Manuel ; » avez-vous ce qui vous est nécessaire ? » — « Je » me contente de ce que j'ai, » répondit sa majesté. — « Vous êtes sans doute instruit des victoires de » nos armées, de la prise de Spire, de celle de » Nice, et de la conquête de la Savoie. » — « J'en ai entendu parler il y a quelques jours, » par un de ces messieurs qui lisait le Journal du » Soir. » — « Comment ! n'avez-vous donc pas » les journaux qui deviennent si intéressans ? » — « Je n'en reçois aucun. » — « Il faut, Mes- » sieurs, » dit Manuel, en s'adressant aux municipaux, « donner tous les journaux à Monsieur, » en montrant le Roi ; « il est bon qu'il soit instruit de » nos succès. » Puis s'adressant de nouveau à sa Majesté : « Les principes démocratiques se propa- » gent ; vous savez que le peuple a aboli la royauté » et adopté le gouvernement républicain. » — « Je l'ai entendu dire, et je fais des vœux pour » que les Français trouvent le bonheur que j'ai » toujours voulu leur procurer. » — « Vous savez

» aussi que l'Assemblée nationale a supprimé tous
» les ordres de chevalerie ; on aurait dû vous
» dire d'en quitter les décorations ; rentré dans
» la classe des autres citoyens, il faut que vous
» soyez traité de même ; au reste, demandez tout
» ce qui vous est nécessaire, on s'empressera de
» vous le procurer. » — « Je vous remercie, dit
» le Roi, je n'ai besoin de rien. » Aussitôt il reprit
sa lecture. Manuel avait cherché à découvrir des
regrets, ou à provoquer l'impatience ; il ne trouva
qu'une grande résignation et une inaltérable sérénité.

La députation se retira : l'un des municipaux
me dit de le suivre à la chambre du conseil où
l'on m'ordonna de nouveau d'ôter au Roi ses décorations. Manuel ajouta : « Vous ferez bien d'envoyer à la Convention les croix et les rubans ;
» je dois aussi vous prévenir, continua-t-il, que
» la captivité de Louis XVI pourra durer long-
» temps, et que, si votre intention n'était pas de
» rester ici, vous feriez bien de le dire en ce mo-
» ment; on a encore le projet, pour rendre la
» surveillance plus facile, de diminuer le nombre
» des personnes employées dans la tour; si vous
» restez auprès du ci-devant Roi, vous serez donc
» absolument seul, et votre service en deviendra
» plus pénible : on vous apportera du bois et de
» l'eau pour une semaine, mais ce sera vous qui
» nettoierez l'appartement, et ferez les autres
» ouvrages. » Je lui répondis que, déterminé à ne

jamais quitter le Roi, je me soumettais à tout. On me reconduisit dans la chambre de Sa Majesté qui me dit : « Vous avez entendu ces messieurs, » vous ôterez ce soir mes *Ordres* de dessus mes » habits. »

Le lendemain en habillant le Roi, je lui dis que j'avais enfermé les croix et les cordons, quoique Manuel m'eût fait entendre qu'il conviendrait de les envoyer à la Convention. « Vous avez bien » fait, » me répondit Sa Majesté.

On a répandu le bruit que Manuel était venu au Temple, dans le courant du mois de septembre, pour engager Sa Majesté à écrire au roi de Prusse à l'époque de son entrée en Champagne. Je peux assurer que Manuel n'a paru dans la tour que deux fois, pendant le temps que j'y suis resté, le 3 septembre et le 7 octobre ; que chaque fois il fut accompagné d'un grand nombre de municipaux, et qu'il ne parla point au Roi en particulier.

Le 9 octobre, on apporta au Roi le journal des débats de la Convention; mais quelques jours après, un municipal, nommé Michel, parfumeur, fit prendre un arrêté qui interdisait de nouveau l'entrée des papiers publics dans la tour : il m'appela à la chambre du conseil, et me demanda par quel ordre je faisais venir des journaux à mon adresse. Effectivement, sans que j'en fusse informé, on apportait tous les jours quatre journaux avec cette adresse imprimée : *Au valet de chambre de Louis XVI à la tour du Temple.* J'ai toujours ignoré, et j'ignore encore le nom des personnes qui en payaient l'abonnement. Ce Michel voulut me forcer de les lui indiquer; il me fit écrire aux rédacteurs des journaux pour avoir des éclaircissemens; mais leurs réponses, s'ils en firent, ne me furent pas communiquées.

Cette défense de laisser entrer les journaux dans la tour avait pourtant des exceptions, quand ces écrits fournissaient l'occasion d'un nouvel outrage. Renfermaient-ils des expressions injurieuses contre le Roi ou la Reine, des menaces atroces, des calomnies infâmes, certains municipaux avaient la méchanceté réfléchie de les placer sur la cheminée, ou sur la commode de la chambre de Sa Majesté, afin qu'ils tombassent sous sa main.

Ce Prince lut une fois, dans une de ces feuilles, la réclamation d'un canonnier qui demandait « la tête du tyran Louis XVI, pour en charger sa » pièce et l'envoyer à l'ennemi. » Un autre de ces journaux, en parlant de madame Élisabeth et en voulant détruire l'admiration qu'inspirait au public son dévouement au Roi et à la Reine, cherchait à détruire ses vertus par les calomnies les plus absurdes. Un troisième disait qu'il fallait étouffer les deux petits louvetaux qui étaient dans la tour, désignant par-là monsieur le Dauphin et madame Royale.

Le Roi n'était affecté de ces articles que par rapport au peuple. « Les Français, disait-il, sont bien

» malheureux de se laisser ainsi tromper. » J'avais soin de soustraire ces journaux aux regards de Sa Majesté, quand j'étais le premier à les apercevoir ; mais souvent on les plaçait, quand mon service me retenait hors de sa chambre : ainsi il est bien peu de ces articles dictés dans le dessein d'outrager la famille royale, soit pour provoquer au régicide, soit pour préparer le peuple à le laisser commettre, qui n'aient été lus par le Roi. Ceux qui connaissent les insolens écrits qui furent publiés dans ce temps-là, peuvent seuls se faire une idée de ce genre inouï de supplice.

L'influence de ces écrits sanguinaires se fit aussi remarquer dans la conduite du plus grand nombre des officiers municipaux qui, jusque-là, ne s'étaient pas encore montrés ni si durs, ni si méfians.

Un jour, après dîner, je venais d'écrire un mémoire de dépenses dans la chambre du conseil, et je l'avais renfermé dans un pupitre dont on m'avait donné la clef. A peine fus-je sorti, que Marino, officier municipal, dit à ses collègues, quoiqu'il ne fût pas de service, qu'il fallait ouvrir le pupitre, examiner ce qu'il contenait, et vérifier si je n'avais pas quelque correspondance avec les ennemis du peuple. « Je le connais bien, ajouta-t-il, » et je sais qu'il reçoit des lettres pour le Roi. » Puis, accusant ses collègues de ménagemens, il les accabla d'injures, les menaça, comme complices, de les dénoncer tous au conseil de la commune, et il sortit pour exécuter ce dessein. On dressa aussitôt un procès-verbal de tous les papiers que contenait mon pupitre, on l'envoya à la commune, où Marino avait déjà fait sa dénonciation.

Ce même municipal prétendit un autre jour qu'un damier qu'on me rapportait et dont j'avais fait raccommoder les cases, du consentement de ses collègues, renfermait une correspondance; il le défit en entier, et ne trouvant rien, il fit recoller les cases en sa présence.

Un jeudi, ma femme et son amie étant venues au Temple, comme de coutume, je leur parlais dans la chambre du conseil. La famille royale, qui était à la promenade nous aperçut, et la Reine et madame Élisabeth nous firent un signe de tête. Ce mouvement de simple intérêt fut remarqué de Marino; il n'en fallut pas davantage pour qu'il fît arrêter ma femme et son amie, au moment où elles sortirent de la chambre du conseil. On les interrogea séparément : on demanda à ma femme qui était la dame qui l'accompagnait, elle répondit : « C'est ma sœur. » Interrogée sur le même fait, celle-ci dit être sa cousine. Cette contradiction servit de matière à un long procès-verbal et aux soupçons les plus graves. Marino prétendit que cette dame était un page de la reine déguisé. Enfin, après trois heures de l'interrogatoire le plus pénible et le plus injurieux, on leur rendit la liberté.

Il leur fut encore permis de revenir au Temple,

mais nous redoublâmes de prudence et de précaution. Je parvenais souvent dans ces courtes entrevues à leur remettre des notes écrites avec un crayon qui avait échappé aux recherches des municipaux, et que je cachais avec soin : ces notes étaient relatives à quelques informations demandées par Leurs Majestés ; heureusement que, ce jour-là, je n'en avais remis aucune : si l'on avait trouvé quelque billet sur elles, nous eussions couru tous trois les plus grands dangers.

D'autres municipaux se faisaient remarquer par les traits les plus bizarres. L'un faisait rompre des macarons, pour voir si l'on n'y avait pas caché quelques billets. Un autre, pour le même objet, ordonna qu'on coupât des pêches devant lui, et qu'on en fendît les noyaux. Un troisième me força de boire un jour de l'essence de savon destinée à la barbe du roi, affectant de craindre que ce ne fût du poison. A la fin de chaque repas, madame Élisabeth me donnait à nettoyer un petit couteau à lame d'or : souvent les commissaires me l'arrachaient des mains, pour examiner si je n'avais pas glissé quelque papier au fond de la gaîne.

Madame Élisabeth m'avait ordonné de renvoyer à madame la duchesse de Sérent un livre de piété ; les municipaux en coupèrent les marges dans la crainte qu'on y eût écrit quelque chose avec une encre particulière.

Un d'eux me défendit un jour de monter chez

la Reine pour la coiffer ; il fallut que Sa Majesté vînt dans l'appartement du Roi, et qu'elle apportât elle-même tout ce qui était nécessaire pour sa toilette.

Un autre voulut la suivre, quand, selon son usage, elle entrait à midi dans la chambre de madame Élisabeth, pour quitter sa robe du matin ; je lui représentai l'indécence de ce procédé ; il insista : Sa Majesté sortit de la chambre et renonça à s'habiller.

Lorsque je recevais le linge du blanchissage, les municipaux me le faisaient déployer pièce par pièce, et l'examinaient au grand jour. Le livre de la blanchisseuse, et tout autre papier servant d'enveloppe, étaient présentés au feu, pour s'assurer qu'il n'y avait aucune écriture secrète. Le linge que quittaient le roi et les princesses, était aussi examiné.

Quelques municipaux cependant n'ont pas partagé la dureté de leurs collègues ; mais la plupart, devenus suspects au comité de salut public, sont morts victimes de leur humanité ; ceux qui existent encore ont gémi long-temps dans les prisons.

Un jeune homme, nommé Toulan, que je croyais, à ses propos, un des plus grands ennemis de la famille royale, vint un jour près de moi, et me serrant la main : « Je ne peux, me
» dit-il avec mystère, parler aujourd'hui à la
» Reine, à cause de mes camarades ; prévenez-la

» que la commission dont elle m'a chargé est
» faite ; que, dans quelques jours, je serai
» de service, et qu'alors je lui apporterai la
» réponse. » Étonné de l'entendre parler ainsi,
et craignant qu'il ne me tendît un piège.
« Monsieur, lui dis-je, vous vous trompez, en
» vous adressant à moi pour de pareilles commis-
» sions. » — « Non, je ne me trompe pas, répli-
» qua-t-il, en me serrant la main avec plus de
» force, et il se retira. » Je rendis compte à la
Reine de cette conversation. « Vous pouvez vous
» fier à Toulan, » me dit-elle. Ce jeune homme
fut impliqué depuis dans le procès de cette princesse avec neuf autres officiers municipaux, accusés d'avoir voulu favoriser l'évasion de la Reine,
quand elle était encore au Temple. Toulan périt
du dernier supplice (1).

Leurs Majestés, renfermées dans la tour depuis
trois mois, n'avaient encore vu que des officiers
municipaux, lorsque, le premier novembre, on
leur annonça une députation de la Convention
nationale. Elle était composée de Drouet, maître
de poste de Varennes, de Chabot, ex-capucin, de
Dubois Crancé, de Duprat, et de deux autres dont

---

(1) Voyez sur Toulan, sur les preuves de dévouement qu'il
s'empressa de donner à la Reine, et sur la manière dont il
périt, l'intéressante relation publiée par M. de Goguelat dans la
Collection des Mémoires.

(*Note des nouveaux éditeurs.*)

je ne me rappelle pas les noms. La famille royale et surtout la Reine frémirent d'horreur à la vue de Drouet ; ce député s'assit insolemment près d'elle ; à son exemple, Chabot prit un siège. La députation demanda au Roi comment il était traité, et si on lui donnait les choses nécessaires. « Je ne » me plains de rien, répondit Sa Majesté ; je de- » mande seulement que la commission fasse re- » mettre à mon valet de chambre, ou déposer au » conseil, une somme de deux mille livres, pour » les petites dépenses courantes, et qu'on nous » fasse parvenir du linge et d'autres vêtemens, » dont nous avons le plus grand besoin. » Les députés le lui promirent, mais rien ne fut envoyé.

Quelques jours après, le Roi eut une fluxion assez considérable à la tête : je demandai instamment qu'on fît appeler M. Dubois, dentiste de Sa Majesté. On délibéra trois jours, et cette demande fut refusée. La fièvre survint, on permit alors à Sa Majesté de consulter M. le Monnier, son premier médecin. Il serait difficile de peindre la douleur de ce respectable vieillard lorsqu'il vit son maître.

La Reine et ses enfans ne quittaient presque point le Roi pendant le jour, le servaient avec moi, et m'aidaient souvent à faire son lit ; je passais les nuits seul auprès de Sa Majesté. M. le Monnier venait deux fois le jour, accompagné d'un grand nombre de municipaux ; on le fouillait, et il ne lui était permis de parler qu'à haute voix. Un jour que le Roi prit médecine, M. le Monnier demanda à rester quelques heures : comme il se tenait debout, pendant que plusieurs municipaux étaient assis, le chapeau sur la tête, Sa Majesté l'engagea à prendre un siège, ce qu'il refusa par respect ; les commissaires en murmurèrent tout haut. La maladie du Roi dura six jours.

Peu de jours après, le jeune Prince qui couchait dans la chambre de Sa Majesté, et que les municipaux n'avaient pas voulu faire transférer dans celle de la Reine, eut de la fièvre. La Reine en ressentit d'autant plus d'inquiétude, qu'elle ne put obtenir, malgré les plus vives instances, de passer la nuit auprès de son fils. Elle lui prodigua les plus tendres soins, pendant les instans qu'il lui était permis de rester auprès de lui. La même maladie se communiqua à la reine, à madame Royale, et à madame Élisabeth. M. le Monnier obtint la permission de continuer ses visites.

Je tombai malade à mon tour. La chambre que j'habitais était une pièce humide, et sans cheminée ; l'abat-jour de la croisée interceptait encore le peu d'air qu'on y respirait. Je fus attaqué d'une fièvre rhumatique, avec une forte douleur au côté qui me força de garder le lit. Le premier jour, je me levai pour habiller le Roi, mais Sa Majesté voyant mon état refusa mes soins, et m'ordonna de me coucher, et fit elle-même la toilette de son fils.

Pendant cette première journée, monsieur le Dauphin ne me quitta presque point : cet auguste enfant m'apportait à boire ; le soir le Roi profita d'un moment où il paraissait moins surveilllé pour entrer dans ma chambre ; il me fit prendre un verre de boisson, et me dit avec une bonté qui me fit verser des larmes : « Je voudrais vous » donner moi-même des soins, mais vous savez » combien nous sommes observés ; prenez cou- » rage, demain vous verrez mon médecin (1). » A l'heure du souper, la famille royale entra chez moi, et madame Élisabeth, sans que les munici-

---

(1) Cette bonté, naturelle à Louis XVI, se manifesta aussi pour M. Huë. Voici ce qu'il raconte :

« Le Roi, je n'en peux douter, prévoyait que bientôt on viendrait m'arracher de la tour, cette idée le tourmentait.

» Des deux portes de la pièce dans laquelle je couchais, une donnait dans la chambre de Sa Majesté, l'autre sur l'escalier.

» Par cette dernière, souvent au milieu de la nuit, entraient brusquement des municipaux, pour voir si je n'étais pas occupé de correspondances secrètes.

» Une nuit, entre autres, réveillé par le bruit qu'un municipal avait fait dans sa visite nocturne, le Roi conçut pour moi des inquiétudes ; dès la pointe du jour, Sa Majesté, pieds nus et en chemise, entr'ouvrit doucement la porte qui communiquait de sa chambre à la mienne. Aussitôt je m'éveillai ; la vue du Roi, l'état dans lequel il était, me saisirent. « Sire, » dis-je avec émotion, Votre Majesté veut-elle quelque chose ? » — « Non ; mais, cette nuit il s'est fait du mouvement dans » votre chambre ; j'ai craint qu'on ne vous eût enlevé. Je vou- » lais voir si vous étiez encore près de moi. » Combien mon cœur fut ému ! Le Roi se recoucha, et dormit paisiblement. »

(*Note des nouveaux éditeurs.*)

paux s'en aperçussent, me remit une petite bouteille qui contenait un lock. Cette Princesse, qui était fort enrhumée, s'en privait pour moi; je voulus la refuser, elle insista. Après le souper, la Reine déshabilla et coucha le jeune Prince, et madame Élisabeth roula les cheveux du Roi.

Le lendemain matin, M. le Monnier m'ordonna un saignée, mais il fallait le consentement de la commune pour faire entrer un chirurgien. L'on parla de me transférer au palais du Temple. Craignant de ne plus rentrer dans la tour, si j'en sortais une fois, je ne voulus plus être saigné; je fis même semblant de me trouver mieux. Le soir de nouveaux municipaux arrivèrent, et il ne fut plus question de me transférer.

Turgy demanda à passer la nuit près de moi : cette demande lui fut accordée, ainsi qu'à ses deux camarades qui me rendirent ce service chacun à son tour. Je restai six jours au lit, et chaque jour la famille royale venait me voir. Madame Élisabeth m'apportait souvent des drogues qu'elle demandait comme pour elle. Tant de bontés me rendirent une partie de mes forces, et au lieu du sentiment de mes peines, je n'eus bientôt à éprouver que celui de la reconnaissance et de l'admiration. Qui n'eût été touché de voir cette auguste famille suspendre, en quelque sorte, le souvenir de ses longues infortunes, pour s'occuper d'un de ses serviteurs!

Je ne dois pas oublier de rapporter ici un trait

de monsieur le Dauphin, qui prouve jusqu'où allait la bonté de son cœur, et combien il profitait des exemples de vertu qu'il avait continuellement sous les yeux.

Un soir, après l'avoir couché, je me retirais pour faire place à la Reine et aux Princesses qui venaient l'embrasser, et lui donner le bonsoir dans son lit ; madame Élisabeth, que la surveillance des municipaux avait empêchée de me parler, profita de ce moment pour lui remettre une petite boîte de pastilles d'ipécacuanha, en lui recommandant de me la donner, lorsque je reviendrais. Les princesses remontèrent chez elles ; le Roi passa dans son cabinet, et j'allai souper. Je rentrai vers onze heures dans la chambre du Roi pour préparer le lit de Sa Majesté ; j'étais seul, le jeune Prince m'appela à voix basse ; je fus très-surpris de ne pas le trouver endormi, et craignant qu'il ne fût incommodé, je lui en demandai la cause. « C'est, me dit-il, que ma tante m'a remis » une petite boîte pour vous, et je n'ai pas voulu » m'endormir sans vous la donner ; il était temps » que vous vinssiez, car mes yeux se sont déjà fermés » plusieurs fois. » Les miens se remplirent de larmes, il s'en aperçut, m'embrassa, et deux minutes après il dormait profondément.

A cette sensibilité, le jeune Prince joignait beaucoup de grâces, et toute l'amabilité de son âge. Souvent, par ses naïvetés, l'enjouement de son caractère, et ses petites espiègleries, il faisait

oublier à ses augustes parens leur douloureuse situation; mais il la sentait lui-même; il se reconnaissait, quoique si jeune, dans une prison, et se voyait surveillé par des ennemis. Sa conduite et ses propos avaient pris cette réserve que l'instinct, quand il s'agit d'un danger, inspire peut-être à tout âge : jamais je ne l'ai entendu parler ni des Tuileries, ni de Versailles, ni d'aucun objet qui aurait pu rappeler à la Reine ou au Roi quelque affligeant souvenir. Voyait-il arriver un municipal plus honnête que ses collègues, il courait au-devant de la Reine, s'empressait de le lui annoncer, et lui disait avec l'expression du contentement le plus marqué : « Maman, c'est aujourd'hui mon-
» sieur un tel. »

Un jour, comme il avait les yeux fixés sur un municipal qu'il dit reconnaître, celui-ci lui demanda dans quel endroit il l'avait vu. Le jeune Prince refusa constamment de répondre; puis se penchant vers la Reine : « C'est, lui dit-il à voix
» basse, dans notre voyage de Varennes. »

Le trait suivant offre une nouvelle preuve de sa sensibilité. Un tailleur de pierres était occupé à faire des trous à la porte de l'antichambre pour y placer d'énormes verroux; le jeune Prince, pendant que cet ouvrier déjeûnait, s'amusait avec ses outils : le Roi prit des mains de son fils le marteau et le ciseau, lui montrant comment il fallait s'y prendre. Il s'en servit pendant quelques momens. Le maçon, attendri de voir ainsi le Roi

travailler, dit à Sa Majesté : « Quand vous sortirez
» de cette tour, vous pourrez dire que vous avez
» travaillé vous-même à votre prison. » — « Ah !
» répondit le Roi, quand et comment en sortirai-
» je ? » Monsieur le Dauphin versa des larmes : le
Roi laissa tomber le ciseau et le marteau, et rentrant dans sa chambre il s'y promena à grands
pas (1).

Le 2 décembre, la municipalité du 10 août fut
remplacée par une autre sous le titre de municipalité provisoire. Beaucoup de municipaux furent
réélus ; je crus d'abord que cette nouvelle municipalité serait mieux composée que l'ancienne, et

---

(1) « L'abbé Davaux, lors du départ du roi pour Varennes,
avait été quelque temps sans pouvoir donner des leçons à
M. le Dauphin. Comme il les prenait un jour en présence de la
Reine, le jeune Prince désira de commencer par la grammaire. »

« Volontiers, lui dit son instituteur, votre dernière leçon
» avait eu pour objet s'il m'en souvient, les trois degrés de
» comparaison, le positif, le comparatif et le superlatif. Mais
» vous avez tout oublié. »—« Vous vous trompez, répliqua M. le
» dauphin. Pour preuve, écoutez-moi. Le positif c'est quand
» je dis, mon abbé est un bon abbé; le comparatif, quand je
» dis mon abbé est meilleur qu'un autre abbé ; le superlatif,
» continua-t-il en fixant la Reine, c'est lorsque je dis, maman
» est la plus tendre et la meilleure des mamans. » La Reine
prit M. le Dauphin dans ses bras, le pressa contre son cœur,
et ne put retenir ses larmes.

(*Huë, dernières années de Louis XVI.*)
(*Note des nouveaux éditeurs.*)

j'espérais quelques changemens favorables dans le régime de la prison: Je fus trompé dans mon attente. Plusieurs de ces nouveaux commissaires me donnèrent lieu de regretter leurs prédécesseurs; ceux-ci étaient plus grossiers, mais il m'était aisé de profiter de leur indiscrétion naturelle pour apprendre tout ce qu'ils savaient. Je dus étudier les commissaires de cette nouvelle municipalité pour distinguer leur conduite et leur caractère ; les premiers étaient plus insolens, la méchanceté des seconds était bien plus réfléchie.

Jusqu'à cette époque, il n'y avait eu auprès du Roi qu'un seul municipal, et un autre auprès de la Reine; la nouvelle municipalité ordonna qu'il y en aurait deux, et dès lors il me fut beaucoup plus difficile de parler au Roi et aux Princesses; d'un autre côté, le conseil qui, jusque-là, s'était tenu dans une des salles du palais du Temple, fut transféré dans une pièce de la tour au rez-de-chaussée. Les nouveaux municipaux voulaient surpasser le zèle des anciens, et ce zèle ne fut qu'une émulation de tyrannie.

Le 7 décembre, un municipal, à la tête d'une députation de la commune, vint lire au roi un arrêté qui ordonnait d'ôter aux détenus, « cou-
» teaux, rasoirs, ciseaux, canifs; et tous autres
» instrumens tranchans dont on prive les prison-
» niers présumés criminels, et d'en faire la plus
» exacte recherche, tant sur leurs personnes que
» dans leurs appartemens. » Pendant cette lecture,

le municipal avait la voix altérée; il était aisé de s'apercevoir de la violence qu'il se faisait à lui-même, et il a prouvé depuis, par sa conduite, qu'il n'avait consenti à être envoyé au Temple, que pour chercher à être utile à la famille royale.

Le Roi tira de ses poches un couteau et un petit nécessaire en maroquin rouge : il en ôta des ciseaux et un canif. Les municipaux firent les recherches les plus exactes dans l'appartement; prirent les rasoirs, le compas à rouler les cheveux, le couteau de toilette, de petits instrumens pour nettoyer les dents, et d'autres objets en or et en argent. De semblables recherches eurent lieu dans ma chambre, et il me fut ordonné de me fouiller.

Les municipaux montèrent ensuite chez la Reine, lurent aux trois Princesses le même arrêté, et enlevèrent jusqu'aux petits meubles utiles à leur travail.

Une heure après on me fit descendre à la chambre du conseil, et l'on me demanda si je n'avais pas connaissance des objets qui étaient restés dans le nécessaire que le Roi avait remis dans sa poche, » Je vous ordonne, me dit un municipal nommé » Sermaize, de reprendre ce soir le nécessaire. » — « Ce n'est point à moi, lui répondis-je, à met- » tre à exécution les arrêtés de la commune, ni à » fouiller dans les poches du Roi. » — « Cléry a rai- » son, dit un autre municipal; c'était à vous, en » s'adressant à Sermaize, à faire cette recherche.»

On dressa procès-verbal de tous les objets enlevés à la famille royale, et on les distribua en paquets que l'on cacheta. On m'ordonna ensuite de mettre ma signature au bas d'un arrêté qui m'enjoignait d'avertir le conseil si je trouvais sur le Roi, sur les Princesses, ou dans leur appartement, des instrumens tranchans. Ces différentes pièces furent envoyées à la commune.

On pourrait voir, en compulsant les registres du conseil du Temple, que j'ai été souvent forcé de signer des arrêtés et des demandes dont j'étais bien éloigné d'approuver la forme et la rédaction. Je n'ai jamais rien signé, rien dit, rien fait, que d'après les ordres précis du Roi ou de la Reine. Un refus de ma part m'aurait éloigné de Leurs Majestés auxquelles j'avais consacré mon existence : ma signature au bas de certains arrêtés n'avait d'autre objet que de faire connaître que ces pièces m'avaient été lues.

Le même Sermaize dont je viens de parler me conduisit alors dans l'appartement de Sa Majesté. Le Roi était assis près de la cheminée, les pincettes à la main. Sermaize lui demanda de la part du conseil à voir ce qui était resté dans le nécessaire; le Roi le tira de sa poche et l'ouvrit : il y avait un tourne-vis, un tire-bourre et un petit briquet. Sermaize se les fit remettre. « Ces pincettes que je » tiens en main ne sont-elles pas aussi un instru- » ment tranchant? » lui dit le Roi en lui tournant le dos. Ce municipal étant descendu, j'eus occasion de rendre compte à Sa Majesté de tout ce qui s'était passé au conseil relativement à cette seconde recherche.

Au moment du dîner, il s'éleva une contestation entre les commissaires. Les uns s'opposaient à ce que la famille royale se servît de fourchettes et de couteaux; d'autres consentaient à laisser les fourchettes; enfin il fut décidé qu'on ne ferait aucun changement, mais qu'on enlèverait les couteaux et les fourchettes à la fin de chaque repas.

La privation des petits meubles enlevés aux Princesses leur devint d'autant plus sensible qu'elles furent obligées de renoncer à différens ouvrages qui jusqu'alors avaient servi à les distraire dans les longues journées d'une prison. Un jour madame Élisabeth cousait les habits du Roi, et n'ayant point de ciseaux elle rompait le fil avec ses dents. « Quel contraste ! lui dit le Roi qui la fixait » avec attendrissement; il ne vous manquait rien » dans votre jolie maison de Montreuil. » — « Ah ! » mon frère, répondit-elle, puis-je avoir des re-» grets quand je partage vos malheurs ? »

Cependant chaque jour amenait de nouveaux arrêtés dont chacun était une nouvelle tyrannie. La brusquerie et la dureté des municipaux envers moi étaient plus remarquables que jamais. On venait de renouveler aux trois servans la défense de me parler, et tout me faisait craindre quelques nouveaux malheurs. La Reine et madame Élisabeth, frappées du même pressentiment, me demandaient sans cesse des nouvelles, et je ne pouvais leur en donner : je n'attendais ma femme que dans trois jours ; mon impatience était extrême.

Enfin, le jeudi, ma femme arriva. On me fit descendre au conseil ; elle affecta de me parler à haute voix pour éloigner les soupçons de nos nouveaux surveillans ; et pendant qu'elle me donnait des détails sur nos affaires domestiques, « Mardi pro-
» chain, me dit son amie, on conduit le Roi à la
» Convention ; le procès va commencer ; Sa Ma-
» jesté pourra prendre un conseil : tout cela est
» certain. »

Je ne savais comment annoncer directement au Roi cette affreuse nouvelle : j'aurais voulu en instruire d'abord la Reine ou madame Élisabeth, mais j'étais dans les plus vives alarmes ; le temps pressait, et le Roi m'avait défendu de lui rien cacher. Le soir, en le déshabillant, je lui rendis compte de tout ce que j'avais appris ; je lui fis même pressentir qu'on avait le projet, pendant le procès, de le séparer de sa famille, et j'ajoutai qu'il n'y avait plus que quatre jours pour concerter avec la Reine quelque manière de correspondre avec elle. Je l'assurai que j'étais décidé à tout entreprendre pour lui en faciliter les moyens. L'arrivée du municipal ne me permit pas d'en dire davantage, et empêcha Sa Majesté de me répondre.

Le lendemain, au lever du Roi, je ne pus trouver l'instant de lui parler : il monta avec son fils pour déjeûner chez les Princesses ; je l'y suivis. Après le déjeûner, il causa assez long-temps avec la Reine qui, par un regard plein de douleur, me fit comprendre qu'il était question de tout ce que j'avais dit au Roi. Je trouvai, dans le courant de la journée, une occasion d'entretenir madame Élisabeth; je lui peignis combien il m'en avait coûté d'augmenter les peines du Roi, en l'instruisant du jour où l'on devait commencer son procès. Elle me rassura, en me disant « que le Roi était » sensible à cette marque d'attachement de ma » part. Ce qui l'afflige le plus, ajouta-t-elle, c'est » la crainte d'être séparé de nous; tâchez d'avoir » encore quelques renseignemens. »

Le soir le Roi me témoigna combien il était satisfait d'avoir appris d'avance qu'il devait paraître à la Convention. « Continuez, me dit-il, de chercher » à découvrir quelque chose sur ce qu'ils veulent » faire de moi; ne craignez jamais de m'affliger. » Je suis convenu avec ma famille de ne pas pa- » raître instruit, pour ne pas vous compro- » mettre. »

Plus le moment du procès approchait, et plus on me montrait de défiance; les municipaux ne répondaient à aucune de mes questions. J'avais déjà employé inutilement différens prétextes pour descendre au conseil où j'aurais pu me procurer de nouveaux détails à communiquer au Roi, lorsqu'une commission chargée de vérifier les dépenses de la famille royale vint au Temple (1). On fut

---

(1) Nous aurons occasion, dans les mémoires de Madame,

obligé de me faire descendre pour donner des renseignemens, et j'appris, par un municipal bien intentionné, que la séparation du Roi d'avec sa famille, arrêtée seulement par la commune, n'avait point encore été prononcée par l'assemblée nationale. Le même jour, Turgy m'apporta un journal où je trouvai le décret qui ordonnait de conduire le Roi à la barre de la Convention; il me remit aussi un mémoire sur le procès du Roi, publié par M. Necker. Je n'eus d'autre moyen, pour communiquer ce journal et ce mémoire à la famille royale, que de les cacher sous un des meubles dans le cabinet de garde-robe, après en avoir prévenu le Roi et les Princesses.

Le 11 décembre 1792, dès cinq heures du matin, on entendit battre la générale dans tout Paris, et l'on fit entrer de la cavalerie et du canon dans le jardin du Temple. Ce bruit aurait cruellement alarmé la famille royale, si elle n'en avait pas connu la cause; elle feignit cependant de l'ignorer, et demanda quelques explications aux commissaires de service : ils refusèrent de répondre.

---

de citer à cet égard, plusieurs documens précieux; mais, dès à présent, nous croyons devoir donner dans les Éclaircissemens (G) l'extrait d'une adresse présentée à la Convention nationale par Verdier, commissaire du conseil du 10 août, sur les comptes du Temple. Elle est du 4 janvier 1793. On y trouvera de curieux détails.

(*Note des nouveaux éditeurs.*)

A neuf heures, le Roi et monsieur le Dauphin montèrent pour le déjeûner dans l'appartement des Princesses. Leurs Majestés restèrent une heure ensemble, mais toujours sous les yeux des municipaux. Ce tourment continuel pour la famille royale de ne pouvoir se livrer à aucun abandon, à aucun épanchement, au moment où tant de craintes devaient l'agiter, était un des raffinemens les plus cruels de leurs tyrans, et l'une de leurs plus douces jouissances. Il fallut enfin se séparer. Le Roi quitta la Reine, madame Élisabeth et sa fille : leurs regards exprimaient ce qu'ils ne pouvaient pas se dire. Monsieur le Dauphin descendit, comme les autres jours, avec le Roi.

Ce jeune prince, qui engageait souvent Sa Majesté à faire avec lui une partie au siam, fit ce jour-là tant d'instances, que le Roi, malgré sa situation, ne put s'y refuser. Monsieur le Dauphin perdit toutes les parties, et deux fois il ne put aller au delà du nombre *seize* : « Toutes les fois que j'ai
» ce point de *seize*, dit-il avec un léger dépit, je
» ne peux gagner la partie. » Le Roi ne répondit rien ; mais je crus m'apercevoir que ce rapprochement de mots lui fit une certaine impression.

A onze heures, pendant que le Roi donnait une leçon de lecture à M. le Dauphin, deux municipaux entrèrent, et dirent à Sa Majesté qu'ils venaient chercher le jeune Louis pour le conduire chez sa mère. Le Roi voulut savoir le motif de cet enlèvement ; les commissaires répondirent qu'ils

exécutaient les ordres du conseil de la commune. Sa Majesté embrassa tendrement son fils, et me chargea de le conduire. Revenu chez le Roi, je lui dis que j'avais laissé le jeune Prince dans les bras de la Reine; ce qui parut le tranquilliser. Un des commissaires rentra pour lui annoncer que Chambon, maire de Paris, était au conseil, et qu'il allait monter. « Que me veut-il ? » dit le Roi. — « Je
» l'ignore, » répondit le municipal.

Sa Majesté se promena quelques momens à grands pas dans sa chambre, s'assit ensuite sur un fauteuil près le chevet de son lit. La porte était à demi fermée, et le municipal n'osait entrer, afin, me disait-il, d'éviter les questions. Une demi-heure s'étant passée ainsi dans le plus profond silence, le commissaire fut inquiet de ne plus entendre le Roi : il entra doucement, le trouva la tête appuyée sur l'une de ses mains, et paraissant profondément occupé. « Que me voulez-vous ? » lui dit le Roi, d'un ton élevé. — « Je craignais, ré-
» pondit le municipal, que vous ne fussiez incom-
» modé. » — « Je vous suis obligé, repartit le Roi
» avec l'accent de la plus vive douleur; mais la
» manière dont on m'enlève mon fils m'est infini-
» ment sensible. » Le municipal ne répondit rien et se retira.

Le maire ne parut qu'à une heure : il était accompagné de Chaumette, procureur de la commune, de Coulombeau, secrétaire-greffier, de plusieurs officiers municipaux, et de Santerre, commandant de la garde nationale, qui avait avec lui ses aides-de-camp. Le maire dit au Roi qu'il venait le chercher pour le conduire à la Convention, en vertu d'un décret dont le secrétaire de la commune allait lui faire lecture. Ce décret portait que « Louis Capet serait traduit à la barre de la » Convention nationale. » — « Capet n'est pas mon » nom, dit le Roi; c'est le nom d'un de mes ancê- » tres. J'aurais désiré, monsieur, ajouta-t-il, que » les commissaires m'eussent laissé mon fils pen- » dant les deux heures que j'ai passées à vous at- » tendre; au reste ce traitement est une suite de » ceux que j'éprouve ici depuis quatre mois. Je » vais vous suivre, non pour obéir à la Conven- » tion, mais parce que mes ennemis ont la force » en main. » Je donnai à Sa Majesté sa redingote et son chapeau, et elle suivit le maire de Paris. Une nombreuse escorte l'attendait à la porte du Temple.

Resté seul dans la chambre avec un municipal, j'appris de lui que le Roi ne reverrait plus sa famille, mais que le maire de Paris devait encore consulter quelques députés sur cette séparation. Je demandai à ce commissaire de me conduire auprès de M. le Dauphin, qui était chez la Reine; ce qui me fut accordé. Je n'en sortis qu'à six heures du soir, au moment où le Roi revint de la Convention. Les municipaux instruisirent la Reine du départ du Roi pour l'Assemblée nationale, sans vouloir entrer dans aucun détail. Les Princesses et M. le Dauphin descendirent comme de coutume pour dîner dans l'appartement du Roi, et remontèrent ensuite.

L'après-dînée un seul municipal resta près de la Reine. C'était un jeune homme d'environ vingt-quatre ans, de la section du Temple; il se trouvait de garde à la tour pour la première fois, et paraissait moins méfiant et moins malhonnête que la plupart de ses collègues. La Reine lia conversation avec lui; l'interrogea sur son état, ses parens, etc. Madame Élisabeth saisit ce moment pour passer dans sa chambre, et me fit signe de la suivre.

Entré chez elle, je la prévins que la commune avait arrêté de séparer le Roi de sa famille; que je craignais que cette séparation n'eût lieu dès le soir même; qu'à la vérité la Convention n'avait encore rien décidé, mais que le maire était chargé d'en faire la demande, et que sans doute il l'obtiendrait. « La Reine et moi, me répondit cette Prin-
» cesse, nous nous attendons à tout, et nous ne
» nous faisons aucune illusion sur le sort que l'on
» prépare au Roi. Il mourra victime de sa bonté
» et de son amour pour son peuple, au bonheur
» duquel il n'a cessé de travailler depuis son avè-
» nement au trône. Qu'il est cruellement trompé
» ce peuple! La religion du Roi et sa grande con-
» fiance dans la Providence le soutiendront dans
» cette cruelle adversité. Enfin, ajouta cette ver-
» tueuse Princesse, les yeux remplis de larmes,

» Cléry, vous allez rester seul près de mon frère ;
» redoublez, s'il est possible, de soins pour lui ;
» ne négligez aucun moyen de nous faire parvenir
» de ses nouvelles ; mais pour tout autre objet ne
» vous exposez pas, car alors nous n'aurions plus
» personne à qui nous confier. » J'assurai madame
Élisabeth de mon dévouement au Roi, et nous
convînmes des moyens à employer pour entretenir
une correspondance.

Turgy était le seul que je pusse mettre dans le
secret ; mais je ne pouvais lui parler que rarement
et avec précaution. Il fut convenu que je continuerais de garder le linge et les habits de M. le
Dauphin ; que tous les deux jours j'enverrais ce
qui lui serait nécessaire, et que je profiterais de
cette occasion pour donner des nouvelles de ce qui
se passerait chez le Roi. Ce plan fit naître à madame
Élisabeth l'idée de me remettre un de ses mouchoirs. « Vous le retiendrez, me dit-elle, tant que
» mon frère se portera bien ; s'il arrivait qu'il fût
» malade, vous me l'enverriez dans le linge de mon
» neveu. » La manière de le ployer devait indiquer
le genre de maladie.

La douleur de cette Princesse en me parlant du
Roi, son indifférence sur sa situation personnelle,
le prix qu'elle daignait attacher à mes faibles services auprès de Sa Majesté, tout m'émut profondément. « Avez-vous entendu parler de la Reine,
» me dit-elle avec une espèce de terreur ? hélas !
» que pourrait-on lui reprocher ? » — « Non,

» madame ; mais que peut-on reprocher au Roi ? »
» — « Oh ! rien, non, rien ; mais peut-être re-
» gardent-ils le Roi comme une victime nécessaire
» à leur sûreté ; la Reine au contraire et ses en-
» fans ne seraient pas un obstacle à leur ambi-
» tion ? » Je pris la liberté de lui observer que,
sans doute, le Roi ne serait condamné qu'à la déportation, que j'en avais entendu parler, et que
l'Espagne n'ayant pas déclaré la guerre, il était
vraisemblable qu'on y conduirait le Roi et sa
famille. « Je n'ai aucun espoir, me dit-elle, que le
Roi soit sauvé. »

Je crus devoir ajouter que les puissances étrangères s'occupaient des moyens de tirer le Roi de sa
prison (1) ; que Monsieur et monseigneur le comte

---

(1) Herbert, dans ses mémoires, donne l'idée des vexations qu'eut à souffrir Charles Ier. dans l'île de Wight où il était retenu, et raconte une tentative qu'il fit pour échapper à son sort.

« Personne, plus que Hammond, gouverneur de l'île, n'était en position de faire sa cour au Roi en l'accompagnant et en s'entretenant avec lui toutes les fois que, par délassement, il se promenait sur les ouvrages extérieurs de Caris-brooke-Castle. Les occasions ne lui manquaient donc pas pour se concilier la faveur de ce prince, et les officiers de l'armée le jalousaient, parce qu'on avait confié à lui seul la garde de la personne de Sa Majesté. Cependant il s'aliéna l'opinion du monarque, en se permettant contre toutes les règles de l'honneur de fouiller dans son secrétaire et d'y chercher les prétendues pièces d'une correspondance secrète avec la Reine et queld'Artois rassemblaient de nouveau tous les émigrés autour d'eux, et devaient les réunir aux troupes autrichiennes et prussiennes; que l'Espagne et l'Angleterre feraient des démarches, que toute l'Europe était intéressée à prévenir la mort du Roi, et qu'ainsi la Convention aurait de sé-

---

ques autres personnes; en cela du reste il manqua son but; MM. Harrington et Herbert étaient alors à la promenade à la suite de Sa Majesté qui, trouvant l'air un peu froid, ordonna à M. Herbert d'aller lui chercher son manteau. Celui-ci, en entrant dans la chambre à coucher, trouva le gouverneur qui en sortait avec un autre officier et M. Réading, alors page des petits appartemens, et qui s'était laissé persuader de les introduire dans cette pièce. M. Herbert, en retournant porter au Roi son manteau, fit au page une verte réprimande; le gouverneur en fut instruit, et menaça M. Herbert de le renvoyer du château, pour oser se permettre de censurer ses actions.

Certainement, le colonel aurait tenu parole, si Sa Majesté, par un excès de bonté, n'eût passé sur toute cette affaire, sans en faire le moindre reproche au gouverneur, et sans paraître même en être informée.

Ce fait cependant et quelques autres qui aggravaient son sort, inspirèrent au Roi l'envie de s'échapper. On eut des chevaux qu'on cacha dans le voisinage du château; un batiment fut tenu tout prêt pour la traversée; mais un caporal de la garnison qu'on avait gagné fit manquer le plan concerté. La providence se manifesta dans cette affaire; car la personne de Sa Majesté eût couru de grands risques si elle eût exécuté cette tentative, pour laquelle dans la suite un officier fut accusé de haute trahison; il subit un jugement dans les formes légales, comme le rapporte l'histoire de ce temps. »

(*Note des nouveaux editeurs.*)

rieuses réflexions à faire avant de prononcer sur le sort de Sa Majesté.

Cette conversation durait depuis une heure, lorsque madame Élisabeth, à qui je n'avais jamais parlé aussi long-temps, craignant l'arrivée des nouveaux municipaux, me quitta pour rentrer dans la chambre de la Reine. Tison et sa femme, qui me surveillaient sans cesse, observèrent que j'étais resté long-temps chez madame Élisabeth, et qu'il était à craindre que le commissaire ne s'en fût aperçu; je leur répondis que cette Princesse m'avait entretenu de son neveu, qui probablement demeurerait désormais auprès de sa mère.

Un instant après, je rentrai dans la chambre de la Reine à qui madame Élisabeth venait de faire part de sa conversation avec moi, et des moyens que nous avions concertés pour ménager une correspondance. Sa Majesté daigna m'en témoigner sa satisfaction.

A six heures, les commissaires me firent descendre au conseil; ils me lurent un arrêté de la commune qui m'ordonnait de ne plus avoir aucune communication avec les trois Princesses ni avec le jeune Prince, parce que j'étais destiné à servir le Roi seul : il fut même arrêté dans ce premier moment, pour mettre en quelque sorte le Roi au secret, que je ne coucherais point dans son appartement; je devais loger dans la petite tour, et n'être conduit chez Sa Majesté qu'au moment où elle aurait besoin de moi.

A six heures et demie, le Roi arriva; il paraissait fatigué, et son premier soin fut de demander qu'on le conduisît chez sa famille. On s'y refusa sous prétexte qu'on n'avait point d'ordres; il insista pour qu'au moins on la prévînt de son retour, ce qu'on lui promit. Le Roi m'ordonna de demander son souper pour huit heures et demie : il employa ces deux heures d'intervalle à sa lecture ordinaire, toujours entouré de quatre municipaux.

A huit heures et demie, j'allai prévenir Sa Majesté que le souper était servi : elle demanda aux commissaires si sa famille ne descendrait pas; on ne fit aucune réponse. « Mais au moins, dit le Roi, » mon fils passera la nuit chez moi, son lit et ses » effets étant ici. » Même silence. Après le souper, le Roi insista de nouveau sur le désir de voir sa famille; on lui répondit qu'il fallait attendre la décision de la Convention. Je donnai alors ce qui était nécessaire pour le coucher du jeune Prince.

Le soir pendant que je le déshabillais, le Roi me dit : « J'étais bien éloigné de penser à toutes les » questions qui m'ont été faites (1). » Il se coucha

---

(1) M. Huë raconte ainsi cette première scène du drame lugubre qui se préparait :

« Arrivé dans la cour des Feuillans, le Roi mit pied à terre à la barre de la Convention nationale, ainsi que le maire et les municipaux qui l'avaient accompagné. Je me glissai dans les

avec beaucoup de tranquillité (1) : l'arrêté de la commune, relatif à mon éloignement pendant la nuit, n'eut pas son exécution. Il aurait été trop pénible pour les municipaux de m'aller chercher,

---

corridors de la salle, ne voulant point entrer dans son enceinte, de peur d'être trahi par mon émotion. Je me plaçai de manière à ne rien perdre de ce qui serait dit.

» BARRÈRE présidait l'assemblée.

» Le Roi étant arrivé à la barre, le président lui adressa la parole en ces termes : « Louis, la nation française vous accuse. La Convention nationale a décrété, le 3 décembre, que vous seriez jugé par elle, et le 6, que vous seriez traduit à sa barre. On va vous lire l'acte énonciatif des délits qui vous sont imputés. Vous pouvez vous asseoir. »

» L'acte d'accusation ayant été lu, le président interpella le Roi sur chaque article. Après avoir répondu, Sa Majesté demanda copie de l'acte d'accusation, la communication des pièces, et qu'il lui fût accordé un conseil.

La demande du Roi fut mise en délibération. Sa Majesté sortit avec les personnes qui l'escortaient et attendit dans la salle des conférences la décision de l'assemblée. La délibération traîna en longueur ; enfin la demande du Roi lui fut accordée, il retourna au Temple vers six heures du soir ; je le suivis jusqu'à la porte. » (*Dernières années de Louis XVI.*)

(*Note des nouveaux éditeurs.*)

(1) Louis XVI et Charles Ier. s'attendaient également à leur sort, mais, avec des vertus différentes ; tous deux ne portèrent point le même caractère de résignation devant leurs juges.

« Tandis qu'on lisait l'acte d'accusation de Charles, le prisonnier, assis dans son fauteuil, regardait quelquefois la haute cour et quelquefois la galerie, puis il se leva de nouveau et se

chaque fois que le Roi aurait eu besoin de mon service.

Le lendemain douze, le Roi n'eut pas plus tôt aperçu un municipal, qu'il s'informa s'il y avait une décision sur la demande qu'il avait faite de voir sa famille. On lui répondit qu'on attendait encore les ordres. Il pria ce même municipal d'aller s'informer de la santé des Princesses et de celle de monsieur le Dauphin, et de leur annoncer qu'il se portait bien. Le commissaire l'assura à son retour que sa famille jouissait d'une bonne santé. Le Roi me donna ordre de faire monter le lit de son fils chez la Reine où ce jeune Prince avait passé la nuit sur un des matelas de cette Princesse. Je priai Sa Majesté d'attendre la décision de la Convention. « Je ne compte sur aucun » égard, sur aucune justice, me répondit Sa Ma- » jesté, mais attendons. »

Le même jour une députation de la Convention composée des quatre députés, Thuriot, Cambacérès, Dubois-Crancé et Dupont-de-Bigorre, apporta le décret qui autorisait le roi à prendre un

---

retourna pour regarder les gardes et les spectateurs ; après quoi il se rassit avec un maintien sévère et sans marquer la moindre émotion jusqu'à ces mots : « Charles Stuart, tyran, traître. » Alors il se mit à rire, toujours tourné, comme il l'était, en face de la haute cour. » (*Collection des mémoires relatifs à la révolution d'Angleterre.*)

(*Note des nouveaux éditeurs.*)

conseil. Le roi déclara qu'il choisissait M. Target, à son défaut M. Tronchet, ou tous les deux, si la Convention nationale y consentait. Les députés firent signer au Roi sa demande, et signèrent après lui. Le Roi ajouta qu'il serait nécessaire qu'on lui fournît du papier, des plumes et de l'encre. Sa Majesté donna l'adresse de la maison de campagne de M. Tronchet, et dit qu'elle ignorait où demeurait M. Target.

Le 13 au matin, la même députation revint au Temple, et dit au Roi que M. Target avait refusé d'être son conseil, que l'on avait envoyé chercher M. Tronchet; et que sans doute il viendrait dans la journée : elle lui fit ensuite lecture de plusieurs lettres adressées à la Convention par MM. Sourdat, Huet, Guillaume et Lamoignon de Malesherbes, ancien premier président de la cour des aides de Paris, et depuis ministre de la maison du Roi. La lettre de M. de Malesherbes était conçue en ces termes.

« Paris, le 11 décembre 1792.

» Citoyen président, j'ignore si la Convention
» donnera à Louis XVI un conseil pour le défen-
» dre, et si elle lui en laisse le choix : dans ce cas-
» là, je désire que Louis XVI sache que, s'il me
» choisit pour cette fonction, je suis prêt à m'y
» dévouer. Je ne vous demande pas de faire part
» à la Convention de mon offre, car je suis bien
» éloigné de me croire un personnage assez im-
» portant pour qu'elle s'occupe de moi; mais j'ai

» été appelé deux fois au conseil de celui qui fut
» mon maître, dans le temps que cette fonction
» était ambitionnée par tout le monde; je lui dois
» le même service, lorsque c'est une fonction que
» bien des gens trouvent dangereuse; si je con-
» naissais un moyen possible pour lui faire connaî-
» tre mes dispositions, je ne prendrais pas la li-
» berté de m'adresser à vous. J'ai pensé que, dans
» la place que vous occupez, vous aurez plus de
» moyens que personne pour lui faire passer cet
» avis. Je suis avec respect, »

Signé : « LAMOIGNON DE MALESHERBES. »

Sa Majesté répondit à la députation :

» Je suis sensible aux offres que me font les
» personnes qui demandent à me servir de con-
» seil; et je vous prie de leur en témoigner ma
» reconnaissance. J'accepte M. de Malesherbes
» pour mon conseil; si M. Tronchet ne peut me
» prêter ses services, je me concerterai avec
» M. de Malesherbes pour en choisir un autre (1). »

---

(1) Auprès du beau nom de Malesherbes, consacré désormais par le respect et l'admiration des hommes, se trouve celui de M. de Sèze, qui partagea son noble dévouement. D'autres jurisconsultes, moins éminens par leurs talens, briguèrent aussi l'honneur dangereux d'élever la voix pour la défense d'un souverain détrôné. L'un d'eux, M. Guillaume, nommé dans la page précédente, né pouvant obtenir la faveur qu'il sollicitait, fit du moins imprimer un mémoire pour le Roi. L'on trouvera le début de ce mémoire note H, avec des renseignemens sur l'homme courageux qui l'osa publier en présence de la Convention.

Le 14 décembre, M. Tronchet eut une conférence avec Sa Majesté, comme le permettait le décret. Le même jour, M. de Malesherbes fut introduit à la tour; le Roi courut au-devant de ce respectable vieillard qu'il serra tendrement dans ses bras, et cet ancien ministre fondit en larmes à la vue de son maître, soit qu'il se rappelât les premières années de son règne, soit plutôt qu'il n'envisageât dans ce moment que l'homme vertueux aux prises avec le malheur. Comme le Roi avait la permission de conférer avec ses conseils en particulier, je fermai la porte de sa chambre, afin qu'il pût parler plus librement à M. de Malesherbes. Un municipal m'en fit des reproches, m'ordonna de l'ouvrir, et me défendit de la fermer à l'avenir; je rouvris la porte; mais Sa Majesté était déjà dans la tourelle qui lui servait de cabinet.

Le Roi et M. de Malesherbes parlèrent très-haut dans cette première conférence. Les commissaires qui étaient dans la chambre prêtèrent l'oreille à leur conversation et purent l'entendre. M. de Malesherbes étant sorti, je rendis compte à Sa Majesté de la défense qui m'avait été faite par le municipal, et de l'attention avec laquelle les commissaires avaient écouté la conférence; je la suppliai de fermer elle-même la porte de sa chambre, quand elle serait avec ses conseils, ce qu'elle fit.

Le quinze, le Roi reçut la réponse relative à sa famille. Le décret portait en substance : « que la

» Reine et madame Élisabeth ne communique-
» raient point avec le Roi pendant le cours du
» procès; que ses enfans viendraient près de lui
» s'il le désirait, mais à condition qu'ils ne pour-
» raient plus voir leur mère, ni leur tante,
» qu'après le dernier interrogatoire. » Aussitôt
qu'il me fut possible de parler au Roi en particulier, je lui demandai ses ordres. « Vous voyez,
» me dit le Roi, la cruelle alternative où ils vien-
» nent de me placer; je ne puis me résoudre à
» avoir mes enfans avec moi : pour ma fille, cela
» est impossible, et pour mon fils, je sens tout
» le chagrin que la Reine en éprouverait; il faut
» donc consentir à ce nouveau sacrifice. » Sa Majesté m'ordonna une seconde fois de faire transporter le lit du jeune Prince, ce que j'exécutai
sur-le-champ. Je gardai son linge et ses habits; et
tous les deux jours j'envoyais ce qui lui était nécessaire, comme j'en étais convenu avec madame
Élisabeth.

Le seize, à quatre heures après dîner, il vint
une autre députation de quatre membres de la
Convention, Valazé, Cochon, Grandpré et Duprat, faisant partie de la commission des vingt et
un nommée pour examiner le procès du Roi. Ils
étaient accompagnés d'un secrétaire, d'un huissier et d'un officier de la garde de la Convention :
ils apportaient au Roi son acte d'accusation, et les
pièces relatives à son procès; la plupart trouvées
aux Tuileries dans une armoire secrète de l'ap-

partement de Sa Majesté, nommée par le ministre Rolland, *Armoire de Fer.*

La lecture de ces pièces, au nombre de cent sept, dura depuis quatre heures jusqu'à minuit : toutes furent lues et paraphées par le Roi, ainsi qu'une copie de chacune d'elles qu'on laissa entre ses mains. Le Roi était assis à une grande table, M. Tronchet à côté, les députés vis-à-vis. Après la lecture de chaque pièce, Valazé demandait au roi : « Avez-vous connaissance ? » etc. Il répondait oui ou non sans autre explication. Une autre député les lui faisait signer, ainsi que la copie qu'un troisième proposait de lui lire chaque fois, ce dont Sa Majesté le dispensait toujours. Le quatrième faisait l'appel des pièces par liasses et par numéros, et le secrétaire les enregistrait à mesure qu'elles étaient remises au Roi.

Sa Majesté interrompit la séance pour demander aux conventionnels, s'ils voulaient souper ; ils y consentirent : je leur fis servir une volaille froide et quelques fruits, dans la salle à manger. M. Tronchet ne voulut rien accepter, et resta seul avec le Roi dans sa chambre.

Un municipal nommé Merceraut, alors tailleur de pierres et ancien président de la commune de Paris, quoique porteur de chaises à Versailles avant la révolution, se trouvait ce jour-là de garde au Temple, pour la première fois. Il était vêtu de son habit de travail en lambeaux avec un très-mauvais chapeau rond, un tablier de peau et une écharpe aux trois couleurs ; cet homme avait affecté de s'étendre auprès du Roi dans un fauteuil, tandis que Sa Majesté était sur une chaise ; il tutoyait, le chapeau sur la tête, ceux qui lui adressaient la parole : les membres de la Convention en furent étonnés, et pendant qu'ils soupaient l'un d'eux me fit plusieurs questions sur ce Merceraut, et sur la manière dont la municipalité traitait le Roi. J'allais répondre, lorsqu'un autre commissaire dit à ce conventionnel de cesser ses questions, qu'il était défendu de me parler, et qu'on lui donnerait à la chambre du conseil tous les détails qu'il pourrait désirer. Le député, craignant de s'être compromis, ne répliqua rien.

On reprit l'interrogatoire. Dans le nombre des pièces qu'on lui présentait, Sa Majesté aperçut la déclaration qu'elle fit à son retour de Varennes, lorsque MM. Tronchet, Barnave et Du Port furent nommés par l'Assemblée constituante pour la recevoir. Cette déclaration était signée du Roi et des députés. « Vous reconnaissez cette pièce pour » authentique, dit le Roi à M. Tronchet, voilà » votre signature. »

Quelques-unes des liasses renfermaient des projets de constitution apostillés de la main de Sa Majesté : plusieurs de ces notes étaient écrites avec de l'encre, d'autres avec un crayon ; on présenta aussi au Roi des registres de la police dans lesquels étaient des dénonciations faites et signées par des serviteurs de Sa Majesté : cette ingratitude parut l'affecter beaucoup. Les délateurs n'avaient feint de rendre compte de ce qui se passait chez le Roi ou chez la Reine au château des Tuileries, que pour donner plus de vraisemblance à leurs calomnies.

Losque la députation fut sortie, le Roi prit quelque nourriture et se coucha, sans se plaindre de la fatigue qu'il avait éprouvée. Il me demanda seulement si l'on avait retardé le souper de sa famille : sur ma réponse négative, « j'aurais craint, dit-il, » que ce retard ne lui eût donné de l'inquié- » tude. » Il eut même la bonté de me faire un reproche de ce que je n'avais pas soupé avant lui.

Quelques jours après, les quatre députés membres de la *commission de vingt et un* revinrent au Temple. Ils firent lecture au Roi de cinquante et une nouvelles pièces qu'il signa et parapha, comme les précédentes; ce qui faisait, en tout, cent cinquante-huit pièces dont on lui laissa les copies.

Depuis le quatorze jusqu'au vingt-six décembre, le Roi vit régulièrement ses conseils; ils venaient à cinq heures du soir et se retiraient à neuf. M. de Sèze leur fut adjoint. Tous les matins, M. de Malesherbes apportait à Sa Majesté les papiers-nouvelles, et les opinions imprimées des députés relatives à son procès. Il préparait le travail de chaque soirée, et restait avec Sa Majesté une heure ou deux. Le Roi daignait souvent me donner

à lire quelques-unes de ces opinions, et me disait ensuite : « Comment trouvez-vous l'opinion d'un
» tel ? — Je manque de termes pour exprimer mon
» indignation, répondais-je à Sa Majesté; mais
» vous, Sire! comment pouvez-vous lire tout cela
» sans horreur? — Je vois jusqu'où va la méchan-
» ceté des hommes, me disait le Roi, et je ne
» croyais pas qu'il s'en trouvât de semblables. »
Sa Majesté ne se couchait jamais sans avoir lu ces différentes pièces, et, pour ne pas compromettre M. de Malesherbes, elle avait ensuite la précaution de les brûler elle-même dans le poêle de son cabinet.

J'avais déjà trouvé un moment favorable pour parler à Turgy, et pour le charger de faire passer à madame Élisabeth des nouvelles du Roi. Turgy me prévint le lendemain que cette Princesse, en lui rendant sa serviette après le dîner, lui avait glissé un petit papier écrit avec des piqûres d'épingle, par lequel elle me disait de prier le Roi de lui écrire un mot de sa main. Le même soir, je fis part à Sa Majesté du désir de madame Élizabeth. Comme on lui avait donné du papier et de l'encre depuis le commencement de son procès, le Roi écrivit à sa sœur un billet décacheté, en me disant qu'il ne contenait rien qui pût me compromettre et que j'en prisse lecture. Sur ce dernier point, je suppliai Sa Majesté de me dispenser pour la première fois de lui obéir.

Le lendemain je remis le billet à Turgy qui

me rapporta la réponse dans un peloton de fil qu'il jeta sous mon lit en passant près de la porte de ma chambre. Sa Majesté vit avec beaucoup de plaisir que ce moyen d'avoir des nouvelles de sa famille eût réussi; je lui observai qu'il était facile de continuer cette correspondance. Le Roi me remettait les billets, j'avais soin d'en diminuer le volume et de les couvrir de fil de coton. Turgy les trouvait dans l'armoire où étaient les assiettes pour le service de la table, et se servait de différens moyens pour me rendre les réponses; lorsque je les donnais au Roi, il me disait toujours avec bonté : « Prenez garde, c'est trop vous exposer. »

La bougie que me faisaient remettre les commissaires était en paquets ficelés. Lorsque j'eus de la ficelle en assez grande quantité, j'annonçai au Roi qu'il ne tenait qu'à lui de donner plus d'activité à sa correspondance, en faisant passer une partie de cette ficelle à madame Élisabeth qui était logée au-dessus de moi, et dont la fenêtre répondait perpendiculairement à celle d'un petit corridor qui communiquait à ma chambre. La Princesse pendant la nuit pouvait attacher ses lettres à cette ficelle et les laisser glisser jusqu'à la fenêtre qui était au-dessous de la sienne. Un abat-jour en forme de hotte, placé à chaque fenêtre, ne permettait pas de craindre que les lettres pussent tomber dans le jardin : le même moyen pouvait servir à la Princesse pour recevoir des réponses. On pouvait aussi attacher à la ficelle un peu de papier et d'encre dont les princesses étaient privées. « Voilà un bon projet, me dit Sa » Majesté, nous en ferons usage, si celui dont » nous nous sommes servis jusqu'aujourd'hui de-» vient impraticable. » Effectivement le Roi l'employa dans la suite. Il attendait toujours huit heures du soir pour l'exécution de cette correspondance ; alors je fermais la porte de ma chambre et celle du corridor, je causais avec les commissaires de la commune, ou je les engageais à jouer pour détourner leur attention.

Ce fut dans ce tems que Marchand, garçon servant, père de famille, qui venait de recevoir ses appointemens de deux mois, montant à la somme de deux cents livres, fut volé dans le Temple : cette perte était considérable pour lui. Le Roi, qui avait remarqué sa tristesse, en ayant appris la cause, me dit de remettre à Marchand la somme de deux cents livres, en lui recommandant de n'en parler à personne, surtout qu'il ne cherchât pas à le remercier, car, ajouta-t-il, il se perdrait. Marchand fut sensible au bienfait de Sa Majesté, mais il le fut encore plus à la défense de lui en témoigner sa reconnaissance.

Depuis sa séparation d'avec la famille royale, le Roi refusa constamment de descendre dans le jardin ; quand on lui en faisait la proposition, il répondait : « Je ne peux me résoudre à sortir seul; » la promenade ne m'était agréable, qu'autant

» que j'en jouissais avec ma famille. » Mais, quoique éloigné des objets chers à son cœur, quoique certain de sa destinée, il ne laissait échapper ni plaintes, ni murmures : il avait déjà pardonné à ses oppresseurs. Chaque jour il puisait dans son cabinet de lecture les forces qui soutenaient son courage ; en sortait-il, c'était pour se livrer aux détails d'une vie toujours uniforme, mais toujours embellie par une foule de traits de bonté. Il daignait me traiter comme si j'avais été plus que son serviteur ; il traitait les municipaux de garde auprès de sa personne, comme s'il n'avait pas eu à s'en plaindre, et causait avec eux, comme autrefois avec ses sujets (1). C'était des objets relatifs à

---

(1) Herbert, dans ses mémoires, rapporte une conversation de Charles Ier. avec un de ses plus fougueux ennemis ; on y retrouve la bonté et le courage de Louis XVI.

« Un peu avant le souper, Sa Majesté s'établit près du feu dans un vaste parloir boisé, et s'entretint avec la maîtresse de la maison : cette pièce était remplie d'officiers et de gens du pays venus en foule pour jouir du bonheur de voir le Roi. Il découvrit cependant à l'une des extrémités le major Harrisson, causant avec un autre officier, et lui fit signe de la main de s'approcher. Celui-ci obéit avec la plus grande marque de respect. Sa Majesté, le prenant par le bras, le conduisit dans une embrasure de croisée, et s'entretint avec lui pendant plus d'une heure ; entre autres choses elle lui parla de l'avis qu'elle avait reçu sur son compte, et que, s'il était fondé, faisait de lui le pire ennemi qu'elle pût avoir ; le major l'assura, pour sa justification, que ce qu'on avait rapporté de lui était faux, et ajouta que ce

leur état qu'il les entretenait, de leur famille, de leurs enfans, des avantages et des devoirs de leur profession. Ceux qui l'entendaient étaient étonnés de la justesse de ses remarques, de la variété de ses connaissances et de la manière dont elles étaient classées dans sa mémoire. Ses conversations n'avaient pas pour but de le distraire de ses maux ; sa sensibilité était vive et profonde, mais sa résignation était encore supérieure à ses malheurs.

Le mercredi dix-neuf décembre, on apporta comme à l'ordinaire le déjeûner du Roi : ne pensant pas aux quatre-temps, je le lui présentai : « C'est aujourd'hui jour de jeûne, me dit ce » Prince. » Je reportai le déjeûner dans la salle. « A l'exemple de votre maître, vous jeûnerez » sans doute aussi, » me dit d'un ton railleur un

---

qu'il avait dit il pouvait le répéter ; « c'était que la loi est éga-
» lement obligatoire pour les grands et les petits, que la justice
» ne fait point acception de personnes, ou autres choses dans ce
» sens »

» Le Roi, trouvant dans ce discours une affectation marquée, qui ne pouvait être à bonne intention, cessa toute conversation avec le major, et alla souper. Tout le temps du repas, il se montra très-gai, et ce n'était pas pour beaucoup de gens une joie médiocre que de voir ce prince si enjoué au milieu d'une pareille compagnie, et dans une telle situation. » (*Collection des mémoires relatifs à la révolution d'Angleterre.*)

(*Note des nouveaux éditeurs.*)

municipal (Dorat de Cubières). « Non, mon-
» sieur, j'ai besoin aujourd'hui de déjeûner, »
lui répondis-je. Quelques jours après Sa Majesté
me donna à lire un journal que lui avait apporté
M. de Malesherbes, et où se trouvait cette anecdote entièrement défigurée. « Lisez, me dit le Roi,
» vous verrez qu'on vous traite de malicieux; ils
» auraient sans doute mieux aimé pouvoir vous
» traiter d'hypocrite. »

Le même jour dix-neuf, le Roi me dit à son
dîner devant trois ou quatre municipaux : « Il y a
» quatorze ans que vous avez été plus matinal
» qu'aujourd'hui. » Je compris aussitôt Sa Majesté.
« C'était le jour où naquit ma fille, continua le
» Roi. Aujourd'hui son jour de naissance, répéta-
» t-il avec attendrissement, et être privé de la
» voir !.... » Quelques larmes coulèrent de ses
yeux, et il régna pour un moment un silence
respectueux.

Madame Royale ayant désiré un almanach dans
la forme du petit calendrier de la cour, le Roi me
chargea de l'acheter, et de faire emplette pour
lui de l'*Almanach de la République*, qui avait
remplacé l'*Almanach Royal* : il le parcourait
souvent et en notait les noms avec un crayon.

Le Roi devait bientôt paraître pour la seconde
fois à la barre de la Convention. Il n'avait pu se faire
la barbe depuis qu'on avait enlevé ses rasoirs, et
il en souffrait beaucoup, ce qui le forçait de se
laver le visage plusieurs fois le jour avec de l'eau

fraîche (1). Le Roi me dit de me procurer des ciseaux ou un rasoir, mais qu'il ne voulait pas en parler lui-même aux municipaux. Je pris la liberté de lui observer que s'il paraissait ainsi à l'Assemblée, le peuple verrait au moins avec quelle barbarie en agissait le conseil général. « Je ne » dois pas, me répondit Sa Majesté, chercher à » intéresser sur mon sort. » Je m'adressai aux commissaires, et la commune décida le lendemain qu'on rendrait les rasoirs du Roi, mais qu'il ne pourrait s'en servir qu'en présence de deux municipaux.

---

(1) A l'approche du jugement de Charles Ier., les précautions de tout genre se multiplièrent aussi. Cet extrait de la relation du procès en donnera une idée :

« Le 17, sur le rapport fait par le colonel Hutchinson, la cour ordonna ce qui suit : « Le roi logera durant le procès dans la maison du sir Robert Cotton. La chambre de ladite maison, située après le cabinet, sera la chambre à coucher du roi. La grande chambre précédant cette chambre à coucher servira au roi de salle à manger. Une garde, composée de trente officiers et autres hommes d'élite, demeurera toujours auprès du Roi et sera placée dans son logis. Il y en aura toujours deux dans sa chambre à coucher. On construira dans le jardin de sir Robert Cotton, près du bord de l'eau, un corps-de-garde pour deux cents fantassins. Dix compagnies d'infanterie seront constamment sur pied pour garder la maison de sir Robert Cotton. Ces compagnies seront placées dans la tour des requêtes, la chambre peinte, et où il sera nécessaire dans les autres lieux environnans. On fera des travaux nécessaires à l'entrée du passage qui conduit du vieux palais dans la salle de Westminster, et amène

Les trois jours qui précédèrent Noël, le Roi écrivit plus qu'à l'ordinaire ; on avait alors le projet de le faire rester aux Feuillans un jour ou deux pour le juger sans désemparer. On m'avait même donné ordre de me préparer à le suivre, et de disposer ce qui pourrait lui être nécessaire, mais ce plan fut changé. Ce fut le jour de *Noël*, que Sa Majesté écrivit son testament ; je l'ai lu et copié, à l'époque où il fut remis au conseil du Temple ; il était écrit en entier de la main du Roi, avec quelques ratures. Je crois devoir rapporter ici ce monument déjà céleste de son innocence et de sa piété.

» Au nom de la très-sainte Trinité, du Père et du Fils et du Saint Esprit. Aujourd'hui vingt-cinquième jour de décembre, mil sept cent quatre-

---

aussi à la barre par le chemin d'en-bas. On fera dans la salle de Westminster deux barrières qui traverseront la salle à environ quarante pieds de distance de l'endroit où siégera le tribunal. On élèvera le plancher dans les endroits nécessaires pour placer des gardes. Des barrières seront faites pour séparer le peuple des soldats, des gardes seront placées sur les plombs, dans tous les endroits qui pourraient avoir des fenêtres sur la salle de Westminster, etc., etc. »

« Le 17, la chambre des communes nomma un comité chargé de dresser un inventaire exact de tous les effets et meubles du Roi dans tous ses palais, ce qui ne se fait d'ordinaire qu'après la condamnation. » (*Collection des mémoires relatifs à la révolution d'Angleterre.*)

(*Note des nouveaux éditeurs.*)

vingt-douze, moi Louis XVI du nom, Roi de France, étant depuis quatre mois renfermé avec ma famille dans la tour du Temple à Paris, par ceux qui étaient mes sujets, et privé de toute communication quelconque, même depuis le onze du courant, avec ma famille; de plus impliqué dans un procès dont il est impossible de prévoir l'issue, à cause des passions des hommes, et dont on ne trouve aucun prétexte ni moyens dans aucune loi existante, n'ayant que Dieu pour témoin de mes pensées, et auquel je puisse m'adresser : je déclare ici en sa présence, mes dernières volontés et mes sentimens.

» Je laisse mon âme à Dieu, mon créateur ; je le prie de la recevoir dans sa miséricorde, de ne pas la juger d'après ses mérites, mais par ceux de notre Seigneur Jésus-Christ qui s'est offert en sacrifice à Dieu son Père, pour nous autres hommes, quelque indignes que nous en fussions et moi le premier.

» Je meurs dans l'union de notre sainte mère, l'Église catholique, apostolique et romaine, qui tient ses pouvoirs par une succession non interrompue de saint Pierre, auquel Jésus-Christ les avait confiés.

» Je crois fermement et je confesse tout ce qui est contenu dans le symbole et les commandemens de Dieu et de l'Église, les sacremens et les mystères, tels que l'Église catholique les enseigne et les a toujours enseignés. Je n'ai jamais prétendu me rendre juge dans les différentes manières d'expliquer les dogmes qui déchirent l'Église de Jésus-Christ, mais je m'en suis rapporté et rapporterai toujours, si Dieu m'accorde vie, aux décisions que les supérieurs ecclésiastiques, unis à la sainte Église catholique, donnent et donneront conformément à la discipline de l'Église suivie depuis Jésus-Christ.

» Je plains de tout mon cœur nos frères qui peuvent être dans l'erreur; mais je ne prétends pas les juger, et je ne les aime pas moins tous en Jésus-Christ, suivant ce que la charité chrétienne nous enseigne. Je prie Dieu de me pardonner tous mes péchés; j'ai cherché à les connaître scrupuleusement, à les détester et à m'humilier en sa présence. Ne pouvant me servir du ministère d'un prêtre catholique, je prie Dieu de recevoir la confession que je lui en ai faite, et surtout le repentir profond que j'ai d'avoir mis mon nom (quoique cela fût contre ma volonté) à des actes qui peuvent être contraires à la discipline et à la croyance de l'Église catholique à laquelle je suis toujours resté sincèrement uni de cœur. Je prie Dieu de recevoir la ferme résolution où je suis, s'il m'accorde vie, de me servir, aussitôt que je le pourrai, du ministère d'un prêtre catholique, pour m'accuser de tous mes péchés et recevoir le sacrement de pénitence.

» Je prie tous ceux que je pourrais avoir offensés, par inadvertance (car je ne me rappelle pas d'avoir fait sciemment aucune offense à personne), ou ceux à qui j'aurais pu avoir donné de mauvais exemples ou des scandales, de me pardonner le mal qu'ils croient que je peux leur avoir fait ; je prie tous ceux qui ont de la charité d'unir leurs prières aux miennes, pour obtenir de Dieu le pardon de mes péchés.

» Je pardonne de tout mon cœur à ceux qui se sont faits mes ennemis, sans que je leur en aie donné aucun sujet, et je prie Dieu de leur pardonner, de même qu'à ceux qui, par un faux zèle, ou par un zèle mal entendu, m'ont fait beaucoup de mal.

» Je recommande à Dieu ma femme et mes enfans, ma sœur, mes tantes, mes frères et tous ceux qui me sont attachés par le lien du sang ou par quelque autre manière que ce puisse être ; je prie Dieu, particulièrement, de jeter des yeux de miséricorde sur ma femme, mes enfans et ma sœur, qui souffrent depuis long-temps avec moi, de les soutenir par sa grâce, s'ils viennent à me perdre, et tant qu'ils resteront dans ce monde périssable.

» Je recommande mes enfans à ma femme ; je n'ai jamais douté de sa tendresse maternelle pour eux ; je lui recommande surtout d'en faire de bons chrétiens et d'honnêtes hommes, de ne leur faire regarder les grandeurs de ce monde-ci (s'ils sont condamnés à les éprouver) que comme des biens dangereux et périssables, et de tourner leurs regards vers la seule gloire solide et durable de l'éternité ; je prie ma sœur de vouloir continuer sa tendresse à mes enfans et de leur tenir lieu de mère, s'ils avaient le malheur de perdre la leur.

» Je prie ma femme de me pardonner tous les maux qu'elle souffre pour moi, et les chagrins que je pourrais lui avoir donnés dans le cours de notre union ; comme elle peut être sûre que je ne garde rien contre elle, si elle croyait avoir quelque chose à se reprocher.

» Je recommande bien vivement à mes enfans, après ce qu'ils doivent à Dieu, qui doit marcher avant tout, de rester toujours unis entre eux, soumis et obéissans à leur mère, et reconnaissans de tous les soins et les peines qu'elle se donne pour eux, et en mémoire de moi. Je les prie de regarder ma sœur comme une seconde mère.

» Je recommande à mon fils, s'il avait le malheur de devenir roi, de songer qu'il se doit tout entier au bonheur de ses concitoyens, qu'il doit oublier toute haine et tout ressentiment, et nommément ce qui a rapport aux malheurs et aux chagrins que j'éprouve ; qu'il ne peut faire le bonheur des peuples, qu'en régnant suivant les lois ; mais en même temps qu'un roi ne peut les faire respecter, et faire le bien qui est dans son cœur, qu'autant qu'il a l'autorité nécessaire, et qu'autrement, étant lié dans ses opérations et n'inspirant point de respect, il est plus nuisible qu'utile.

» Je recommande à mon fils d'avoir soin de toutes les personnes qui m'étaient attachées, autant que les circonstances où il se trouvera lui en donneront les facultés ; de songer que c'est une dette sacrée que j'ai contractée envers les enfans ou les parens de ceux qui ont péri pour moi, et ensuite de ceux qui sont malheureux pour moi.

» Je sais qu'il y a plusieurs personnes, de celles qui m'étaient attachées, qui ne se sont pas conduites envers moi comme elles le devaient, et qui ont même montré de l'ingratitude, mais je leur pardonne (souvent dans les momens de trouble et d'effervescence, on n'est pas le maître de soi), et je prie mon fils, s'il en trouve l'occasion, de ne songer qu'à leur malheur.

» Je voudrais pouvoir témoigner ici ma reconnaissance à ceux qui m'ont montré un attachement véritable et désintéressé ; d'un côté, si j'ai été sensiblement touché de l'ingratitude et de la déloyauté de gens à qui je n'avais jamais témoigné que des bontés, à eux ou à leurs parens ou amis ; de l'autre, j'ai eu de la consolation à voir l'attachement et l'intérêt gratuit que beaucoup de personnes m'ont montré : je les prie d'en recevoir tous mes remercîmens. Dans la situation où sont encore les choses, je craindrais de les compromettre, si je parlais plus explicitement ; mais je recommande spécialement à mon fils, de chercher les occasions de pouvoir les reconnaître.

» Je croirais calomnier cependant les sentimens de la nation, si je ne recommandais ouvertement à mon fils MM. de Chamilly et Huë, que leur véritable attachement pour moi avait portés à s'enfermer avec moi dans ce triste séjour, et qui ont pensé en être les malheureuses victimes. Je lui recommande aussi Cléry, des soins duquel j'ai eu tout lieu de me louer depuis qu'il est avec moi; comme c'est lui qui est resté avec moi jusqu'à la fin, je prie messieurs de la commune de lui remettre mes hardes, mes livres, ma montre, ma bourse, et les autres petits effets qui ont été déposés au conseil de la commune.

» Je pardonne encore très-volontiers à ceux qui me gardaient les mauvais traitemens et les gênes dont ils ont cru devoir user envers moi : j'ai trouvé quelques ames sensibles et compatissantes; que celles-là jouissent dans leur cœur, de la tranquillité que doit leur donner leur façon de penser!

» Je prie MM. de Malesherbes, Tronchet et de Sèze, de recevoir ici tous mes remercîmens, et l'expression de ma sensibilité, pour tous les soins et les peines qu'ils se sont donnés pour moi.

» Je finis en déclarant devant Dieu, et prêt à paraître devant lui, que je ne me reproche aucun des crimes qui sont avancés contre moi.

» Fait doublé, à la Tour du Temple, le 25 décembre 1792. »

Signé, « LOUIS. »

Le 26 décembre, le Roi fut conduit pour la seconde fois à la barre de l'assemblée; j'en avais fait prévenir la Reine, pour que le bruit des tambours et le mouvement des troupes ne l'effrayassent pas. Sa Majesté partit à dix heures du matin, et revint à cinq heures du soir, toujours sous la surveillance de Chambon et de Santerre. MM. de Malesherbes, de Sèze et Tronchet vinrent le même soir au moment où le Roi sortait de table : il leur offrit de prendre quelques rafraîchissemens : M. de Sèze fut le seul qui accepta. Sa Majesté lui témoigna sa reconnaissance des soins qu'il s'était donnés pour prononcer son discours; ces messieurs passèrent ensuite dans son cabinet (1).

Le lendemain Sa Majesté daigna me remettre elle-même sa défense imprimée, après avoir demandé aux municipaux si elle pouvait me la donner sans inconvénient. Le commissaire Vincent, entrepreneur de bâtimens, qui a rendu à la famille royale tous les services qui dépendaient de lui, se chargea d'en porter secrètement un exemplaire à la Reine; il profita du moment où le Roi le remerciait de ce petit service pour lui demander quelque chose qui lui eût appartenu : Sa Majesté détacha sa cravate et lui en fit présent. Une autre fois elle donna ses gants à un autre muni-

---

(1) Voyez les éclaircissemens sous la lettre (I), ils sont extraits des mémoires de M. Huë.

cipal qui désira les avoir par le même motif. Même aux yeux de plusieurs de ses gardiens, déjà ses dépouilles étaient sacrées.

Le 1er. janvier, j'approchai du lit du Roi, et lui demandai à voix basse la permission de lui présenter mes vœux les plus ardens pour la fin de ses malheurs. « Je reçois vos souhaits, » me dit-il, avec affection, » en me tendant une de ses mains, que je baisai et arrosai de mes larmes. Aussitôt qu'il fut levé, il pria un municipal d'aller de sa part savoir des nouvelles de sa famille et de lui présenter ses souhaits pour la nouvelle année. Les municipaux furent émus par le ton dont ces paroles si déchirantes, relativement à la situation où était le Roi, furent prononcées. « Pourquoi, » me dit l'un d'eux, lorsque le Roi fut rentré dans » sa chambre, ne demande-t-il pas à voir sa fa- » mille? A présent que les interrogatoires sont » terminés, cela ne souffrirait aucune difficulté ; » c'est à la Convention qu'il faudrait s'adresser. » Le municipal qui était allé chez la Reine rentra, et annonça à Sa Majesté que sa famille la remerciait de ses vœux, et lui adressait les siens. « Quel » jour de nouvelle année! » dit le Roi.

Le même soir, je pris la liberté de lui observer que j'étais presque certain du consentement de la Convention, si Sa Majesté demandait qu'il lui fût permis de voir sa famille. « Dans quelques jours, » me dit le Roi, ils ne me refuseront pas cette » consolation, il faut attendre. »

Plus le moment du jugement approchait, si l'on peut donner ce nom à la procédure que l'on faisait subir au Roi, plus mes craintes et mes angoisses augmentaient; je faisais mille questions aux municipaux, et tout ce que j'en apprenais ajoutait à mes terreurs. Ma femme venait me voir toutes les semaines, et me rendait un compte exact de ce qui se passait dans Paris. L'opinion publique paraissait toujours favorable au Roi: elle se manifesta même avec éclat au Théâtre-Français et à celui du Vaudeville. On représentait au premier l'*Ami des lois*; toutes les allusions au procès de Sa Majesté furent saisies et applaudies avec transport. Au Vaudeville, un des personnages dans la *Chaste Suzanne*, disait aux deux vieillards: « Comment pouvez-vous être accusa-
» teurs et juges tout ensemble? » Le public fit répéter plusieurs fois ce passage (1). Je remis au

---

(1) Il en fut de même au procès de Charles Ier. La crainte n'étouffait pas toujours l'expression des regrets et du dévouement. Le Roi venait de demander quel précédent autorisait un jugement semblable:

« Un témoin au procès de Cook déposa qu'en disant ces paroles, le Roi se leva, et que Bradshaw lui répondit en colère: « Monsieur, nous ne siégeons pas ici pour répondre à vos ques-
» tions; plaidez sur l'accusation coupable ou non coupable.
» Clerc, faites votre devoir. » Sur quoi, continue le témoin, Broughton, l'un des clercs, se leva, et demanda ce qu'il avait à dire; coupable ou non coupable, et le président Bradshaw dit que si le Roi ne plaidait pas l'un ou l'autre, on enregistre-

Roi un exemplaire de l'*Ami des lois*. Je lui disais souvent, et j'étais presque parvenu à le croire moi-même, que les membres de la Convention, opposés les uns aux autres, ne prononceraient que la peine de la réclusion ou de la déportation. « Puissent-ils, me répondit Sa Majesté, avoir » cette modération pour ma famille, je n'ai de » craintes que pour elle. »

Quelques personnes me firent prévenir par ma femme qu'une somme considérable, déposée chez M. Pariseau, rédacteur de la *Feuille du jour*, était à la disposition du Roi, qu'on me priait de demander ses ordres, et que cette somme serait remise entre les mains de M. de Malesherbes, si Sa Majesté le désirait. J'en rendis compte au Roi. « Remerciez bien ces personnes de ma part, me » répondit-il, je ne peux accepter leurs offres » généreuses ; ce serait les exposer. » Je le priai d'en parler au moins à M. de Malesherbes, ce qu'il me promit.

La correspondance de Leurs Majestés continuait

---

rait le mépris qu'il fesait de sa cour. Sa Majesté alors se tourna vers le peuple et dit : « Rappelez-vous que le Roi est condamné » sans qu'il lui soit permis de donner ses raisons en faveur de » la liberté du peuple. » Alors il s'éleva une grande acclamation du peuple qui cria : « Dieu, sauve le Roi ! » Mais, ajoute le témoin, il régnait une grande crainte qui empêchait qu'on ne s'exprimât comme je crois qu'on l'aurait fait. » (*Collection des mémoires relatifs à la révolution d'Angleterre.*)

(*Note des nouveaux éditeurs.*)

toujours. Le Roi, instruit que madame Royale était malade, fut très-inquiet pendant quelques jours. La Reine, après bien des sollicitations, obtint qu'on fît entrer au Temple M. Brunier, médecin des enfans de France ; cette nouvelle parut le tranquilliser.

Le mardi 15 janvier, veille du jugement du Roi, ses conseils vinrent comme de coutume. MM. de Sèze et Tronchet prévinrent Sa Majesté de leur absence pour le lendemain.

Le mercredi 16, M. de Malesherbes resta assez long-temps avec le Roi et dit à Sa Majesté, en sortant, qu'il viendrait lui rendre compte de l'appel nominal, aussitôt qu'il en saurait le résultat ; mais la séance s'étant prolongée fort avant dans la nuit, ce ne fut que le 17 au matin qu'on prononça le décret.

Le même jour 16, à six heures du soir, quatre municipaux entrèrent dans la chambre et lurent au Roi une arrêté de la commune portant en substance : « qu'il serait gardé à vue jour et nuit par » lesdits municipaux, et que deux d'entre eux » passeraient la nuit à côté de son lit (1). » Le

---

(1) Charles 1er. fut condamné à souffrir la même humiliation ; mais il obtint la révocation de cette mesure :

« La nuit du jour où la sentence fut prononcée dans la salle de Westminster, le colonel Hacker, qui commandait alors la troupe chargée de la garde de Sa Majesté, ordonna de placer deux mousquetaires dans la chambre à coucher du Roi. Quand Sa

Roi demanda si son jugement était prononcé ; l'un d'eux (du Roure) commença par s'asseoir dans le fauteuil de Sa Majesté, qui était restée debout : il répondit ensuite qu'il ne s'inquiétait pas de ce qui se passait à la Convention, que cependant il avait entendu dire qu'on en était encore à l'appel nominal. Quelques momens après, M. de Malesherbes entra, et annonça au Roi que l'appel nominal n'était pas encore terminé.

Le feu prit dans ce moment à la cheminée d'une chambre où logeait le porteur de bois au palais du Temple. Un rassemblement assez considérable de peuple entra dans la cour. Un municipal vint tout effrayé dire à M. de Malesherbes de se retirer sur-le-champ. M. de Malesherbes sortit après avoir promis au Roi de revenir l'instruire de son jugement. « Quelle est la cause de votre frayeur, » demandai-je à ce commissaire ? — On a mis le » feu au Temple, me dit-il ; on l'a mis exprès

---

Majesté l'apprit, elle ne fit aucune objection, et se contenta de manifester son mécontentement par un geste.

Mais le prélat et M. Herbert craignirent le chagrin et la distraction qu'une telle mesure causerait au Roi au milieu des méditations, par lesquelles il se préparait à quitter ce monde si funeste pour lui ; aussi représentèrent-ils vivement tout ce qu'il y aurait de barbare dans un pareil ordre, et ne laissèrent-ils le colonel tranquille que quand il l'eût révoqué et fait retirer ses soldats. »

(*Mémoires de Herbert.*)
(*Note des nouveaux éditeurs.*)

» pour sauver Capet dans le tumulte; mais je
» viens de faire environner les murs par une
» forte garde. » Bientôt on apprit que le feu était
éteint, et que c'était un simple accident.

Le jeudi 17 janvier, M. de Malesherbes entra
vers les neuf heures du matin (1); j'allai au devant de lui. « Tout est perdu, me dit-il, le Roi
» est condamné. » Le Roi, qui le vit arriver, se leva
pour le recevoir. Ce ministre se précipita à ses
pieds : il était étouffé par ses sanglots, et fut plusieurs momens sans pouvoir parler. Le Roi le
releva et le serra contre son sein avec affection.
M. de Malesherbes lui apprit le décret de condamnation à la mort; le Roi ne fit aucun mouvement
qui annonçât de la surprise ou de l'émotion : il ne
parut affecté que de la douleur de ce respectable
vieillard et chercha même à le consoler.

M. de Malesherbes rendit compte à Sa Majesté
du résultat de l'appel nominal (2). Dénonciateurs,

---

(1) M. de Malesherbes raconte lui-même, d'une manière simple
et touchante, cette entrevue et les relations qu'il eut encore
avec l'infortuné monarque. Nous plaçons un extrait de son
journal dans les Éclaircissemens (J).

(*Note des nouveaux éditeurs.*)

(2) Le Roi d'Angleterre reçut sa sentence de mort dans la
chambre même des communes qui s'était constituée en haute
cour de justice. Voyez quelques détails sur cette scène si dramatique, dans les Éclaircissemens (K). Ils sont tirés de la
collection déjà citée.

(*Note des nouveaux éditeurs.*)

parens, ennemis personnels, laïcs, ecclésiastiques, députés absens, tous avaient opiné; et, malgré cette violation de toutes les formes, ceux qui avaient prononcé la mort, les uns comme mesure politique, les autres prétendant que le Roi était coupable, n'avaient obtenu qu'une majorité de *cinq voix*; plusieurs députés n'avaient voté la mort qu'avec sursis. On avait ordonné un second appel nominal sur cette question; et il était à présumer que les voix de ceux qui voulaient retarder l'exécution du régicide, joints aux suffrages qui n'étaient pas pour la peine capitale, formeraient la majorité. Mais aux portes de l'assemblée, des assassins, dévoués au duc d'Orléans et à la députation de Paris, effrayaient de leurs cris, menaçaient de leurs poignards quiconque refuserait d'être leur complice; et, soit stupeur, soit indifférence, la capitale ou n'osa, ou ne voulut rien entreprendre pour sauver son Roi.

M. de Malesherbes se disposait à sortir; le Roi obtint de l'entretenir en particulier; il le conduisit dans son cabinet, en ferma la porte, et resta environ une heure seul avec lui. Sa Majesté le reconduisit jusqu'à la porte d'entrée, lui recommanda encore de venir de bonne heure le soir, et de ne point l'abandonner dans ses derniers momens. « La douleur de ce bon vieillard m'a vive-
» ment ému, » me dit le Roi, en rentrant dans sa chambre où je l'attendais.

Depuis l'entrée de M. de Malesherbes un tremblement universel s'était emparé de moi, je préparai cependant tout ce qui était nécessaire pour que le Roi pût se raser. Il se mit le savon lui-même; debout et en face, je tenais son bassin. Forcé de concentrer ma douleur, je n'avais pas encore osé jeter les yeux sur mon malheureux maître : je le fixai par hasard, et mes larmes coulèrent malgré moi. Je ne sais si l'état où je me trouvais rappela au Roi sa position, mais une pâleur subite parut sur son visage; son nez et ses oreilles blanchirent tout à coup. A cette vue mes genoux se dérobèrent sous moi; le Roi, qui s'aperçut de ma défaillance, me prit les deux mains, les serra avec force, et me dit à demi-voix : « Allons, plus de courage. » Il était observé; un langage muet lui peignit toute mon affliction, il y parut sensible; son visage se ranima, il se rasa avec tranquillité; ensuite je l'habillai.

Sa Majesté resta dans sa chambre jusqu'à l'heure de son dîner, occupée à lire ou à se promener. Dans la soirée, je le vis aller du côté du cabinet, et je l'y suivis, sous prétexte qu'il pouvait avoir besoin de mon service. « Vous avez, me dit le Roi, » entendu le récit de mon jugement? ». — « Ah ! » Sire, lui dis-je, espérez un sursis : M. de Ma- » lesherbes ne croit pas qu'on le refuse. » — « Je » ne cherche aucun espoir, me répondit le Roi, » mais je suis bien affligé de ce que monsieur » d'Orléans, mon parent, a voté ma mort; lisez » cette liste. » Il me remit alors la liste de l'appel

nominal qu'il tenait à la main. « Le public, lui
» dis-je, murmure hautement : Dumouriez est à
» Paris ; on dit qu'il est porteur du vœu de son ar-
» mée contre le procès que l'on a fait à Votre Ma-
» jesté. Le peuple est révolté de l'infâme conduite
» de monsieur d'Orléans. Le bruit se répand aussi
» que les ministres des puissances étrangères vont
» se réunir pour aller à l'assemblée. Enfin l'on as-
» sure que les conventionnels craignent une
» émeute populaire. » — « Je serais bien fâché
» qu'elle eût lieu, répondit le Roi, il y aurait de
» nouvelles victimes. Je ne crains pas la mort,
» ajouta ce prince, mais je ne puis envisager, sans
» frémir, le sort cruel que je vais laisser après
» moi à ma famille, à la Reine, à nos malheureux
» enfans !.... Et ces fidèles serviteurs qui ne m'ont
» point abandonné, ces vieillards qui n'avaient
» d'autres moyens pour subsister que les modiques
» pensions que je leur faisais, qui va les secourir ?
» Je vois le peuple, livré à l'anarchie, devenir la vic-
» time de toutes les factions, les crimes se succéder,
» de longues dissensions déchirer la France. » Puis
après un moment de silence : « Oh ! mon Dieu !
» était-ce là le prix que je devais recevoir de tous
» mes sacrifices ? N'avais-je pas tout tenté pour as-
» surer le bonheur des Français ? » En prononçant
ces paroles, il me serrait les mains ; pénétré d'un
saint respect, j'arrosai les siennes de mes larmes :
il me fallut le quitter en cet état. Le Roi attendit
vainement M. de Malesherbes. Le soir il me de-

manda s'il s'était présenté : j'avais fait la même question aux commissaires, tous m'avaient répondu que non.

Le vendredi 18, le Roi ne reçut aucune nouvelle de M. de Malesherbes, il en fut très-inquiet. Un ancien mercure de France étant tombé sous sa main, il y lut un logogryphe qu'il me donna à deviner ; j'en cherchai le mot inutilement. — « Comment, vous ne le trouvez pas ? Il m'est » pourtant bien applicable dans ce moment, me » dit-il, le mot est sacrifice. » Le Roi m'ordonna de chercher, dans la bibliothéque, le volume de l'Histoire d'Angleterre où se trouve la mort de Charles Ier. : il en fit la lecture les jours suivans (1). J'appris, à cette occasion, que Sa Majesté avait lu deux cent cinquante volumes, depuis son entrée au Temple. Le soir, je pris la liberté de lui observer qu'elle ne pouvait être privée de ses conseils que par un décret de la Convention, et qu'elle devrait demander qu'on leur permît d'entrer dans la tour. « Attendons jusqu'à demain, » me répondit le Roi. »

Le samedi 19, à neuf heures du matin, un municipal nommé Gobeau entra un papier à la

---

(1) Nous empruntons à la relation du procès de Charles Ier., et nous plaçons dans les Éclaircissemens (L) ce qui a rapport aux derniers momens de ce malheureux Prince.

(*Note des nouveaux éditeurs.*)

main : il était accompagné du concierge de la tour, nommé Mathey, qui portait une écritoire. Le municipal dit au Roi qu'il avait ordre d'inventorier les meubles et autres effets : Sa Majesté me laissa avec lui et se retira dans sa tourelle. Alors, sous le prétexte d'un inventaire, le municipal se mit à fouiller avec le soin le plus minutieux, pour être certain, disait-il, qu'aucune arme, ni instrument tranchant n'avaient été cachés dans la chambre de Sa Majesté. Il restait à fouiller un petit bureau dans lequel étaient des papiers : le Roi fut contraint d'en ouvrir tous les tiroirs, de déplacer et de montrer chaque papier l'un après l'autre. Il y avait trois rouleaux au fond d'un tiroir : on voulut en examiner le contenu. « C'est, dit le Roi, de l'argent qui ne m'appartient » pas, il est à M. de Malesherbes, je l'avais préparé pour le lui rendre. » Les trois rouleaux contenaient trois mille livres en or; sur chaque rouleau, le Roi avait écrit de sa main à M. de Malesherbes (1).

Pendant qu'on faisait les mêmes recherches

---

(1) Sur les registres manuscrits de la commune, registres authentiques dont il nous a été permis de prendre communication, l'on trouve les détails suivans au sujet de la somme dont il est question dans ce passage.

Séance du 25 septembre 1793.

« Le secrétaire greffier croit devoir observer au conseil

dans la tourelle, Sa Majesté rentra dans sa chambre et voulut se chauffer. Le concierge Mathey était dans ce moment devant la cheminée tenant son habit retroussé, et tournant le dos au feu. Le Roi ne pouvant se chauffer qu'avec peine par un des côtés, et l'insolent concierge restant toujours à la même place, Sa Majesté lui dit avec quelque vivacité de s'éloigner un peu. Mathey se retira; les municipaux sortirent aussi après avoir terminé leurs recherches.

Le soir le Roi dit aux commissaires de demander à la commune les motifs qui s'opposaient à l'entrée de ses conseils dans la tour, désirant au moins s'entretenir avec M. de Malesherbes; ils promirent d'en parler, mais l'un d'eux avoua qu'il leur avait été défendu de faire part au conseil général d'aucune demande de Louis XVI, à moins qu'elle ne fût écrite et signée de sa main. « Pourquoi, ré-

---

général, que quatre-vingt pièces d'or, qui lui ont été remises hier, ont été déclarées par Élisabeth être un dépôt qui lui a été remis le 10 août 1792, par la veuve Lamballe; que les rouleaux trouvés chez Capet portaient pour étiquette *à M. de Malesherbes*. Il pense que le conseil général n'a pas eu l'intention de disposer de ces dépôts.

» Le conseil général passe à l'ordre du jour, motivé sur ce que les rouleaux de Capet n'ont pas été réclamés par Malesherbes, et sur le vague de l'observation d'Élisabeth qui paraît n'être qu'un subterfuge. » (*Registre*, n°. 80.)

(*Note des nouveaux éditeurs.*)

» pondit le Roi, m'a-t-on laissé depuis deux jours
» ignorer ce changement ? » Il écrivit alors un
billet, et le remit aux municipaux : on ne le
porta que le lendemain matin à la commune. Le
Roi demandait de voir librement ses conseils, et
se plaignait de l'arrêté qui ordonnait de le garder
à vue le jour comme la nuit. « On doit sentir,
» écrivait-il à la commune, que dans la position
» où je me trouve, il est bien pénible pour moi de
» ne pouvoir être seul, et de ne point avoir la
» tranquillité nécessaire pour me recueillir. »

Le dimanche 20 janvier, le Roi, dès son lever,
s'informa des municipaux s'ils avaient fait part de
sa demande au conseil de la commune : ils l'assurèrent qu'elle avait été portée sur-le-champ. Vers
les dix heures, j'entrai dans la chambre du Roi,
qui me dit aussitôt : « Je ne vois point arriver
» M. de Malesherbes. » — « Sire, lui dis-je, je
» viens d'apprendre qu'il s'est présenté plusieurs
» fois, mais l'entrée de la tour lui a toujours été
» refusée. » — « Je vais savoir le motif de ce re-
» fus, répondit le Roi : la commune aura sans
» doute prononcé sur ma lettre. » Il se promena
dans sa chambre, il lut, il écrivit, et s'occupa
ainsi toute la matinée.

Deux heures venaient de sonner, on ouvre tout
à coup la porte ; c'était le conseil exécutif. Douze
ou quinze personnes se présentent à la fois : Garat,
ministre de la justice, Le Brun, ministre des affaires étrangères, Grouvelle, secrétaire du con-

seil, le président et le procureur général syndic du département, le maire et le procureur de la commune, le président et l'accusateur public du tribunal criminel. Santerre qui devançait les autres, me dit : « Annoncez le conseil exécutif. » Le Roi, qui avait entendu beaucoup de mouvement, s'était levé et avait fait quelques pas ; mais à la vue de ce cortége, il resta entre la porte de sa chambre et celle de l'antichambre dans l'attitude la plus noble et la plus imposante. J'étais près de lui : Garat, le chapeau sur la tête, porta la parole et dit : « Louis, la Convention nationale a chargé » le conseil exécutif provisoire de vous signifier » ses décrets des 15, 16, 17, 19 et 20 janvier ; » le secrétaire du conseil va vous en faire lec- » ture ; » alors Grouvelle, secrétaire, déploya le décret et le lut d'une voix faible et tremblante.

Décrets de la Convention nationale des 15, 16, 17, 19 et 20 janvier.

Article premier.

La Convention nationale déclare Louis Capet, dernier roi des Français, coupable de conspiration contre la liberté de la nation et d'attentat contre la sûreté générale de l'état.

Art. II.

La Convention nationale décrète que Louis Capet subira la peine de mort.

Art. III.

La Convention nationale déclare nul l'acte de Louis Capet, apporté à la barre par ses conseils, qualifié d'appel à la nation du jugement contre lui rendu par la Convention; défend à qui que ce soit d'y donner aucune suite, à peine d'être poursuivi et puni comme coupable d'attentat contre la sûreté générale de la république.

Art. IV.

Le conseil exécutif provisoire notifiera le présent décret dans le jour à Louis Capet, et prendra les mesures de police et de sûreté nécessaires pour en assurer l'exécution dans les vingt-quatre heures, à compter de sa notification, et rendra compte du tout à la Convention nationale, immédiatement après qu'il aura été exécuté.

Pendant cette lecture, aucune altération ne parut sur le visage du Roi. Je remarquai seulement qu'au premier article, lorsqu'on prononça le mot *conspiration*, un sourire d'indignation parut sur le bord de ses lèvres; mais aux mots *subira la peine de mort*, un regard céleste qu'il porta sur tous ceux qui l'environnaient, leur annonça que la mort était sans terreur pour l'innocence. Le Roi fit un pas vers Grouvelle, secrétaire du conseil, prit le décret de ses mains, le plia, tira de sa poche son portefeuille, et l'y plaça; puis retirant un papier du même portefeuille, il dit au mi-

nistre Garat : « Monsieur le ministre de la Jus-
» tice, je vous prie de remettre sur-le-champ
» cette lettre à la Convention nationale. » Le
ministre paraissant hésiter, le Roi ajouta : « Je
» vais vous en faire lecture : » et il lut sans
aucune altération ce qui suit :

« Je demande un délai de trois jours pour pou-
» voir me préparer à paraître devant Dieu ; je de-
» mande pour cela de pouvoir voir librement la
» personne que j'indiquerai aux commissaires de
» la commune, et que cette personne soit à l'abri
» de toute crainte et de toute inquiétude pour
» cet acte de charité qu'elle remplira auprès de
» moi.

» Je demande d'être délivré de la surveillance
» perpétuelle que le conseil général a établie de-
» puis quelques jours.

» Je demande, dans cet intervalle, pouvoir voir
» ma famille, quand je le demanderai, et sans
» témoin ; je désirerais bien que la Convention
» nationale s'occupât tout de suite du sort de ma
» famille, et qu'elle lui permît de se retirer libre-
» ment où elle le jugerait à propos.

» Je recommande à la bienfaisance de la nation
» toutes les personnes qui m'étaient attachées : il
» y en a beaucoup qui avaient mis toute leur for-
» tune dans leurs charges, et qui, n'ayant plus
» d'appointemens, doivent être dans le besoin ;
» et même de celles qui ne vivaient que de leurs
» appointemens ; dans les pensionnaires, il y a

» beaucoup de vieillards, de femmes et d'enfans
» qui n'avaient que cela pour vivre.

» Fait à la tour du Temple, le 20 janvier 1792.
Signé Louis. »

Garat prit la lettre du Roi et assura qu'il allait la porter à la Convention. Comme il sortait, Sa Majesté fouilla de nouveau dans sa poche, en retira son portefeuille et dit : « Monsieur, si la Convention » accorde ma demande, pour la personne que je » désire, voici son adresse, » puis elle la remit à un municipal. Cette adresse, d'une autre écriture que celle du Roi portait : « Monsieur Edgeworth de Firmont, n°. 483, *rue du Bac.* » Le Roi fit quelques pas en arrière, le ministre et ceux qui l'accompagnaient, sortirent.

Sa Majesté se promena un instant dans sa chambre; j'étais resté contre la porte, debout, les bras croisés et comme privé de tout sentiment : le Roi s'approcha de moi; « Cléry, me dit-il, de- » mandez mon dîner. » Quelques instans après, deux municipaux m'appelèrent dans la salle à manger, ils me lurent un arrêté qui portait en substance : « que *Louis* ne se servirait point de » couteau, ni de fourchette à ses repas, qu'il serait » confié un couteau à son valet de chambre pour » lui couper son pain et sa viande en présence de » deux commissaires, et qu'ensuite le couteau » serait retiré. » Les deux municipaux me chargèrent d'en prévenir le Roi; je m'y refusai.

En entrant dans la salle à manger, le Roi vit le

panier dans lequel était le dîner de la Reine; il demanda pourquoi l'on avait fait attendre sa famille une heure de plus, ajoutant que ce retard pourrait l'inquiéter. Il se mit à table. « Je n'ai pas de » couteau ? » me dit-il. Le municipal Minier fit part alors à Sa Majesté de l'arrêté de la commune. « Me croit-on assez lâche, dit le Roi, pour que » j'attente à ma vie? On m'impute des crimes, mais » j'en suis innocent, et je mourrai sans crainte : » je voudrais que ma mort fît le bonheur des Fran- » çais, et pût écarter les malheurs que je pré- » vois. » Il régna un grand silence. Le Roi mangea peu, il coupa du bœuf avec sa cuillère, rompit son pain : son dîner ne dura que quelques minutes.

J'étais dans ma chambre livré à la plus affreuse douleur, lorsque, sur les six heures du soir, Garat revint à la tour : j'allai annoncer au Roi le retour du ministre de la justice. Santerre, qui le précédait, s'approcha de Sa Majesté, et lui dit à demi-voix et d'un air riant : « Voici le conseil exécutif. » Le ministre, s'étant avancé, dit au Roi qu'il avait porté sa lettre à la Convention, et qu'elle l'avait chargé de lui notifier la réponse suivante : « Qu'il » était libre à *Louis* d'appeler tel ministre du » culte qu'il jugerait à propos, et de voir sa fa- » mille librement et sans témoin ; que la nation, » toujours grande et toujours juste, s'occuperait » du sort de sa famille; qu'il serait accordé aux » créanciers de sa maison de justes indemnités ;

» que la Convention nationale avait passé à
» l'ordre du jour sur le sursis de trois jours. »

Le Roi entendit cette lecture sans faire aucune observation ; il rentra dans sa chambre, et me dit : « Je croyais à l'air de Santerre qu'il allait » m'annoncer que le sursis était accordé. » Un jeune municipal nommé Botson, voyant le Roi me parler, s'approcha. « Vous avez paru sensible à ce » qui m'arrive, lui dit le Roi, recevez-en mes re-» mercîmens. » Le commissaire surpris ne sut que répondre, et je fus moi-même étonné des expressions de Sa Majesté, car ce municipal, à peine âgé de vingt-deux ans, d'une figure douce et intéressante, avait dit quelques instans auparavant : « J'ai de-» mandé à venir au Temple pour voir la *grimace* » qu'il fera demain » (c'était du roi qu'il parlait). « Et moi aussi, » avait repondu Merceraut, le tailleur de pierres, dont j'ai déjà parlé ; « tout le » monde refusait de venir, je ne donnerais pas » cette journée pour beaucoup d'argent. » Tels étaient les hommes vils et féroces que la commune affectait de nommer pour garder le Roi dans ses derniers momens.

Depuis quatre jours le Roi n'avait pas vu ses conseils ; ceux des commissaires qui s'étaient montrés sensibles à ses malheurs, évitaient de l'approcher ; de tant de sujets dont il avait été le père, de tant de Français qu'il avait comblés de bienfaits, il ne lui restait qu'un seul serviteur pour confident de ses peines.

Après la lecture de la réponse de la Convention, les commissaires prirent le ministre de la justice à l'écart, et lui demandèrent comment le roi verrait sa famille : « En particulier, répondit Ga-» rat, c'est l'intention de la Convention. » Les municipaux lui communiquèrent alors l'arrêté de la commune qui leur enjoignait de ne perdre le Roi de vue, ni le *jour*, ni la *nuit*. Il fut convenu entre les commissaires et le ministre, que pour concilier ces deux décisions, opposées l'une à l'autre, le Roi recevrait sa famille dans la salle à manger, de manière à être vu par le vitrage de la cloison, mais qu'on fermerait la porte, pour qu'il ne fût pas entendu.

Le Roi rappela le ministre de la justice, pour lui demander s'il avait fait prévenir M. de Firmont : Garat répondit qu'il l'avait amené dans sa voiture, qu'il était au conseil, et qu'il allait monter. Sa Majesté remit à un municipal, nommé Baudrais, qui causait avec le ministre, une somme de trois mille livres en or, en le priant de la rendre à M. de Malesherbes à qui elle appartenait. Le municipal le promit, mais il la porta sur-le-champ au conseil, et jamais cette somme ne fut remise à M. de Malesherbes. M. de Firmont parut, le Roi le fit passer dans la tourelle, et s'enferma avec lui. Garat étant parti ; il ne resta dans l'appartement de Sa Majesté que trois municipaux.

A huit heures, le Roi sortit de son cabinet et

dit aux commissaires de le conduire vers sa famille; les municipaux répondirent que cela ne se pouvait point, mais qu'on allait la faire descendre, s'il le désirait. « A la bonne heure, dit le
» Roi, mais je pourrai au moins la voir seul dans
» ma chambre. » — « Non, dit l'un d'eux, nous
» avons arrêté avec le ministre de la justice que
» ce serait dans la salle à manger. » — « Vous avez
» entendu, répliqua Sa Majesté, que le décret de
» la Convention me permet de la voir sans té-
» moin. » — « Cela est vrai, dirent les munici-
» paux, vous serez en particulier : on fermera la
» porte, mais par le vitrage nous aurons les yeux
» sur vous. » — « Faites descendre ma famille,
» dit le Roi. »

Pendant cet intervalle, Sa Majesté entra dans la salle à manger; je la suivis, je rangeai la table de côté et plaçai des chaises dans le fond, afin de donner plus d'espace. « Il faudrait, me dit le Roi,
» apporter un peu d'eau et un verre. » Il y avait sur une table une carafe d'eau à la glace, je n'apportai qu'un verre et le plaçai près de cette carafe. « Apportez de l'eau qui ne soit pas à la glace,
» me dit le Roi, car si la reine buvait de celle-là,
» elle pourrait en être incommodée. Vous direz,
» ajouta Sa Majesté, à M. de Firmont, qu'il ne
» sorte pas de mon cabinet, je craindrais que sa
» vue ne fît trop de mal à ma famille. » Le commissaire qui était allé la chercher resta un quart-d'heure; dans cet intervalle, le Roi rentra dans

son cabinet, venant de temps en temps à la porte d'entrée, avec des marques de la plus vive émotion.

A huit heures et demie, la porte s'ouvrit : la Reine parut la première tenant son fils par la main, ensuite madame Royale et madame Élisabeth ; tous se précipitèrent dans les bras du Roi. Un morne silence régna pendant quelques minutes, et ne fut interrompu que par des sanglots. La Reine fit un mouvement pour entraîner Sa Majesté vers sa chambre. « Non, dit le Roi, passons dans » cette salle, je ne puis vous voir que là. » Ils y entrèrent et j'en fermai la porte qui était en vitrage. Le Roi s'assit, la Reine à sa gauche, madame Élisabeth à sa droite, madame Royale presqu'en face, et le jeune Prince resta debout entre les jambes du Roi : tous étaient penchés vers lui, et le tenaient souvent embrassé. Cette scène de douleur dura sept quarts-d'heure pendant lesquels il fut impossible de rien entendre ; on voyait seulement qu'après chaque phrase du Roi, les sanglots des Princesses redoublaient, duraient quelques minutes, et qu'ensuite le Roi recommençait à parler. Il fut aisé de juger à leurs mouvemens que lui-même leur avait appris sa condamnation.

A dix heures un quart, le Roi se leva le premier, et tous le suivirent : j'ouvris la porte ; la Reine tenait le Roi par le bras droit. Leurs Majestés donnaient chacune une main à monsieur le Dauphin ; madame Royale à la gauche tenait le Roi embrassé par le milieu du corps ; madame Élisabeth du même côté, mais un peu plus en arrière avait saisi le bras gauche de son auguste frère : ils firent quelques pas vers la porte d'entrée, en poussant les gémissemens les plus douloureux. « Je vous assure, leur dit le Roi, que je vous verrai » demain matin, à huit heures : » — « Vous nous » le promettez, répétèrent-ils tous ensemble. » — » Oui, je vous le promets. » — « Pourquoi pas » à sept heures, dit la Reine. » — « Eh bien ! » oui, à sept heures, répondit le Roi, adieu... » Il prononça cet adieu d'une manière si expressive que les sanglots redoublèrent. Madame Royale tomba évanouie aux pieds du Roi qu'elle tenait embrassé ; je la relevai et j'aidai madame Élisabeth à la soutenir : le Roi, voulant mettre fin à cette scène déchirante, leur donna les plus tendres embrassemens, et eut la force de s'arracher de leurs bras. « Adieu,.... adieu,.... » dit-il, et il rentra dans sa chambre.

Les Princesses remontèrent chez elles : je voulus continuer à soutenir madame Royale, les municipaux m'arrêtèrent à la seconde marche, et me forcèrent de rentrer. Quoique les deux portes fussent fermées, on continua d'entendre les cris et les gémissemens des Princesses dans l'escalier. Le Roi rejoignit son confesseur dans le cabinet de la tourelle.

Une demi-heure après, il en sortit, et je servis le souper : le Roi mangea peu, mais avec appétit.

Après le souper, Sa Majesté étant rentrée dans son cabinet, son confesseur en sortit un instant après et demanda aux commissaires de le conduire à la chambre du conseil; c'était pour demander des ornemens et tout ce qui était nécessaire pour dire la messe, le lendemain matin. M. de Firmont n'obtint qu'avec peine que cette demande fût accordée. C'est à l'église des Capucins du Marais, près l'hôtel de Soubise, qui avait été érigée en paroisse, qu'on envoya chercher les choses nécessaires pour le service divin. Revenu de la chambre du conseil, M. de Firmont rentra chez le Roi; tous deux passèrent dans la tourelle et y restèrent jusqu'à minuit et demie; alors je déshabillai le Roi, et comme j'allais pour lui rouler les cheveux, il me dit : « Ce n'est pas la » peine, » puis en le couchant, comme je fermais ses rideaux : « Cléry, vous m'éveillerez à cinq » heures. »

A peine fut-il couché qu'un sommeil profond s'empara de ses sens : il dormit jusqu'à cinq heures sans s'éveiller. M. de Firmont, que Sa Majesté avait engagé à prendre un peu de repos, se jeta sur mon lit, et je passai la nuit sur une chaise dans la chambre du Roi, priant Dieu de lui conserver sa force et son courage.

J'entendis sonner cinq heures, et j'allumai le feu : au bruit que je fis, le Roi s'éveilla, et me dit

en tirant son rideau : « Cinq heures sont-elles
» sonnées ? — Sire, elles le sont à plusieurs hor-
» loges, mais pas encore à la pendule. » Le feu
étant allumé, je m'approchai de son lit. « J'ai bien
» dormi, me dit ce prince, j'en avais besoin : la
» journée d'hier m'avait fatigué; où est M. de
» Firmont? » — « Sur mon lit. » — « Et vous, où
» avez-vous passé la nuit? » — « Sur cette chai-
» se. » — « J'en suis fâché, dit le Roi. » — « Ah!
» Sire, puis-je penser à moi dans ce moment? »
Il me donna une de ses mains et serra la mienne
avec affection.

J'habillai le Roi et le coiffai : pendant sa toilette il ôta de sa montre un cachet, le mit dans
la poche de sa veste, déposa sa montre sur la
cheminée; puis, retirant de son doigt un anneau
qu'il considéra plusieurs fois, il le mit dans la
même poche où était le cachet, il changea de
chemise, mit une veste blanche qu'il avait la
veille, et je lui passai son habit : il retira des
poches son portefeuille, sa lorgnette, sa boîte à
tabac, et quelques autres effets; il déposa aussi
sa bourse sur la cheminée, tout cela en silence et
devant plusieurs municipaux. Sa toilette achevée,
le Roi me dit de prévenir M. de Firmont; j'allai
l'avertir, il était déjà levé : il suivit Sa Majesté
dans son cabinet.

Pendant ce temps je plaçai une commode au
milieu de la chambre, et je la préparai en forme
d'autel pour dire la messe. On avait apporté à

deux heures du matin tout ce qui était nécessaire. Je portai dans ma chambre les ornemens du prêtre, et lorsque tout fut disposé, j'allai prévenir le Roi. Il me demanda si je pourrais servir la messe, je lui répondis qu'oui, mais que je n'en savais pas les réponses par cœur ; il tenait un livre à la main, il l'ouvrit, y chercha l'article de la messe et me le remit ; puis il prit un autre livre. Pendant ce temps, le prêtre s'habillait. J'avais placé devant l'autel un fauteuil et mis un grand coussin à terre pour Sa Majesté ; le Roi me fit ôter le coussin, il alla lui-même dans son cabinet en chercher un autre plus petit, et garni en crin, dont il se servait ordinairement pour dire ses prières. Dès que le prêtre fut entré, les municipaux se retirèrent dans l'antichambre et je fermai un des battans de la porte. La messe commença à six heures. Pendant cette auguste cérémonie, il régna un grand silence. Le Roi, toujours à genoux, entendit la messe avec le plus saint recueillement dans l'attitude la plus noble. Sa Majesté communia : après la messe, le Roi passa dans son cabinet, et le prêtre alla dans ma chambre pour quitter ses habits sacerdotaux.

Je saisis ce moment pour entrer dans le cabinet de Sa Majesté : elle me prit les deux mains et me dit d'un ton attendri : « Cléry, je suis content
» de vos soins! » — « Ah ! sire, lui dis-je, en me
» précipitant à ses pieds, que ne puis-je par ma
» mort désarmer vos bourreaux, et conserver une

» vie si précieuse aux bons Français; espérez,
» Sire, ils n'oseront vous frapper. » — « La mort
» ne m'effraie point, j'y suis tout préparé : mais
» vous, continua-t-il, ne vous exposez pas ; je vais
» demander que vous restiez près de mon fils :
» donnez-lui tous vos soins dans cet affreux sé-
» jour; rappelez-lui, dites-lui bien toutes les
» peines que j'éprouve des malheurs qu'il ressent;
» un jour peut-être il pourra récompenser votre
» zèle. » — « Ah! mon Maître, ah ! mon Roi, si
» le dévouement le plus absolu, si mon zèle et
» mes soins ont pu vous être agréables, la seule
» récompense que je désire de Votre Majesté, c'est
» de recevoir votre bénédiction ; ne la refusez
» pas au dernier Français resté près de vous. »
J'étais toujours à ses pieds tenant une de ses
mains : dans cet état, il agréa ma prière, me
donna sa bénédiction, puis me releva, et me serrant contre son sein : « Faites-en part à toutes les
» personnes qui me sont attachées : dites aussi à
» Turgy que je suis content de lui. Rentrez, ajouta
» le Roi, ne donnez aucun soupçon contre vous. »
Puis, me rappelant, il prit sur une table un papier qu'il y avait déposé : « Tenez, voici une let-
» tre que Pétion m'a écrite lors de votre entrée
» au Temple, elle pourra vous être utile pour
» rester ici. » Je saisis de nouveau sa main, que
je baisai, et je sortis. « Adieu, me dit-il encore,
» adieu!.... »

Je rentrai dans ma chambre et j'y trouvai

M. de Firmont faisant sa prière à genoux devant mon lit. « Quel Prince, me dit-il en se relevant! » avec quelle résignation, avec quel courage il va » à la mort! il est aussi calme, aussi tranquille, » que s'il venait d'entendre la messe dans son » palais, et au milieu de sa cour. » — « Je viens » d'en recevoir, lui dis-je, les plus touchans » adieux; il a daigné me promettre de demander » que je restasse dans cette tour auprès de son » fils : lorsqu'il sortira, monsieur, je vous prie de » le lui rappeler, car je n'aurai plus le bonheur » de le voir en particulier. » — « Soyez tran- » quille, » me répondit M. de Firmont, et il rejoignit Sa Majesté.

A sept heures, le Roi sortit de son cabinet, m'appela; et, me tirant dans l'embrasure de la croisée, il me dit : « Vous remettrez ce cachet (1)

---

(1) Étant parti de Vienne pour me rendre en Angleterre, je passai à Blankembourg, dans l'intention de faire hommage au Roi de mon manuscrit. Quand ce Prince en fut à cet endroit de mon journal, il chercha dans son secrétaire; et, me montrant avec émotion un cachet, il me dit : « Cléry, le reconnaissez-vous? » — « Ah! Sire, c'est le même. » — « Si » vous en doutiez, reprit le Roi, lisez ce billet. » Je le pris en tremblant..... Je reconnus l'écriture de la Reine, et le billet était de plus signé de M. le Dauphin alors Louis XVII, de madame Royale et de madame Élisabeth. Qu'on juge de la vive émotion que j'éprouvai! J'étais en présence d'un Prince que le sort ne se lasse pas de poursuivre. Je venais de quitter

» à mon fils,.... cet anneau (1) à la Reine;
» dites-lui bien que je le quitte avec peine.... Ce
» petit paquet renferme des cheveux de toute ma
» famille; vous le lui remettrez aussi..... Dites à
» la Reine, à mes chers enfans, à ma sœur, que
» je leur avais promis de les voir ce matin, mais
» que j'ai voulu leur épargner la douleur d'une
» séparation si cruelle; combien il m'en coûte
» de partir sans recevoir leurs derniers em-
» brassemens !..... » Il essuya quelques larmes,
puis il ajouta avec l'accent le plus douloureux :

M. l'abbé de Firmont, et c'était le 21 janvier que je retrouvais dans la main de Louis XVIII ce symbole de la royauté, que Louis XVI avait voulu conserver à son fils. J'adorai les décrets de la Providence, et je demandai au Roi la permission de faire graver ce précieux billet. J'assistai à la messe que le Roi fit célébrer par M. l'abbé de Firmont, le jour du martyre de son frère. Les larmes que j'y ai vu répandre ne sont point étrangères à mon sujet.

(*Note de Cléry.*)

(1) Cet anneau est entre les mains de Monsieur ; il lui fut envoyé par la Reine et madame Élisabeth avec des cheveux du Roi. Un billet l'accompagnait (*).

(*Note de Cléry.*)

(*) Le cachet, les billets, l'anneau précieux dont il est question dans ces notes, étaient parvenus entre les mains des Princes, par le dévouement de M. de Jarjaye. Les mémoires de son ami, M. de Goguelat, contiennent la relation des services que ce sujet fidèle eût alors le bonheur de rendre à la famille royale. On trouvera dans la livraison des figures, le fac simile des billets dont parle Cléry.

(*Note des nouveaux éditeurs.*)

« Je vous charge de leur faire mes adieux ! .... »
Il rentra aussitôt dans son cabinet.

Les municipaux qui s'étaient approchés, avaient entendu Sa Majesté, et l'avaient vue me remettre les différens objets que je tenais encore dans mes mains. Ils me dirent de les leur donner, mais l'un d'eux proposa de m'en laisser dépositaire, jusqu'à la décision du conseil; cet avis prévalut.

Un quart d'heure après, le roi sortit de son cabinet : « Demandez, me dit-il, si je puis avoir
» des ciseaux, » et il rentra. J'en fis la demande aux commissaires. « Savez-vous ce qu'il en veut
» faire ? » — « Je n'en sais rien. » — « Il faut le
» savoir. » Je frappai à la porte du petit cabinet, le Roi sortit. Un municipal qui m'avait suivi, lui dit : « Vous avez désiré des ciseaux ;
» mais, avant d'en faire la demande au conseil,
» il faut savoir ce que vous en voulez faire. »
Sa Majesté lui répondit : « C'est pour que Cléry
» me coupe les cheveux. » Les municipaux se retirèrent; l'un d'eux descendit à la chambre du conseil où, après une demi-heure de délibération, on refusa les ciseaux. Le municipal remonta, et annonça au Roi cette décision. « Je n'aurais pas
» touché aux ciseaux, dit Sa Majesté; j'aurais désiré
» que Cléry me coupât les cheveux en votre pré-
» sence; voyez encore, monsieur; je vous prie
» de faire part de ma demande. » Le municipal retourna au conseil qui persista dans son refus.

Ce fut alors qu'on me dit qu'il fallait me disposer à accompagner le Roi pour le déshabiller sur l'échafaud : à cette annonce, je fus saisi de terreur; mais, rassemblant toutes mes forces, je me préparais à rendre ce dernier devoir à mon maître, à qui cet office, fait par le bourreau, répugnait, lorsqu'un autre municipal vint me dire que je ne sortirais pas, et ajouta : *Le bourreau est assez bon pour lui.*

Paris était sous les armes depuis cinq heures du matin ; on entendait battre la générale, le bruit des armes, le mouvement des chevaux, le transport des canons qu'on plaçait et déplaçait sans cesse, tout retentissait dans la tour.

A neuf heures, le bruit augmente, les portes s'ouvrent avec fracas ; Santerre, accompagné de sept à huit municipaux, entre à la tête de dix gendarmes et les range sur deux lignes. A ce mouvement le Roi sortit de son cabinet : « Vous venez
» me chercher? dit-il à Santerre. » — « Oui. » —
» Je vous demande une minute, » et il rentra dans son cabinet. Sa Majesté en ressortit sur-le-champ, son confesseur le suivait; le Roi tenait à la main son testament; et, s'adressant à un municipal, nommé Jacques Roux, prêtre jureur, qui se trouvait le plus en avant : « Je vous prie de re-
» mettre ce papier à la Reine, à ma femme. » —
« Cela ne me regarde point, répondit ce prêtre
» en refusant de prendre l'écrit : je suis ici pour
» vous conduire à l'échafaud. »

Sa Majesté s'adressant ensuite à Gobeau, autre municipal : « Remettez ce papier, je vous prie, » à ma femme; vous pouvez en prendre lecture ; » il y a des dispositions que je désire que la com- » mune connaisse. »

J'étais derrière le Roi, près de la cheminée, il se tourna vers moi, et je lui présentai sa redingote. « Je n'en ai pas besoin, me dit-il, donnez- » moi seulement mon chapeau (1). » Je le lui remis. Sa main rencontra la mienne qu'il serra pour la dernière fois. « Messieurs, dit-il, en s'a- » dressant aux municipaux, je désirerais que » Cléry restât près de mon fils qui est accoutumé » à ses soins : j'espère que la commune accueillera » cette demande. » Puis regardant Santerre : « Partons. »

Ce furent les dernières paroles qu'il prononça dans son appartement. A l'entrée de l'escalier il rencontra Mathey, concierge de la tour, et lui

---

(1) Voici encore une parole de Charles Ier. dans la même circonstance. Il disait à Herbert, son valet de chambre, qui lui rendait le triste service que Cléry rendit lui-même à Louis XVI :

« Il me faut une chemise de plus que de coutume, la saison est si froide, que je pourrais trembler. Quelques spectateurs l'attribueraient peut-être à la peur. Je ne veux pas qu'un pareil reproche m'atteigne. Je ne crains pas la mort! la mort n'a rien de terrible pour moi. J'y suis préparé ; j'en bénis Dieu. » (*Collection des mémoires relatifs à la révolution d'Angleterre.*)

(*Note des nouveaux éditeurs.*)

dit : « J'ai eu un peu de vivacité avant-hier envers
» vous, ne m'en veuillez pas. » Mathey ne répondit
rien, et affecta même de se retirer lorsque le Roi
lui parla.

Je restai seul dans la chambre, navré de douleur
et presque sans sentiment. Les tambours et les
trompettes annoncèrent que Sa Majesté avait quitté
la tour.... Un heure après des salves d'artillerie,
des cris de vive la nation ! vive la république !
se firent entendre.... Le meilleur des rois n'était
plus !....

DERNIÈRES HEURES

DE LOUIS XVI,

ROI DE FRANCE,

ÉCRITES PAR L'ABBÉ EDGEWORTH DE FIRMONT,
SON CONFESSEUR.

DERNIÈRES HEURES

DE

LOUIS XVI [1].

Le sort du Roi n'était pas encore décidé, lorsque M. de Malesherbes, dont je n'avais pas l'honneur d'être connu personnellement, ne pouvant ni me recevoir chez lui, ni se transporter chez moi, me fit demander un rendez-vous en maison tierce : ce rendez-vous eut lieu chez madame de Sénozan. Là, M. de Malesherbes me rendit un message du Roi, par lequel cet infortuné monarque me proposait de l'assister à la mort : l'atrocité des hommes le réduisait à cette extrémité. Ce message était alors conçu en des termes que je me ferais un devoir de supprimer, s'ils ne peignaient au naturel l'âme du Prince dont je décris les derniers mo-

---

[1] Après les mémoires de Cléry, se placent naturellement les détails tracés par l'abbé de Firmont qui recueillit les derniers soupirs de Louis XVI. L'auteur de l'article Edgeworth de Firmont, dans la Biographie, nous fournit sur ce courageux ecclésiastique des notions que nous plaçons dans les Éclaircissemens (M).

(*Note des nouveaux éditeurs.*)

mens. Il poussait la délicatesse jusqu'à nommer *grâce* le service qu'il exigeait de moi; il le réclamait comme « un dernier gage de mon attache-
» ment pour lui; il espérait que je ne le lui refu-
» serais pas; ce n'était que dans le cas où je ne
» m'en sentirais pas le courage, qu'il me permet-
» tait de substituer un autre ecclésiastique à ma
» place, et il voulait bien encore m'en abandon-
» ner le choix. »

Un pareil message eût été sans doute une invitation bien pressante pour tout autre; je le regardai comme un ordre absolu, et je chargeai M. de Malesherbes de faire parvenir à Sa Majesté, s'il en avait encore les moyens, tout ce que me dicta alors, et dans un tel moment, une âme sensible et un cœur flétri par la douleur.

Quelques jours se passèrent; et, n'entendant plus parler de rien, je me livrais à l'espoir d'une déportation, ou, tout au moins, à un sursis, lorsque le 20 janvier, sur les quatre heures du soir, un inconnu se présenta chez moi et me remit un billet du conseil exécutif provisoire, conçu en ces termes : « Le conseil exécutif, ayant une
» affaire de la plus haute importance à commu-
» niquer au citoyen Edgeworth de Firmont, l'in-
» vite à passer un instant au lieu de ses séances. »
L'inconnu ajouta qu'il avait ordre de m'accompagner, et qu'une voiture m'attendait dans la rue. Je descendis et partis avec lui.

Arrivé aux Tuileries, où le conseil tenait ses

séances, je trouvai tous les ministres réunis. La consternation était sur leurs visages. Dès que je parus, ils se levèrent et vinrent m'entourer avec une sorte d'empressement. Le ministre de la justice, prenant la parole : « Êtes-vous, me dit-il, » le citoyen Edgeworth de Firmont ? » Je lui répondis : Oui. « Louis Capet, reprit le ministre, » nous ayant témoigné le désir de vous avoir » près de lui dans ses derniers momens, nous » vous avons mandé pour savoir si vous con- » sentez à lui rendre le service qu'il exige de » vous. » Je répondis : « Puisque le Roi témoi- » gne ce désir et me désigne par mon nom, » me rendre auprès de lui est un devoir. »
— « En ce cas, ajouta le ministre, vous allez ve- » nir avec moi au Temple, car je m'y rends » de ce pas. » Il prend aussitôt une liasse de papiers sur le bureau, confère un instant à voix basse avec les autres ministres, et, sortant brusquement, me donne ordre de le suivre.

Une escorte de gardes à cheval nous attendait en bas avec la voiture du ministre; j'y montai, et il monta après moi. J'étais en habit laïque comme l'était, à cette époque, tout le clergé catholique de Paris; mais songeant, en ce moment, à ce que je devais d'une part au Roi qui n'était pas familiarisé avec un tel costume, et de l'autre, à la religion elle-même qui recevait, pour la première fois, une sorte d'hommage de ce nouveau gouvernement, je crus avoir le droit de reprendre, en cette occasion, les marques extérieures de mon état, du moins d'en faire la tentative; et je regardais que c'était un devoir. J'en parlai donc au ministre avant de quitter les Tuileries, mais il rejeta ma proposition en termes qui ne me permirent plus d'insister, sans cependant y mêler rien d'offensant.

Le trajet des Tuileries au Temple se passa dans le plus morne silence : deux ou trois fois cependant le ministre essaya de le rompre. « Grand » Dieu! s'écria-t-il, après avoir levé les glaces » de sa voiture, de quelle affreuse commision » je me vois chargé! Quel homme! ajouta-t-il, » en parlant du Roi; quelle résignation! quel » courage! Non, la nature toute seule ne saurait » donner tant de forces : il y a quelque chose » de sur-humain. » De pareils aveux me présentèrent une occasion bien naturelle d'entrer en conversation avec lui, et de lui dire d'affreuses vérités. J'hésitai un moment sur le parti que je devais prendre; mais songeant, d'un côté, que mon premier devoir était de procurer au Roi les secours de la religion qu'il me demandait avec tant d'intérêt, et de l'autre, qu'une conversation fortement soutenue, comme elle aurait dû l'être, pouvait m'empêcher de le remplir, je pris le parti du silence le plus absolu. Le ministre parut comprendre tout ce que ce silence lui disait, et il n'ouvrit plus la bouche tout le long du chemin.

Nous arrivâmes ainsi au Temple, sans presque nous être parlé, et la première porte nous fut aussitôt ouverte; mais, parvenus au bâtiment qui sépare la cour du jardin, nous fûmes arrêtés: c'était, je crois, une consigne générale; et pour passer outre, les commissaires de la tour devaient venir faire la reconnaissance des personnes, et savoir quelles affaires les amenaient en ce lieu. Le ministre lui-même parut être assujetti, comme moi, à cette formalité. Nous attendîmes les commissaires près d'un quart d'heure, et sans nous parler; enfin ils se présentèrent. L'un d'eux était un jeune homme de dix-sept à dix-huit ans; ils saluèrent le ministre d'un air de connaissance: celui-ci leur dit, en peu de mots, qui j'étais et quelle était ma mission. Ils me firent signe de les suivre, et nous traversâmes tous ensemble le jardin qui mène à la cour.

Ici la scène devint affreuse : la porte de la tour, quoique très-petite et très-basse, s'ouvrit avec un fracas horrible, tant elle était chargée de verroux et de barres de fer. Nous passâmes à travers une salle remplie de gardes, dans une salle plus vaste encore, et qui, à sa forme, me parut avoir été autrefois une chapelle. Là, les commissaires de la commune, chargés de la garde du Roi, se trouvaient assemblés. Je ne remarquai pas, à beaucoup près, sur leur physionomie cette consternation et cet embarras qui m'avaient frappé chez le ministre. Ils étaient à peu près douze, et costumés en jacobins pour la plupart. Leur air, leurs manières, leur sang-froid, tout annonçait des âmes atroces que la vue du plus grand des crimes n'épouvantait pas. Je dois cependant à la vérité de dire que ce portrait ne convenait pas à tous, et que, dans ce nombre, je crus entrevoir quelques-uns que la faiblesse seule avait conduits en ce lieu d'horreur.

Quoi qu'il en soit, le ministre les prit tous indistinctement dans un coin de la salle, et leur lut, à voix basse, les papiers qu'il avait apportés des Tuileries. Cette lecture faite, il se retourna brusquement et me dit de le suivre. Le conseil s'y opposa avec une espèce d'émotion. Ils se réunirent une seconde fois dans un coin de la salle, délibérant quelques instans, en se parlant à l'oreille; et le résultat de la délibération fut qu'une moitié du conseil accompagnerait le ministre, tandis que l'autre moitié resterait pour me garder.

Quand la séparation fut faite, et les portes de la salle bien fermées, le plus ancien commissaire s'approcha de moi, d'un air honnête mais embarrassé : il me parla de la responsabilité terrible qui pesait sur ma tête, me demanda mille excuses de la liberté qu'il était obligé de prendre, etc., etc. Je compris que ce préambule allait aboutir à me fouiller, et je le prévins, en lui disant que, la réputation de M. de Malesherbes ne l'ayant pas exempté de cette formalité, je ne m'étais pas flatté, en venant au Temple, qu'on ferait une exception pour moi; que, du reste, je n'avais rien dans mes poches de suspect, qu'il ne tenait qu'à lui de s'en assurer. Malgré cette déclaration, la fouille se fit avec assez de rigueur. Ma tabatière ouverte, le tabac fut éprouvé. Un petit crayon d'acier, qui se trouvait par hasard dans ma poche, fut examiné scrupuleusement, de peur qu'il ne renfermât un poignard. Quant aux papiers que j'avais sur moi, ils n'y firent aucune attention, et tout se trouvant d'ailleurs en règle, on renouvela les excuses par où l'on avait débuté, et l'on m'invita à m'asseoir; mais à peine l'étais-je, que deux commissaires, qui étaient montés chez le Roi, descendirent pour me dire qu'il m'était enfin permis de le voir.

Ils me conduisirent par un escalier tournant et si étroit que deux personnes avaient peine à se croiser. De distance en distance, cet escalier était coupé par des barrières, et, à chacune d'elles, on voyait une sentinelle en faction : ces sentinelles étaient de vrais sans-culottes, presque tous ivres, et les cris affreux qu'ils poussaient, répétés par les voûtes du Temple, avaient quelque chose de vraiment effrayant. Parvenu à l'appartement du Roi, dont toutes les portes étaient ouvertes, j'aperçus ce Prince au milieu d'un groupe de huit ou dix personnes. C'était le ministre de la justice (Garat le jeune), accompagné de quelques membres de la commune, qui venaient de lui lire le fatal décret qui fixait irrévocablement sa mort au lendemain.

Il était au milieu d'eux, calme, tranquille,

gracieux même, et pas un seul de ceux qui l'entouraient n'avait l'air aussi assuré que lui. Dès que je parus, il leur fit signe de la main de se retirer; ils obéirent en silence; et lui-même fermant la porte sur eux, je restai seul avec lui. Jusque-là, j'étais parvenu à concentrer les divers mouvemens qui agitaient mon âme; mais à la vue de ce Prince, autrefois si grand, et alors si malheureux, je ne fus plus maître de contenir mes larmes : elles inondèrent mon visage, et je tombai à ses pieds, sans pouvoir lui faire entendre d'autre langage que celui de ma douleur. Cette vue l'attendrit mille fois plus que le décret qu'on venait de lui lire. Il ne répondit d'abord à mes larmes que par les siennes; mais bientôt, reprenant tout son courage :
« Pardonnez, me dit-il, pardonnez ce mouvement
» de faiblesse, si toutefois on peut le nommer ain-
» si; depuis long-temps je vis au milieu de mes
» ennemis, et l'habitude m'a en quelque sorte fa-
» miliarisé avec eux : mais la vue d'un sujet fidèle
» parle tout autrement à mon cœur : c'est un
» spectacle auquel mes yeux ne sont plus accou-
» tumés, et il m'attendrit malgré moi. »

En me disant ces paroles, il me releva avec bonté et me fit passer dans son cabinet, afin de m'entretenir plus à son aise; car de sa chambre tout était entendu. Ce cabinet était pratiqué dans une des tourelles du Temple; il n'y avait ni tapisserie ni ornemens; un mauvais poêle de faïence lui tenait lieu de cheminée, et l'on n'y voyait, pour tout meuble, qu'une table et trois chaises de cuir. Là, me faisant asseoir auprès de lui : « C'est donc à présent, me dit-il, monsieur, la » grande affaire qui doit m'occuper tout entier : » hélas ! la seule affaire importante ; car que sont » toutes les autres affaires auprès de celle-là ? » Mais je vous demande quelques momens de » répit, car ma famille va descendre. En attendant, » voici un écrit ; je suis bien aise de vous le com- » muniquer. » Il tira en même temps de sa poche un papier cacheté dont il brisa le sceau.

C'était son testament qu'il avait fait dès le mois de décembre, c'est-à-dire, à une époque où il doutait si on lui permettrait d'avoir un prêtre catholique pour l'assister dans ses derniers momens et dans son dernier combat. Tous ceux qui ont lu cette pièce si intéressante, si digne d'un Roi chrétien, jugeront aisément de l'impression profonde qu'elle dut faire sur moi ; mais ce qui les étonnera, sans doute, c'est que ce Prince eut la force de la lire lui-même et de la lire deux fois. Sa voix était ferme et son visage ne s'altérait que lorsqu'il prononçait des noms qui lui étaient chers. Alors toute sa tendresse se réveillait ; il était obligé de s'arrêter, et ses larmes coulaient malgré lui ; mais lorsqu'il n'était question que de lui-même et de ses malheurs, il n'en paraissait pas plus ému que ne le sont communément les autres hommes, lorsqu'ils entendent le récit des maux d'autrui.

Cette lecture finie, et la famille royale ne descendant pas, il se hâta de me demander des nouvelles de son clergé et de la situation actuelle de l'église de France. Malgré la rigueur de sa prison, il en avait appris quelque chose; il savait en général que les ecclésiastiques français, obligés de s'expatrier, avaient été accueillis à Londres; mais il ignorait absolument les détails. Ceux que je me fis un devoir de lui donner firent sur lui une impression profonde, et en gémissant sur le sort du clergé de France, il ne se lassait pas de rendre hommage à la générosité du peuple anglais qui travaillait à l'adoucir. Mais il ne s'en tint pas à ces questions générales, et, venant bientôt à des détails qui m'étonnèrent moi-même, il voulut savoir ce qu'étaient devenus plusieurs ecclésiastiques auxquels il parut prendre un intérêt plus particulier. Monsieur le cardinal de la Rochefoucauld et monsieur l'évêque de Clermont parurent surtout le fixer; mais son attention redoubla au seul nom de monsieur l'archevêque de Paris.

Il me demanda où il était, ce qu'il faisait, et si j'avais des moyens de correspondre avec lui. « Marquez-lui, me dit-il, que je meurs dans sa
» communion, et que je n'ai jamais reconnu d'au-
» tre pasteur que lui. Hélas! je crains qu'il ne
» m'en veuille un peu de ce que je n'ai pas ré-
» pondu à sa dernière lettre : j'étais encore aux
» Tuileries; mais, en vérité, les événemens se
» pressaient tellement autour de moi à cette épo-

» qué, que je ne m'en trouvais pas le temps. Au
» surplus, il me pardonnera, j'en suis bien sûr ;
» il est si bon. » Monsieur l'abbé de F........eut aussi son mot. Le Roi ne l'avait jamais vu, mais il connaissait tous les services que ce respectable ecclésiastique avait rendus au diocèse de Paris durant les temps les plus difficiles. Il me demanda ce qu'il était devenu ; et sur ce que je lui dis qu'il avait eu le bonheur d'échapper, il m'en parla en termes qui marquaient tout le prix qu'il attachait à sa conservation, et son estime pour ses vertus.

La conversation tomba sur monseigneur le duc d'Orléans : « Qu'ai-je donc fait à mon cousin, me
» dit-il, pour qu'il me poursuive ainsi?... Mais
» pourquoi lui en vouloir? il est plus à plaindre
» que moi. Ma position est triste, sans doute,
» mais le fût-elle encore davantage, non, très-
» certainement, je ne voudrais pas changer avec
» lui. »

Cette conversation intéressante fut interrompue par un des commissaires, qui vint annoncer au Roi que sa famille était descendue, et qu'il lui était enfin permis de la voir. A ces mots, il parut très-ému et partit comme un trait. L'entrevue eut lieu (autant que j'en pus juger, car je n'y assistai pas) dans une petite pièce qui n'était séparée que par un vitrage de celle qu'occupaient les commissaires ; en sorte que ceux-ci pouvaient tout voir et tout entendre. Moi-même, quoiqu'enfermé dans le cabinet où le Roi m'avait laissé, je distinguai facilement les voix, et, malgré moi, je fus témoin de la scène la plus touchante qui ait frappé mes oreilles. Non, jamais plume ne peut rendre ce qu'elle eut de déchirant : pendant près d'une demi-heure on n'articula pas une parole; ce n'étaient ni des larmes, ni des sanglots, mais des cris assez perçans pour être entendus hors l'enceinte de la tour. Le Roi, la Reine, madame Élisabeth, monsieur le Dauphin et Madame, se lamentaient tous à la fois, et les voix semblaient se confondre. Enfin les larmes cessèrent parce qu'on n'eut plus la force d'en répandre; on se parla à voix basse et assez tranquillement.

La conversation dura à peu près une heure, et le Roi congédia sa famille, en lui donnant l'espoir de la revoir le lendemain. Il revint aussitôt à moi, mais dans un état de trouble et d'agitation qui montrait une âme profondément blessée. « Ah! monsieur, me dit-il en se jetant sur une » chaise, quelle entrevue que celle que je viens » d'avoir! Faut-il donc que j'aime et que je sois » si tendrement aimé? — Mais c'en est fait, ou- » blions tout le reste pour ne penser qu'à l'unique » affaire de notre salut; elle seule doit en ce mo- » ment concentrer toutes mes affections et mes » pensées. »

Il continuait à me parler ainsi en termes qui marquaient sa sensibilité et son courage, lorsque Cléry vint lui proposer de souper. Le Roi hésita un moment; mais, par réflexion, il accepta l'offre. Ce souper ne dura pas plus de cinq minutes, et étant rentré dans son cabinet, il me proposa d'en faire autant. Je n'en avais guère le courage, mais pour ne pas le désobliger, je crus devoir obéir, ou tout au moins en faire le semblant.

Une pensée me roulait depuis long-temps dans l'esprit, et m'occupait plus fortement encore depuis que je voyais de plus près le Roi ; c'était de lui procurer, à quelque prix que ce fût, la sainte communion dont il était depuis si long-temps privé. J'aurais pu la lui apporter en cachette, comme on était obligé de le faire alors à tous les fidèles qui étaient retenus chez eux ; mais la fouille exacte qu'il fallait subir en entrant au Temple, et la profanation qui en eût été infailliblement la suite, furent des raisons plus que suffisantes pour m'arrêter. Il ne me restait donc d'autre ressource que de dire la messe dans la chambre du Roi, si j'en pouvais trouver les moyens.

Je lui en fis la proposition, mais il en parut d'abord effrayé ; cependant, comme il sentait tout le prix de cette grâce, qu'il la désirait même ardemment, et que toute son opposition ne venait que de la crainte que la demande me compromît, je le suppliai de me donner carte blanche, en lui promettant que j'y mettrais prudence et discrétion. Il me le permit enfin : « Allez, mon-
» sieur, me dit-il, mais je crains que vous ne

» réussissiez pas; car je connais les hommes aux-
» quels vous allez avoir affaire; ils n'accordent
» que ce qu'ils ne peuvent refuser. »

Muni de cette permission, je demandai à être conduit à la salle du conseil, et j'y formai ma demande au nom du Roi. Cette proposition, à laquelle les commissaires de la tour n'étaient pas préparés, les déconcerta extrêmement; ils cherchèrent divers prétextes pour l'éluder. « Où trou-
» ver un prêtre à l'heure qu'il est, me dirent-ils?
» Et quand nous en trouverions, comment faire
» pour se procurer des ornemens? — Le prêtre
» est tout trouvé, leur répliquai-je, puisque me
» voici; et quant aux ornemens, l'église la plus
» voisine en fournira; il ne s'agit que de les en-
» voyer chercher : du reste, ma demande est
» juste, et ce serait aller contre vos principes que
» de la refuser. »

Un des commissaires prit aussitôt la parole, et (quoiqu'en termes ménagés) donna clairement à entendre que ma demande pouvait n'être qu'un piége, et que, sous prétexte de donner la communion au Roi, je pourrais l'empoisonner. « L'histoire, ajouta-t-il, nous fournit assez d'exem-
» ples, à cet égard, pour nous engager à être
» circonspects. » Je me contentai de regarder fixement cet homme, et de lui dire : « La fouille
» exacte à laquelle je me suis soumis en entrant
» ici a dû vous prouver que je ne porte pas du
» poison sur moi; si donc il s'en trouvait demain,

» c'est de vous que je l'aurais reçu, puisque tout
» ce que je demande doit passer par vos mains. »
Il voulut répliquer, mais ses confrères lui imposèrent silence, et, pour dernier subterfuge, ils me dirent que le conseil n'étant pas complet, ils ne pouvaient rien prendre sur eux; mais qu'ils allaient appeler les membres absens, et qu'ils me feraient part du résultat de la délibération.

Un quart d'heure se passa, tant à convoquer les membres absens qu'à délibérer. Au bout de ce temps, je fus introduit de nouveau, et le président, prenant la parole, me dit : « Citoyen mi-
» nistre du culte, le conseil a pris en considéra-
» tion la demande que vous lui avez faite au nom
» de Louis Capet, et il a été résolu que sa de-
» mande étant conforme aux lois qui déclarent
» que les cultes sont libres, elle lui sera accor-
» dée : nous y mettrons cependant deux condi-
» tions; la première, que vous dresserez à l'in-
» stant une requête constatant votre demande et
» signée de vous; la seconde, que tout exercice
» de votre culte sera achevé demain à sept heures
» au plus tard, parce que, à huit heures précises,
» Louis Capet doit partir pour le lieu de son exé-
» cution. » Ces derniers mots me furent dits, comme tout le reste, avec un sang-froid qui caractérisait une âme atroce qui envisageait sans remords le plus grand des crimes. Je mis ma demande par écrit et je la laissai sur le bureau.

On me reconduisit aussitôt chez le Roi qui attendait avec une sorte d'inquiétude le dénoûment de cette affaire; et le compte sommaire que je lui rendis, en supprimant toutes les circonstances, parut lui faire le plus grand plaisir.

Il était plus de dix heures. Je restai enfermé avec Sa Majesté jusque bien avant dans la nuit; mais le voyant fatigué, je lui proposai de prendre un peu de repos. Il y consentit avec sa bonté ordinaire, et il m'engagea à en faire autant.

Je passai par ses ordres dans une petite pièce qu'occupait Cléry; elle n'était séparée de la chambre du Roi que par une cloison; et tandis que j'étais livré aux pensées les plus accablantes, j'entendis ce Prince donner tranquillement ses ordres pour le lendemain, se coucher ensuite et dormir d'un sommeil profond.

Dès cinq heures, le Roi se leva et fit sa toilette à l'ordinaire. Peu après il m'envoya chercher, et m'entretint près d'une heure dans le cabinet où il m'avait reçu la veille. Au sortir du cabinet, je trouvai un autel dressé dans la chambre du Roi. Les commissaires avaient exécuté à la lettre tout ce que j'avais exigé d'eux; ils avaient même été au delà de mes désirs, car je n'avais demandé que le simple nécessaire.

Le Roi entendit la messe à genoux par terre, sans prie-Dieu ni coussin; il y communia : je le laissai ensuite quelque temps pour qu'il achevât ses prières. Bientôt il m'envoya chercher de nou-

veau, et je le trouvai assis près de son poêle, et ayant peine à se réchauffer. « Mon Dieu, me dit-
» il, que je suis heureux d'avoir conservé mes
» principes! Sans eux, où en serais-je mainte-
» nant? Mais, avec eux, que la mort doit me pa-
» raître douce! Oui, il existe en haut un juge
» incorruptible qui saura bien me rendre la jus-
» tice que les hommes me refusent ici-bas. »

Le ministère que j'ai rempli auprès de ce Prince ne me permet que de citer quelques traits épars des différentes conversations qu'il eut avec moi, durant ses seize dernières heures; mais, au peu que j'en dis, on doit juger de tout ce que je pourrais ajouter, s'il m'était permis de tout dire.

Le jour commençait à paraître, et déjà on battait la générale dans toutes les sections de Paris. Ce mouvement extraordinaire se faisait entendre très-distinctement dans la tour, et j'avoue qu'il me glaçait le sang dans les veines; mais le Roi, plus calme que moi, après y avoir un instant prêté l'oreille, me dit sans s'émouvoir : « C'est
» probablement la garde nationale qu'on com-
» mence à rassembler. » Peu de temps après, des détachemens de cavalerie entrèrent dans la cour du Temple, et on entendit distinctement la voix des officiers et le pas des chevaux. Le Roi écouta encore, et me dit avec le même sang-froid : « Il y
» apparence qu'ils approchent. »

Il avait promis à la Reine, en la congédiant, qu'il la reverrait encore le lendemain, et, n'écoutant que son cœur, il voulait lui tenir parole; mais je le suppliai instamment de ne pas la mettre à une épreuve qu'elle n'aurait pas la force de soutenir. Il s'arrêta un moment, et, avec l'expression de la douleur la plus profonde, il me dit : « Vous avez raison; ce serait lui donner le » coup de la mort; il vaut mieux me priver de » cette douce consolation, et la laisser vivre d'es- » pérance quelques momens de plus. »

Depuis sept heures jusqu'à huit, on vint, sous différens prétextes, frapper souvent à la porte du cabinet où j'étais renfermé avec le Roi, et, à chaque fois, je tremblais que ce ne fût la dernière; mais le Roi, plus ferme que moi, se levait sans émotion, allait à la porte et répondait tranquillement aux personnes qui venaient ainsi l'interrompre. J'ignore quelles étaient ces personnes; mais, parmi elles, se trouvait certainement un des plus grands monstres que la révolution eût enfantés, car je l'entendis très-distinctement dire à ce Prince, d'un ton moqueur (je ne sais à quel propos) : « Oh, oh! tout cela était bon quand » vous étiez Roi; mais vous ne l'êtes plus. » Le Roi ne répliqua pas un mot; mais, revenant à moi, il se contenta de me dire en haussant les épaules : « Voyez comme ces gens-là me traitent; » mais il faut savoir tout souffrir. »

Une autre fois, après avoir répondu à un des commissaires qui étaient venus l'interrompre, il rentra dans le cabinet et me dit en souriant :

« Ces gens-là voient partout des poignards et du
» poison; ils craignent que je ne me tue. Hélas!
» ils me connaissent bien mal; me tuer serait une
» faiblesse : non, puisqu'il le faut, je saurai
» mourir. »

Enfin on frappe à la porte pour la dernière fois : c'était Santerre et sa troupe. Le Roi ouvrit sa porte à l'ordinaire, et on lui annonça (je ne pus entendre en quels termes) qu'il fallait aller à la mort. « Je suis en affaire, leur dit-il avec
» autorité; attendez-moi là, je serai à vous. » En disant ces paroles, il ferma la porte, et vint se jeter à mes genoux. « Tout est consommé, me
» dit-il, monsieur; donnez-moi votre dernière
» bénédiction, et priez Dieu qu'il me soutienne
» jusqu'à la fin. »

Il se releva bientôt, et, sortant de son cabinet, il s'avança vers la troupe qui était au milieu de la chambre à coucher. Leurs visages n'annonçaient rien moins que l'assurance; ils avaient cependant tous leurs chapeaux sur la tête. Le Roi s'en aperçut et demanda aussitôt le sien. Tandis que Cléry, baigné de larmes, court le chercher : « Y a-t-il
» parmi vous quelque membre de la commune,
» dit le Roi, je le charge de déposer cet écrit. »

C'était son testament, qu'un des assistans prit de la main du Roi (1). « Je recommande aussi à

---

(1) Jacques Roux, dans son compte rendu à la Commune, le jour même de la mort du Roi, s'est vanté de lui avoir ré-

» la commune, Cléry, mon valet de chambre,
» des services duquel je n'ai qu'à me louer. On
» aura soin de lui donner ma montre et tous mes
» effets, tant ceux qui sont ici que ceux qui ont
» été déposés à la commune; je désire également
» qu'en récompense de l'attachement qu'il m'a
» témoigné on le fasse passer au service de la
» Reine, — de ma femme » (car le Roi dit tous
les deux). Personne ne répondant, *Marchons*,
leur dit le Roi d'un ton ferme.

A ces mots, toute la troupe défila. Le Roi traversa la première cour (autrefois le jardin) à pied; il se retourna une ou deux fois vers la tour, comme pour dire adieu à tout ce qu'il avait de plus cher en ce bas monde; et au mouvement qu'il fit, on voyait qu'il rappelait sa force et son courage.

A l'entrée de la seconde cour se trouvait une voiture de place; deux gendarmes tenaient la portière. A l'approche du Roi, l'un d'eux y entra le premier et se plaça sur le devant; le Roi monta ensuite et me plaça à côté de lui dans le fond; l'autre gendarme y sauta le dernier et ferma la portière. On assure qu'un de ces deux hommes était un prêtre déguisé : je souhaite, pour l'hon-

---

pondu à cette occasion : « Nous ne sommes pas venus pour
» prendre tes commissions, mais pour te conduire à l'écha-
» faud. » Je n'ai pas entendu ce mot atroce, mais celui qui a
osé s'en vanter a bien pu le dire.

neur du sacerdoce, que ce soit une fable. On assure également qu'ils avaient ordre d'assassiner le Roi, au moindre mouvement qu'ils remarqueraient dans le peuple. J'ignore si c'était leur consigne; mais il me semble qu'à moins d'avoir sur eux d'autres armes que celles qui paraissaient, il leur eût été bien difficile d'exécuter leur dessein; car on ne voyait que leurs fusils, dont il leur était impossible de faire usage.

Au reste, ce mouvement qu'on appréhendait n'était rien moins qu'une chimère; un grand nombre de personnes dévouées au Roi avaient résolu de l'arracher de vive force des mains de ses bourreaux, ou au moins de tout oser pour cela. Deux des principaux acteurs, jeunes gens d'un nom très-connu, étaient venus m'en prévenir la veille; et j'avoue que, sans me livrer entièrement à l'espérance, j'en conservai jusqu'au pied de l'échafaud.

J'ai appris depuis que les ordres, pour cette affreuse matinée, avaient été conçus avec tant d'art et exécutés avec tant de précision, que de quatre à cinq cents personnes qui s'étaient ainsi dévouées pour leur prince, vingt-cinq seulement avaient réussi à gagner le rendez-vous; tous les autres, par l'effet des mesures prises dès la pointe du jour dans toutes les rues de Paris, ne purent pas même sortir de leurs maisons. Quoi qu'il en soit, le Roi se trouvant resserré dans une voiture où il ne pouvait ni me parler ni m'entendre sans témoins, prit le parti du silence. Je lui présentai aussitôt mon bréviaire, le seul livre que j'eusse sur moi. Il parut l'accepter avec plaisir; il parut même désirer que je lui indiquasse les psaumes qui convenaient le mieux à sa situation : il les récitait alternativement avec moi. Les gendarmes, sans ouvrir la bouche, paraissaient extasiés et confondus tout ensemble de la piété tranquille d'un monarque qu'ils n'avaient jamais vu sans doute d'aussi près.

La marche dura près de deux heures. Toutes les rues étaient bordées de plusieurs rangs de citoyens armés tantôt de piques et tantôt de fusils. En outre, la voiture elle-même était entourée d'un corps de troupes imposant, et formé sans doute de tout ce qu'il y avait de plus corrompu dans Paris. Pour comble de précaution, on avait placé, en avant des chevaux, une multitude de tambours, afin d'étouffer par ce bruit les cris qui auraient pu se faire entendre en faveur du Roi. Mais comment aurait-on entendu? Personne ne paraissait ni aux portes ni aux fenêtres, et on ne voyait dans les rues que des citoyens armés qui, tout au moins par faiblesse, concouraient à un crime qu'ils détestaient peut-être dans leur cœur.

La voiture parvint ainsi, dans le plus grand silence, à la place de Louis XV, et s'arrêta au milieu d'un grand espace vide qu'on avait laissé autour de l'échafaud : cet espace était bordé de canons; et au delà, tant que la vue pouvait s'étendre, on voyait une multitude en armes.

Dès que le Roi sentit que la voiture n'allait plus, il se retourna et me dit à l'oreille : « Nous » voilà arrivés, si je ne me trompe. » Mon silence lui répondit que oui. Un des bourreaux vint aussitôt lui ouvrir la portière ; mais le Roi les arrêta, et appuyant la main sur mon genou : « Messieurs, » leur dit-il d'un ton de maître, je vous recom- » mande monsieur que voilà ; ayez soin qu'après » ma mort il ne lui soit fait aucune insulte ; je » vous charge d'y veiller. » Ces deux hommes ne répondant rien, le Roi voulut reprendre d'un ton plus haut ; mais l'un d'eux lui coupa la parole : « Oui, oui, lui dit-il, nous en aurons soin : » laissez-nous faire ; » et je dois ajouter que ces mots furent dits d'un ton qui aurait dû me glacer, si dans un moment tel que celui-là il m'eût été possible de me replier sur moi-même.

Dès que le Roi fut descendu de la voiture, trois bourreaux l'entourèrent et voulurent lui ôter ses habits ; mais il les repoussa avec fierté et se déshabilla lui-même. Il défit également son col, sa chemise, et s'arrangea de ses propres mains. Les bourreaux, que la contenance fière du Roi avait déconcertés un moment, semblèrent alors reprendre de l'audace ; ils l'entourèrent de nouveau et voulurent lui lier les mains. « Que prétendez- » vous ? » leur dit le Roi en retirant ses mains avec vivacité. — « Vous lier, » répondit un des bour-

reaux. — « Me lier ! » repartit le Roi d'un ton d'in-
» dignation : « Non, je n'y consentirai jamais ; faites
» ce qui vous est commandé, mais vous ne me
» lierez pas ; renoncez à ce projet. » Les bourreaux
insistèrent ; ils élevèrent la voix, et semblaient
vouloir appeler du secours pour le faire de vive
force.

C'est ici le moment le plus affreux de cette désolante matinée : une minute de plus, et le meilleur des Rois recevait, sous les yeux de ses sujets rebelles, un outrage mille fois plus insupportable que la mort, par la violence que l'on semblait y mettre. Il parut la craindre lui-même ; et, se tournant vers moi, il me regarda fixement comme pour me demander conseil. Hélas ! il m'était impossible de lui en donner un ; je ne lui répondis d'abord que par mon silence ; mais comme il continuait à me regarder : « Sire, lui dis-je avec
» larmes, dans ce nouvel outrage je ne vois
» qu'un dernier trait de ressemblance entre votre
» Majesté et le Dieu qui va être sa récompense. »

A ces mots, il leva les yeux au ciel avec une expression de douleur que je ne saurais jamais rendre. « Assurément, me dit-il, il ne faut rien
» moins que son exemple pour que je me soumette
» à un pareil affront ; » et se retournant aussitôt vers les bourreaux : « Faites ce que vous voudrez,
» leur dit-il, je boirai le calice jusqu'à la lie. »

Les marches qui conduisaient à l'échafaud étaient extrêmement raides à monter. Le Roi fût obligé de s'appuyer sur mon bras, et à la peine qu'il semblait prendre; je craignis un instant que son courage ne commençât à mollir : mais quel fut mon étonnement, lorsque, parvenu à la dernière marche, je le vis s'échapper pour ainsi dire de mes mains, traverser d'un pas ferme toute la largeur de l'échafaud, imposer silence, par un seul regard, à quinze ou vingt tambours qui étaient placés vis-à-vis de lui, et, d'une voix si forte qu'elle dut être entendue au Pont-tournant, prononcer distinctement ces paroles à jamais mémorables : « Je meurs innocent de tous les crimes » qu'on m'impute. Je pardonne aux auteurs de ma » mort, et je prie Dieu que le sang que vous allez » répandre ne retombe jamais sur la France. »

RÉCIT

DES ÉVÉNEMENS

ARRIVÉS AU TEMPLE.

RÉCIT
DES ÉVÉNEMENS
ARRIVÉS AU TEMPLE,

DEPUIS LE 13 AOUT 1792 JUSQU'A LA MORT DU DAUPHIN LOUIS XVII.

Le Roi, mon père, arriva au Temple le 13 août 1792, à sept heures du soir, avec sa famille. Les canonniers voulurent le conduire seul à la tour, et nous laisser au château. Manuel avait reçu en chemin un arrêté pour nous enfermer tous à la tour. Pétion calma la rage des canonniers, et nous entrâmes tous ensemble au château. Les municipaux gardaient à vue mon père. Pétion s'en alla, Manuel était resté ; et mon père soupa avec nous. Mon frère se mourait d'envie de dormir. Madame de Tourzel le conduisit à onze heures à la tour qui devait décidément être notre demeure. Mon père y fut conduit avec nous à une heure du matin ; il n'y avait rien de préparé. Ma tante coucha à la cuisine ; et l'on prétend que Manuel parut honteux en l'y conduisant.

Voici les noms des personnes qui furent enfermées avec nous dans ce triste séjour : madame la princesse de Lamballe ; madame de Tourzel et

Pauline, sa fille; MM. Huë et Chamilly qui appartenaient à mon père; ils couchaient tous deux dans une chambre en haut; madame de Navarre, femme de chambre de ma tante et qui couchait à la cuisine avec elle, ainsi que Pauline; madame Saint-Brice, femme de chambre chez mon frère; elle couchait dans le billard avec lui et madame de Tourzel; madame Thibaut, à ma mère; et madame Basire, à moi : elles couchaient toutes deux en bas. Mon père avait trois hommes à lui, Turgy, Chrétien et Marchant.

Le lendemain 14, mon frère vint déjeuner avec ma mère; nous allâmes ensuite voir les grandes salles de la tour, où l'on dit qu'on nous ferait des logemens, parce que nous étions dans la tourelle, qui était trop petite pour tout le monde. Le lendemain, Manuel et Santerre étant venus, nous allâmes nous promener dans le jardin. On murmurait beaucoup contre les femmes qui nous avaient suivis. Dès notre arrivée, nous en avions trouvé d'autres, nommées par Pétion pour nous servir : nous n'en voulûmes point. Le surlendemain, on apporta un arrêté de la commune qui ordonnait le départ des personnes qui étaient venues avec nous. Mon père et ma mère s'y opposèrent, ainsi que les municipaux qui étaient de garde au Temple; l'ordre fut révoqué pour le moment. Nous passions la journée ensemble. Mon père montrait la géographie à mon frère; ma mère lui enseignait l'histoire, et lui faisait apprendre des vers; ma tante lui donnait des leçons de calcul. Mon père avait heureusement trouvé une bibliothéque qui l'occupait; ma mère faisait de la tapisserie. Les municipaux étaient très-familiers, et avaient peu de respect pour le Roi; il en restait toujours un qui le gardait à vue. Mon père fit demander un homme et une femme pour faire le gros ouvrage.

La nuit du 19 au 20 août, on apporta un nouvel arrêté de la commune qui ordonnait d'emmener du Temple toutes les personnes qui n'étaient point de la famille royale. On enleva MM. Huë et Chamilly de chez mon père qui resta seul avec un municipal. On descendit chez ma mère pour enlever madame de Lamballe. Ma mère s'y opposa fortement, en disant, ce qui était vrai, que cette Princesse était de la famille royale : cependant on l'emmena. Ma tante descendit avec madame de Navarre et Pauline de Tourzel. Les municipaux assuraient que ces dames reviendraient après avoir été interrogées. On traîna mon frère dans la chambre de ma mère, pour ne pas le laisser seul. Ma mère ne pouvait pas s'arracher des bras de madame la princesse de Lamballe. Nous embrassâmes ces dames, espérant cependant encore les revoir le lendemain. Nous restâmes tous quatre sans dormir. Mon père, quoique éveillé, demeura chez lui où les municipaux restèrent aussi. Le lendemain, à sept heures, nous apprîmes que ces dames ne reviendraient pas au Temple, et qu'on les avait conduites à la Force. Nous fûmes bien étonnés, à neuf heures, en voyant entrer M. Huë, qui dit à mon père que le conseil-général, l'ayant trouvé innocent, le renvoyait au Temple.

Après le dîner, Pétion envoya un homme et une femme nommés Tison, pour faire le gros ouvrage. Ma mère prit mon frère dans sa chambre, et m'envoya dans une autre avec ma tante. Nous n'étions séparées de ma mère que par une petite chambre où étaient un municipal et une sentinelle. Mon père était en haut; et, sachant qu'on lui préparait un appartement, il ne s'en soucia pas, parce qu'il aurait été plus éloigné de nous.

Il fit venir Palloy, le maître des ouvriers, pour empêcher d'achever ce logement; mais Palloy répondit insolemment qu'il ne prenait d'ordre que de la commune. Nous montions tous les jours chez mon père pour déjeûner, et ensuite nous redescendions avec lui chez ma mère, où il passait la journée. Nous allions tous les jours nous promener dans le jardin pour la santé de mon frère; mon père y était toujours insulté par la garde. Le jour de la Saint-Louis, à sept heures du matin, on chanta l'air *Ça ira* auprès du Temple.

Nous apprîmes le matin, par un municipal, que M. de La Fayette était sorti de France : Manuel confirma le soir cette nouvelle à mon père. Il apporta à ma tante Élisabeth une lettre de mes tantes de Rome; c'est la dernière que ma famille ait reçue du dehors. Mon père n'était plus qualifié du titre du Roi; on n'avait plus aucun respect pour lui ; on ne l'appelait plus ni Sire ni Sa Majesté, mais monsieur, ou Louis. Les municipaux étaient toujours assis dans sa chambre, et ils avaient leurs chapeaux sur la tête. Ils lui ôtèrent son épée, et fouillèrent ses poches (1). Pétion envoya, pour servir mon père, Cléry qui lui appartenait ; il envoya aussi pour porte-clef et guichetier l'homme horrible qui força la porte de mon père, le 20 juin 1792, et qui pensa l'assassiner. Cet homme fut toujours à la tour, et essaya toutes les manières de le tourmenter. Tantôt il chantait devant nous la *Carmagnole* et mille autres horreurs ; tantôt, sachant que ma mère n'aimait pas l'odeur de la pipe, il lui en soufflait, ainsi qu'à mon père, une bouffée lorsqu'ils passaient. Il était toujours couché quand nous allions souper, parce qu'il fallait passer par sa chambre ; quelquefois même il était dans son lit quand nous allions dîner. Il n'y eut sorte de tourmens et d'injures qu'il n'inventât. Mon père souffrait tout avec douceur, pardonnant de tout son cœur à cet homme. Pour ma mère, elle supportait tout cela

---

(1) Voyez dans les Éclaircissemens (N) un morceau où M. Huë raconte cette circonstance et l'impression profonde qu'elle fit sur l'esprit du Roi.

(*Note des nouveaux éditeurs.*)

avec une dignité qui souvent en imposait. Le jardin était plein d'ouvriers qui injuriaient souvent mon père. Il y en eut un qui, devant lui, se vantait de vouloir abattre avec son outil la tête de la Reine. Pétion cependant le fit arrêter. Les injures redoublèrent le 2 septembre : nous ignorions pourquoi. Des fenêtres, on jeta à mon père des pierres qui, heureusement, ne tombèrent pas sur lui. Une femme, apparemment de nos amis, écrivit sur un grand carton, *Verdun est pris ;* elle mit ce carton à sa fenêtre, et ma tante eut le temps de le lire. Les municipaux ne le virent pas. A peine venions-nous d'apprendre cette nouvelle, qu'il arriva un nouveau municipal nommé Mathieu. Il était enflammé de colère, et dit à mon père de rentrer chez lui. Nous le suivîmes, craignant qu'on ne voulût nous séparer. En arrivant en haut, Mathieu trouva M. Huë qu'il prit au collet, en disant qu'il l'arrêtait. M. Huë, pour gagner le temps de prendre les ordres de mes parens, demanda à faire un paquet de ses effets ; Mathieu le lui refusa ; mais un autre municipal plus charitable y consentit. Mathieu se tourna alors vers mon père, et lui dit tout ce que la plus indigne rage peut suggérer, et, entre autres choses : *La générale a battu, le tocsin a sonné, le canon d'alarme a été tiré, les émigrés sont à Verdun : s'ils viennent, nous périrons tous ; mais vous périrez les premiers.* Mon père écoutait ces injures et mille autres pareilles avec le calme que donne l'espérance. Mon frère fondait en larmes, et s'enfuit dans l'autre chambre. Je courus à lui, et j'eus toutes les peines du monde à le consoler : il croyait déjà voir mon père mort. M. Huë revint, et, après que Mathieu eut encore recommencé ses injures, il sortit avec lui. M. Huë fut conduit à la mairie. Le massacre était déjà commencé à l'Abbaye. Il resta un mois en prison, en sortit, mais ne revint plus au Temple.

Les municipaux condamnaient tous la conduite violente de Mathieu; cependant ils ne pouvaient pas mieux faire. Ils disaient à mon père qu'on était sûr que le roi de Prusse marchait, et tuait tous les Français par un ordre signé Louis. Il n'y avait pas de calomnies qu'ils n'inventassent, même les plus ridicules et les plus incroyables. Ma mère, qui ne put dormir, entendit battre la générale toute la nuit : nous ignorions pourquoi.

Le 3 septembre, à huit heures du matin, Manuel vint voir mon père, et l'assura que madame de Lamballe, ainsi que toutes les personnes enlevées du Temple, se portaient bien, et qu'elles étaient toutes ensemble, tranquilles, à la Force. A trois heures, nous entendîmes des cris affreux : le Roi sortait de table et jouait au trictrac avec ma mère, pour avoir une contenance et pouvoir se dire quelques mots sans être entendus. Le municipal qui était de garde dans la chambre se conduisit bien : il ferma la porte et la fenêtre, ainsi que les rideaux, pour qu'on ne vît rien (1). Les ouvriers du Temple et le guichetier Rocher se joignirent aux assassins, ce qui augmenta le bruit. Plusieurs officiers de garde et des municipaux arrivèrent; les premiers voulurent que mon père se montrât aux fenêtres. Les municipaux heureusement s'y opposèrent; et mon père ayant demandé ce qui se passait, un jeune officier lui dit : « Eh bien, puisque vous voulez le savoir, c'est la tête de madame de Lamballe qu'on veut vous montrer. » Ma mère fut saisie d'horreur : c'est le seul moment où sa fermeté l'ait abandonnée. Les municipaux grondèrent l'officier; mais mon père, avec sa bonté ordinaire, l'excusa en disant que ce n'était point la faute de cet officier, mais la sienne, puisqu'il l'avait interrogé. Le bruit dura jusqu'à cinq heures. Nous sûmes que le peuple avait voulu forcer les portes, que les municipaux l'empêchèrent en mettant à la porte une écharpe tricolore, qu'enfin ils avaient permis que six des assassins fissent le tour de notre prison, avec la tête de madame de Lamballe, mais à condition qu'on laisserait à la porte le corps que l'on voulait traîner. Quand cette députation entra, Rocher poussa mille cris de joie en voyant la tête de

---

(1) Ce fut d'Anjou, surnommé l'Abbé de six pieds, officier municipal, qui sauva à la famille royale le spectacle de la tête de madame de Lamballe.

(*Note des nouveaux éditeurs.*)

madame de Lamballe, et gronda un jeune homme qui se trouva mal, tant il fut saisi d'horreur à ce spectacle. A peine le tumulte était-il fini que Pétion, au lieu de s'occuper d'arrêter le massacre, envoya froidement son secrétaire à mon père pour compter de l'argent. Cet homme était très-ridicule, et dit mille choses qui auraient fait rire dans un autre moment : il croyait que ma mère se tenait debout pour lui, parce que, depuis cette affreuse scène, elle était restée debout, immobile, ne voyant rien de ce qui se passait dans la chambre. Le municipal qui avait sacrifié son écharpe se la fit payer par mon père. Ma tante et moi nous entendîmes battre la générale toute la nuit; ma malheureuse mère n'essaya pas même de dormir; nous entendions ses sanglots : nous ne croyions pas que le massacre durât encore : ce ne fut que quelque temps après que nous apprîmes qu'il avait duré trois jours. On ne peut rendre toutes les scènes qui eurent lieu, tant de la part des municipaux que de la garde : tout leur faisait peur, tant ils se croyaient coupables. Un jour, dans l'intérieur, un homme tira un coup de fusil pour l'essayer; ils l'interrogèrent soigneusement et firent un procès-verbal. Une autre fois, pendant le souper, on cria aux armes; ils crurent que c'étaient les étrangers qui arrivaient; l'horrible Rocher prit un grand sabre et dit à mon père : *S'ils arrivent, je te tue.* Ce n'était pourtant qu'un embarras de patrouilles. Une autre fois, une centaine d'ouvriers, conduits peut-être par quelqu'un de nos amis, entreprirent de forcer la grille du côté de la rotonde. Les municipaux et la garde accoururent; ces ouvriers furent dispersés, et peut-être, hélas! y eut-il des victimes. Leur sévérité augmentait tous les jours. Nous trouvâmes pourtant deux municipaux qui adoucirent les tourmens de mes parens en leur montrant de la sensibilité, et en leur donnant de l'espérance. J'ai peur qu'ils ne soient morts. Il y eut aussi une sentinelle qui eut une conversation avec ma tante par le trou de la serrure. Le malheureux ne fit que pleurer tout le temps qu'il fut au Temple; j'ignore aussi ce qu'il est devenu : puisse le ciel l'avoir récompensé de son attachement pour son Roi!

Lorsque je prenais des leçons et que ma mère me préparait des extraits, il fallait toujours qu'il y eût un municipal qui regardât par-dessus mon épaule, croyant que c'étaient des conspirations. On nous ôta les journaux, de peur que nous ne sussions les nouvelles étrangères; cependant, un jour, on en apporta un à mon père en lui disant qu'il y avait quelque chose d'intéressant : quelle horreur! On y lisait qu'on ferait un boulet de canon avec sa tête. Le silence calme et méprisant de mon père trompa la joie que l'on avait montrée en apportant cet infernal écrit. Un soir un municipal, en arrivant, dit mille injures et menaces, et répéta ce qui nous avait déjà été dit, que nous péririons tous si les ennemis approchaient. Il ajouta que mon frère seul lui faisait pitié, mais qu'étant fils d'un tyran il devait mourir. Voilà les scènes que ma famille avait à supporter tous les jours.

La république fut établie le 22 septembre : on nous l'apprit avec joie; on nous annonça aussi le départ des étrangers; nous ne pouvions pas y croire, mais c'était vrai. Au commencement d'octobre, on nous ôta plumes, papier, encre et crayons; on chercha partout, même avec dureté. Cela n'empêcha pas que ma mère et moi ne cachâmes nos crayons que nous gardâmes; mon père et ma tante donnèrent les leurs. Le soir du même jour, comme mon père venait de souper, on lui dit d'attendre, qu'il irait dans l'autre logement, et qu'il serait séparé de nous. A cette affreuse nouvelle, ma mère perdit son courage et sa fermeté ordinaires. Nous le quittâmes avec bien des larmes, espérant cependant le revoir. Le lendemain, on nous apporta à déjeuner séparément de lui : ma mère ne voulut rien prendre. Les municipaux, effrayés et troublés par sa morne douleur, nous accordèrent de voir mon père, mais aux heures des repas seulement, nous défendant de parler bas, ou en langues étrangères, mais haut, *et en bon français*. Nous descendîmes pour dîner chez mon père, et avec bien de la joie de le revoir. Il y eut un municipal qui s'aperçut que ma tante avait parlé bas à mon père : il lui en fit une scène. Le soir à souper, mon frère étant couché, ma mère ou ma tante allait avec lui, et l'autre venait souper avec moi chez mon père. Le matin, nous y restions, après déjeuner, le temps nécessaire pour que Cléry pût nous peigner, parce qu'il ne pouvait plus venir chez ma mère, et que c'était gagner quelques momens pour rester plus long-temps avec mon père. Nous allions nous promener ensemble tous les jours à midi.

Manuel vint chez mon père; il lui ôta avec dureté son cordon rouge, et l'assura qu'il n'y avait que madame de Lamballe qui eût péri de toutes les personnes qui avaient été au Temple. On fit prêter serment à Cléry, à Tison et à sa femme, d'être fidèles à la nation. Un municipal, un soir en arrivant, éveilla brusquement mon frère, pour voir s'il y était; c'est le seul mouvement d'impatience que j'aie vu ma mère témoigner. Un autre municipal dit à ma mère que le projet de Pétion était de ne pas faire mourir mon père, mais de l'enfermer pour sa vie au château de Chambord avec mon frère. J'ignore quel était le dessein de cet homme en donnant cette nouvelle; nous ne l'avons jamais revu depuis. On fit loger mon père dans un appartement au-dessous de celui de ma mère; mon frère coucha dans sa chambre; Cléry couchait aussi dans l'appartement avec un municipal. Les fenêtres étaient fermées avec des barreaux de fer et des abat-jours; les cheminées fumaient beaucoup. Voici comment alors se passaient les journées de mes parens : mon père se levait à sept heures et priait Dieu jusqu'à huit, ensuite il s'habillait, ainsi que mon frère, jusqu'à neuf, qu'il venait déjeuner chez ma mère. Après déjeuner, mon père donnait à mon frère quelques leçons jusqu'à onze heures; il jouait jusqu'à midi, heure à laquelle nous allions nous promener tous ensemble tel temps qu'il fît, parce que la garde, qui relevait à cette heure-là, voulait nous voir pour s'assurer de notre présence; la promenade durait jusqu'à deux heures, que nous dînions. Après dîner, mon père et ma mère jouaient au tric-trac ou au piquet; ou, pour mieux dire, faisaient semblant de jouer, afin de pouvoir se dire quelques mots. A quatre heures, ma mère remontait avec nous et emmenait mon frère, parce qu'alors le Roi dormait ordinairement. A six heures, mon frère descendait; mon père le faisait apprendre et jouer jusqu'à l'heure du souper. A neuf heures, après ce repas, ma mère le déshabillait promptement et le mettait au lit. Nous remontions ensuite, et le Roi ne se couchait qu'à onze heures. Ma mère travaillait beaucoup à la tapisserie, et me faisait étudier et souvent lire haut. Ma tante priait Dieu et disait toujours l'office; elle lisait beaucoup de livres de piété, souvent la Reine la priait de les lire haut.

On nous rendit les journaux, pour y voir le départ des étrangers et les horreurs contre le Roi dont ils étaient pleins. On nous dit un jour : « Mesdames, je vous annonce une bonne nouvelle; beaucoup de traîtres émigrés ont été pris; si vous êtes patriotes, vous devez vous en réjouir. » Ma mère, comme à l'ordinaire, ne dit mot, et n'eut pas même l'air d'entendre; souvent son calme si méprisant et son maintien si digne en imposèrent: c'était rarement à elle qu'on osait adresser la parole. La Convention vint pour la première fois voir le Roi. Les membres qui composaient la députation lui demandèrent s'il n'avait pas quelques plaintes à former: il dit que non, et qu'il était content lorsqu'il était avec sa famille. Cléry se plaignit de ce qu'on ne payait pas les marchands qui fournissaient au Temple (1); Chabot répondit: *La nation n'est pas à un écu près* (2). Les députés qui se présentèrent furent Chabot, Dupont, Drouet et Lecointe Puyravaux. Ils vinrent encore après le dîner faire les mêmes questions. Un jour après, Drouet revint seul et demanda à la Reine si elle n'avait pas de plaintes à former. Ma mère

---

(1) Voyez dans les Éclaircissemens (O) une pièce *inédite* et fort intéressante sur ce sujet; l'*État des dépenses faites au Temple*, etc., par Verdier.

(*Note des nouveaux éditeurs.*)

(2) Nous joignons de suite à l'*état* de Verdier plusieurs extraits des registres de la commune, relatifs à des dépenses postérieures. Voyez les Éclaircissemens (P). Ces différens morceaux sont également *inédits*.

(*Note des nouveaux éditeurs.*)

ne lui répondit pas. Quelque temps après, comme nous étions à dîner, des gendarmes entrèrent, se jetèrent brusquement sur Cléry, et lui ordonnèrent de les suivre au tribunal. Quelques jours avant, Cléry, descendant l'escalier avec un municipal, avait rencontré un jeune homme de sa connaissance qui était de garde; ils s'étaient dit bonjour et serré la main; le municipal l'avait trouvé mauvais et avait fait arrêter le jeune homme. C'était pour comparaître au tribunal avec lui qu'on venait chercher Cléry. Mon père demanda qu'il revînt, les municipaux l'assurèrent qu'il ne reviendrait pas; cependant il fut de retour à minuit. Il demanda au Roi pardon de sa conduite passée dont les manières de mon père, les exhortations de ma tante et les souffrances de mes parens le firent changer; il fut depuis très-fidèle.

Un jour nous entendîmes un grand bruit de gens qui demandaient la tête de mon père et de ma mère, ayant la cruauté de venir crier cela sous nos fenêtres.

Mon père tomba malade d'un gros rhume; on lui accorda un médecin et son apothicaire, Lemonier et Robert; la commune fut inquiète, il y eut tous les jours un bulletin de sa santé; elle se rétablit cependant. Toute la famille fut incommodée de rhume; mais mon père fut le plus malade.

La commune changea le 2 décembre; les nouveaux municipaux vinrent reconnaître mon père et sa famille à dix heures du soir. Quelques jours après, il y eut un arrêté qui ordonnait de faire sortir de nos appartemens Tison et Cléry; de nous ôter couteaux, ciseaux et tous les autres instrumens tranchans; il ordonnait aussi de goûter avec soin tous les plats qu'on nous servait. La visite fut faite pour les instrumens tranchans; ma mère et moi nous donnâmes nos ciseaux.

Le 11 décembre, nous fûmes fort inquiets du tambour qui battait, et de la garde qui arrivait au Temple. Mon père descendit avec mon frère après le déjeuner. A onze heures, arrivèrent chez lui Cambon et Chaumette, l'un maire, et l'autre procureur-général de la commune, et Colombeau, secrétaire-greffier. Ils lui signifièrent le décret de la Convention, qui ordonnait qu'il serait amené à la barre pour être interrogé; ils l'engagèrent à envoyer mon frère à ma mère; mais n'ayant pas dans leurs mains le décret de la Convention, ils firent attendre mon père pendant deux heures : il ne partit qu'à une heure, et monta dans la voiture du maire avec Chaumette et Colombeau; la voiture était escortée par des municipaux à pied. Mon père, ayant observé que Colombeau saluait beaucoup de monde, lui demanda si c'était tout de ses amis; Colombeau dit : « Ce sont des braves citoyens du 10 août, que je ne vois jamais sans beaucoup de joie. »

Je ne parle pas de la conduite de mon père à

la Convention; tout le monde la connaît : sa fermeté, sa douceur, sa bonté, son courage au milieu des assassins altérés de son sang, sont des traits qui ne s'oublieront jamais et que la postérité la plus reculée admirera.

Le Roi revint à six heures à la tour du Temple avec le même cortége. Nous avions été dans une inquiétude qu'il est impossible d'exprimer. Ma mère avait tout tenté auprès des municipaux qui la gardaient pour apprendre ce qui se passait; c'était la première fois qu'elle daignait les questionner. Ces hommes ne voulurent pas le dire; ce ne fut qu'à l'arrivée de mon père que nous l'apprîmes. Quand il fut rentré, elle demanda instamment à le voir; elle le fit demander même à Chambon, et n'en reçut aucune réponse. Mon frère passa la nuit chez elle; il n'avait pas de lit, elle lui donna le sien, et resta toute la nuit debout, dans une douleur si morne que nous ne voulions pas la quitter; mais elle nous força à nous coucher, ma tante et moi. Le lendemain, ma mère redemanda à voir mon père, et à lire les journaux pour connaître son procès; elle insista au moins, pour que, si elle ne pouvait pas le voir, cette permission fût accordée à mon frère et à moi. On porta cette demande au conseil général; les journaux furent refusés : on nous permit à mon frère et à moi de voir mon père, mais à condition que nous serions absolument séparés de ma mère. On en fit part à mon père, qui dit que, quelque plaisir qu'il eût à voir ses enfans, la grande affaire qu'il avait ne lui permettait pas de s'occuper de son fils, et que sa fille ne pouvait pas quitter sa mère. On fit monter le lit de mon frère dans la chambre de ma mère.

La Convention vint voir mon père; il demanda des conseils, de l'encre, du papier et des rasoirs pour se faire la barbe : tout cela lui fut accordé. MM. de Malesherbes, Tronchet et Desèze, ses conseils, se rendirent auprès de lui; il était souvent obligé pour leur parler d'aller dans la tourelle, afin de n'être pas entendu. Il ne descendit plus au jardin, ainsi que nous; il ne savait de nos nouvelles, et nous des siennes, que par des municipaux, et encore bien difficilement. J'eus mal au pied; et mon père, l'ayant su, s'en affligea avec sa bonté ordinaire, et s'informa avec soin de mon état. Ma famille trouva dans cette commune quelques hommes charitables qui, par leur sensibilité, adoucirent ses tourmens; ils assuraient ma mère que mon père ne périrait pas, et que son affaire serait renvoyée aux assemblées primaires, qui le sauveraient certainement : hélas! ils s'abusaient eux-mêmes, ou par pitié ils cherchaient à tromper ma mère. Le 26 décembre, jour de Saint-Étienne, mon père fit son testament, parce qu'il croyait être assassiné ce jour-là en allant à la barre de la Convention. Il y alla cependant avec son calme ordinaire, et laissa à M. Desèze le soin de sa défense. Il était parti à onze heures et revint à trois. Depuis il vit tous les jours ses conseils.

Enfin, le 18 janvier, jour auquel le jugement fut porté, les municipaux entrèrent à onze heures chez le Roi, en disant qu'ils avaient ordre de le garder à vue; il demanda si son sort était décidé, ils répondirent que non. Le lendemain matin, M. de Malesherbes vint lui apprendre que sa sentence était prononcée : « Mais, Sire, ajouta-t-il, les scélérats ne sont pas encore les maîtres, et tout ce qu'il y a d'honnêtes gens viendra sauver Votre Majesté, ou périr à ses pieds. » *M. de Malesherbes*, dit mon père, *cela compromettrait beaucoup de monde, et mettrait la guerre civile dans Paris : j'aime mieux mourir. Je vous prie de leur ordonner de ma part de ne faire aucun mouvement pour me sauver; le Roi ne meurt pas en France.* Après cette dernière conférence, il ne put voir ses conseils; il donna aux municipaux une note pour les demander et se plaindre de la gêne où il était d'être gardé à vue; on n'y fit aucune attention.

Le dimanche, 20 janvier, Garat, ministre de la justice, et les autres membres du pouvoir exécutif, vinrent lui notifier sa sentence de mort pour le lendemain; mon père l'écouta avec courage et religion. Il demanda un sursis de trois jours, pour savoir ce que deviendrait sa famille, et avoir un confesseur catholique. Le sursis fut refusé; Garat assura mon père qu'il n'y avait aucune charge contre sa famille; et qu'on la renverrait hors de

France. Il demanda pour confesseur l'abbé Edgeworth de Firmont dont il donna l'adresse ; Garat le lui amena. Le Roi dîna, comme à l'ordinaire, ce qui surprit les municipaux, qui croyaient qu'il voudrait se tuer.

Nous apprîmes la sentence rendue contre mon père, le dimanche 20, par les colporteurs qui vinrent la crier sous nos fenêtres. A sept heures du soir, un décret de la Convention nous permit de descendre chez lui ; nous y courûmes, et nous le trouvâmes bien changé. Il pleura de douleur sur nous, et non de la crainte de la mort; il raconta son procès à ma mère, en excusant les scélérats qui le faisaient mourir; il lui répéta qu'on voulait recourir aux assemblées primaires, mais qu'il s'y opposait, parce que cette mesure mettrait le trouble dans l'État. Il donna ensuite des instructions religieuses à mon frère, lui recommanda surtout de pardonner à ceux qui le faisaient mourir, et lui donna sa bénédiction, ainsi qu'à moi. Ma mère désirait ardemment que nous passassions la nuit auprès de mon père; il le refusa, en lui faisant sentir qu'il avait besoin de tranquillité; elle lui demanda au moins de venir le lendemain matin, il le lui accorda; mais quand nous fûmes parties, il dit aux gardes de ne pas nous laisser redescendre, parce que notre présence lui faisait trop de peine. Il resta ensuite avec son confesseur, se coucha à minuit, et dormit jusqu'à cinq heures qu'il fut réveillé par le tambour. A six heures, l'abbé Edgeworth dit la messe, à laquelle mon père communia. Il partit vers neuf heures; en descendant l'escalier, il donna son testament à un municipal : il lui remit aussi une somme d'argent que M. de Malesherbes lui avait apportée, et le pria de la lui faire tenir; mais les municipaux la gardèrent pour eux. Il rencontra ensuite un guichetier qu'il avait repris un peu vertement la veille; il lui dit : *Mathieu, je suis fâché de vous avoir offensé.* Il lut les prières des agonisans pendant le chemin. Arrivé à l'échafaud, il voulut parler au peuple ; mais Santerre l'en empêcha, en faisant battre le tambour : le peu de mots qu'il put prononcer ne fut entendu que de quelques personnes. Il se déshabilla alors tout seul; ses mains furent liées avec son mouchoir et non avec une corde. Au moment où il allait mourir, l'abbé lui dit : *Fils de saint Louis, montez au ciel!*

Il reçut le coup de la mort le 21 janvier 1793, à dix heures dix minutes du matin. Ainsi périt Louis XVI, roi de France, âgé de trente-neuf ans, cinq mois et trois jours, après avoir régné dix-huit ans; il avait été en prison cinq mois et huit jours.

Telle fut la vie du Roi, mon père, pendant sa rigoureuse captivité ; on n'y voit que piété, grandeur d'âme, bonté, douceur, courage et patience à supporter les plus infâmes traitemens, les plus horribles calomnies; clémence pour pardonner de tout son cœur à ses assassins ; amour de Dieu, de sa famille et de son peuple, amour dont il donna des preuves jusqu'à son dernier soupir, et dont il est allé recevoir la récompense dans le sein d'un Dieu tout-puissant et miséricordieux.

Le matin de ce terrible jour, nous nous levâmes à six heures. La veille au soir, ma mère avait eu à peine la force de déshabiller et de coucher mon frère; elle s'était jetée tout habillée sur son lit, où nous l'entendîmes toute la nuit trembler de froid et de douleur. A six heures et un quart, on ouvrit notre porte, et on vint chercher un livre de prières pour la messe de mon père; nous crûmes que nous allions descendre, et nous eûmes toujours cette espérance, jusqu'à ce que les cris de joie d'une populace effrénée vinrent nous apprendre que le crime était consommé. Dans l'après-dîner, ma mère demanda à voir Cléry, qui était resté avec mon père jusqu'à ses derniers momens, pensant qu'il l'avait peut-être chargé de commissions pour elle. Nous désirions cette secousse pour causer un épanchement à son morne chagrin, qui la sauvât de l'étouffement où nous la voyions. En effet, mon père avait ordonné à Cléry de rendre à ma malheureuse mère son anneau de mariage, ajoutant qu'il ne s'en séparait qu'avec la vie; il lui avait aussi remis un paquet des cheveux de ma mère et des nôtres, en disant qu'ils lui avaient été si chers, qu'il les avait gardés sur lui jusqu'à ce moment. Les municipaux nous apprirent que Cléry était dans un état affreux, et au désespoir qu'on lui refusât de nous voir. Ma mère chargea des commissaires de sa demande pour le conseil général; elle demandait aussi des habits de deuil (1). Cléry passa encore un mois au Temple, et fut ensuite élargi (2).

---

(1) Nous donnons ici l'arrêté de la commune relatif à ces demandes, et un second arrêté du même temps. On sait que nous copions scrupuleusement les registres sur lesquels ces arrêts sont écrits.

Extrait du registre XIV, page 10,782.

Séance du 23 janvier 1793.

Le conseil général entend la lecture d'un arrêté de la commission du Temple sur deux demandes faites par Antoinette.

La première d'un habillement de deuil très-simple pour elle, sa sœur et ses enfans.

Le conseil général arrête qu'il sera fait droit à cette demande.

Extrait du registre XIV, page 10,888.

Séance du 7 février 1793.

Le conseil entend la lecture d'un arrêté de la commission du Temple sur la demande de Marie-Antoinette pour avoir quinze chemises pour son fils.

Le conseil général accorde cette demande.

(*Note des nouveaux éditeurs*)

(2) Arrêté plus tard, Cléry fut mis enfin en liberté, en vertu de l'arrêté ci-dessous.

Nous eûmes un peu plus de liberté ; les gardes croyaient qu'on allait nous renvoyer. Mais rien n'était capable de calmer les angoisses de ma mère; on ne pouvait faire entrer aucune espérance dans son cœur : il lui était devenu indifférent de vivre ou de mourir. Elle nous regardait quelquefois avec une pitié qui faisait tressaillir. Heureusement le chagrin augmenta mon mal, ce qui l'occupa. On fit venir mon médecin Brunier et le chirurgien Lacaze ; ils me guérirent en un mois.

Nous pûmes voir les personnes qui nous apportaient les habits de deuil, mais en présence des municipaux. Ma mère ne voulut plus descendre au jardin, parce qu'il fallait passer devant la porte de la chambre de mon père, et que cela

---

Extrait du registre n°. XXII, page 13,270.

Séance de la 2ᵉ. décade. Brumaire.

« Le conseil, considérant qu'il n'y a pas de raison pour retenir plus long-temps en prison le citoyen Cléry, qui n'a été arrêté que par l'effet d'une mesure de sûreté générale; considérant en outre que le citoyen Cléry n'a conservé entre ses mains aucun dépôt qui puisse le rendre suspect, et qu'il a toujours rempli ses fonctions auprès de Louis Capet avec une scrupuleuse fidélité à la république, et qu'il n'a même pas réclamé ni reçu le don que lui avait fait Capet en récompense de ses services, arrête que le comité de sûreté générale de la Convention sera invité à rendre la liberté au citoyen Cléry.

(*Note des nouveaux éditeurs.*)

lui faisait trop de peine; mais, craignant que le défaut d'air fasse mal à mon frère et moi, elle demanda à la fin de février à monter sur la tour, ce qui lui fut accordé. On s'aperçut dans la chambre des municipaux que le paquet scellé, où étaient le cachet du Roi, son anneau et plusieurs autres choses, avait été ouvert, le scellé cassé, et les objets emportés. Les municipaux s'en inquiétèrent; mais ils crurent enfin qu'ils avaient été enlevés par un voleur qui savait que le cachet aux armes de France était garni d'or. La personne qui avait pris ces objets était bien intentionnée : ce n'était pas un voleur (1); elle l'avait fait pour le bien, parce que ma mère désirait que l'anneau et le cachet fussent conservés à son fils. Je sais quel est ce brave homme; mais, hélas! il est mort, non par suite de cette affaire, mais pour une autre bonne action. Je ne puis pas le nommer, espérant qu'il aura pu confier ces objets précieux à quelqu'un, avant de périr.

Dumouriez étant sorti de France, on nous resserra plus étroitement; on construisit le mur qui sépare le jardin, on mit des jalousies au haut de

---

(1) Cet homme est Toulan, dont il a été question dans les mémoires de Cléry. L'anneau et le cachet furent envoyés à Monsieur, aujourd'hui Sa Majesté Louis XVIII. Voyez les mémoires de M. le baron de Goguelat.

(*Note des nouveaux éditeurs.*)

la tour, et on boucha tous les trous avec soin (1). Le 25 mars, le feu prit à la cheminée. Le soir, Chaumette, procureur de la commune, vint pour la première fois reconnaître ma mère et lui demander si elle ne désirait rien. Ma mère demanda seulement une porte de communication avec la chambre de ma tante (les deux terribles nuits que nous avions passées chez elle, nous avions couché, ma tante et moi, sur un de ses matelas par terre). Les municipaux s'opposèrent à cette demande; mais Chaumette dit que dans l'état de dépérissement où était ma mère, cela pourrait être nécessaire à sa santé, et qu'il en parlerait au conseil général. Le lendemain, il revint à dix heures

---

(1) Voici l'arrêté pris par la commune à ce sujet.

Extrait du registre n°. XV, page 11,227.

Séance du 26 mars 1793.

« Le conseil général passe à l'ordre du jour sur la dénonciation faite par un des membres contre un de ses collègues relativement à des conversations particulières avec les détenus du Temple. »

« Le conseil général, maintenant ses précédens arrêtés, déclare qu'à compter de ce soir les membres qui seront nommés pour aller au Temple se présenteront au bureau pour y passer par la censure du conseil. Arrête en outre 1°. que les guichets resteront toujours fermés ; 2°. que la promenade sur la plateforme de la tour continuera d'être permise aux prisonniers, mais qu'on joindra les créneaux par des jalousies qui, en laissant libre cours à l'air, empêchent de voir et d'être vus. »

(*Note des nouveaux éditeurs.*)

du matin avec Pache, le maire, et cet affreux Santerre, commandant général de la garde nationale. Chaumette dit à ma mère qu'il avait parlé au conseil-général de sa demande pour la porte, et qu'elle avait été refusée. Elle ne répondit rien. Pache lui demanda si elle n'avait point de plaintes à porter. Ma mère dit : Non, et ne fit plus attention à ce qu'il disait. Quelque temps après, il se trouva de garde des municipaux qui adoucirent un peu nos chagrins par leur sensibilité (1). Nous connaissions de suite à qui nous avions affaire, ma mère surtout, qui nous a préservés plusieurs fois de nous livrer à de faux témoignages d'intérêt. Il y eut aussi un autre homme qui rendit des services à mes parens. Je connais tous ceux qui s'intéressèrent à nous, je ne les nomme pas, de peur de les compromettre dans l'état où sont les choses, mais leur souvenir est gravé dans mon cœur; si je ne puis leur en marquer ma reconnaissance, Dieu les récompensera; mais si un jour je puis les nommer, ils seront aimés et estimés de toutes les personnes vertueuses.

Les précautions redoublèrent (2); on empêcha Tison de voir sa fille; il en prit de l'humeur. Un

---

(1) C'étaient Toulan, Lepitre, Beugneau, Vincent, Bruno, Michonis, Merle.

(2) Les deux arrêtés suivans de la commune feront juger de ces précautions.

soir, un étranger apporta des effets à ma tante; il se mit en colère de voir que cet homme entrait plutôt que ses parens; il dit des choses qui engagèrent Pache, qui était en bas, à le faire des-

---

Extrait du registre n°. 15, page 11,312 et suiv.

Séance du 1er. avril 1793.

Sur le réquisitoire du procureur de la commune,

Le conseil arrête :

1°. Qu'aucune personne de garde au Temple ou autrement ne pourra y dessiner quoi que ce soit; et que si quelqu'un est surpris en contravention au présent arrêté, il sera sur-le-champ mis en état d'arrestation et amené au conseil général faisant en cette partie les fonctions de gouverneur.

2°. Enjoint aux commissaires du conseil de service au Temple de ne tenir aucune conversation familière avec les personnes détenues, comme aussi de ne se charger d'aucune commission pour elles.

3°. Défenses sont pareillement faites auxdits commissaires de rien changer ou innover aux anciens réglemens pour la police de l'intérieur du Temple.

4°. Qu'aucun employé au service du Temple ne pourra entrer dans la tour.

5°. Qu'il y aura toujours deux commissaires auprès des prisonniers.

6°. Que Tison et sa femme ne pourront sortir de la tour, ni communiquer avec qui que ce soit du dehors.

7°. Qu'aucun commissaire au Temple ne pourra envoyer de lettres, sans qu'elles aient été préalablement lues au conseil du Temple;

8°. Lorsque les prisonniers se promèneront sur la plateforme de la tour, ils seront toujours accompagnés de trois

cendre. On lui demanda pourquoi il était si mécontent. De ne pas voir ma fille, répondit-il, et de ce que certains municipaux ne se conduisent pas bien (parce qu'ils parlaient bas à ma tante et à ma mère). On lui demanda les noms; il les donna, et affirma que nous avions des correspondans au dehors (1). Pour en fournir des preuves,

---

commissaires et du commandant du poste qui les surveilleront scrupuleusement.

9°. Que, conformément aux précédens arrêtés, les membres du conseil qui seront nommés pour faire le service du Temple, passeront à la censure du conseil général, et, sur la réclamation non motivée d'un seul membre, ils ne pourront être admis.

10°. Et enfin que le département des travaux publics fera exécuter dans le jour de demain, les travaux mentionnés dans son arrêté du 26 mars 1793, savoir *le déblaiment du contour de l'ancienne chapelle, et la jointure des créneaux du haut de la tour.*

Sur l'observation d'un membre, qu'il a vu dans la chambre où travaillait Rocher un plan de la tour du Temple sous les scellés apposés,

Le conseil général arrête, que le procureur de la commune s'entendra avec le citoyen Rocher, pour savoir ce que peut être devenu ce plan, et en quel état sont les scellés apposés.

Et sur pareille dénonciation que, dans les bureaux des travaux publics, il existe un semblable plan de la tour du Temple,

Le conseil général arrête qu'il sera déposé aux archives de la municipalité.

(*Note des nouveaux éditeurs.*)

(1) M. Huë donne à ce sujet quelques détails intéressans et qui confirment ce passage. Voyez les Éclaircissemens (Q).

(*Note des nouveaux éditeurs.*)

il dit qu'un jour, au souper, ma mère, tirant son mouchoir, laissa tomber un crayon; qu'une autre fois, chez ma tante, il avait trouvé des pains à cacheter et une plume dans une boîte. Après cette dénonciation qu'il signa, on fit venir sa femme, qui répéta la même chose; elle accusa plusieurs municipaux, assurant que nous avions eu une correspondance avec mon père, pendant son procès, et elle dénonça mon médecin Brunier qui me traitait pour le mal au pied, comme nous ayant appris des nouvelles : elle signa tout cela, entraînée par son mari; mais elle en eut dans la suite bien des remords. Cette dénonciation fut faite le 19 avril; elle vit sa fille le lendemain. Le 20 à dix heures et demie du soir, ma mère et moi nous venions de nous coucher, lorsque Hébert arriva avec plusieurs autres municipaux; nous nous levâmes précipitamment. Ils nous lurent un arrêté de la commune qui ordonnait de nous fouiller à discrétion, ce qu'ils firent exactement jusque sous les matelas. Mon pauvre frère dormait; ils l'arrachèrent de son lit avec dureté pour fouiller dedans; ma mère le prit tout transi de froid. Ils ôtèrent à ma mère une adresse de marchand qu'elle avait conservée, un bâton de cire à cacheter qu'ils trouvèrent chez ma tante, et à moi ils me prirent un sacré cœur de Jésus et une prière pour la France. Leur visite ne finit qu'à quatre heures du matin. Ils firent un procès-verbal de tout ce qu'ils avaient trouvé, et forcèrent ma mère et ma tante de le signer, en les menaçant de nous emmener mon frère et moi si elles s'y refusaient. Ils étaient furieux de n'avoir trouvé que des bagatelles. Trois jours après, ils revinrent et demandèrent ma tante en particulier; alors ils l'interrogèrent sur un chapeau qu'ils avaient trouvé dans sa chambre : ils voulurent savoir d'où il lui venait, depuis quand elle le conservait, et pourquoi elle l'avait gardé (1). Elle répondit qu'il avait appartenu à mon père dans le commence-

---

(1) Voici un autre exemple de cette inquisition rigoureuse qui s'exerçait sur les moindres objets.

Séance de la commune de Paris, 30 *avril* 1793.

Le secrétaire-greffier donne lecture d'un avis du conseil du Temple, par lequel il annonce que le citoyen Volf, cordonnier, s'est présenté avec six paires de souliers destinés aux prisonniers du Temple ; que cette fourniture ayant paru suspecte, elle a été arrêtée.

Le conseil général nomme Canon et Simon, pour se transporter au Temple pour vérifier les six paires de souliers, et savoir si dans leur contexture il n'existe rien de suspect, et arrête ; 1°. que désormais, lorsque les prisonniers du Temple auront besoin de quelques effets d'habillement, des commissaires *ad hoc* seront chargés d'acquérir les objets dans les magasins, et que, dans le cas où il serait nécessaire de faire travailler, l'ouvrage sera confié à des citoyens connus, qui eux-mêmes ne sauront pas pour qui ils travaillent.

2°. Que les fournitures de tout genre destinées auxdits prisonniers, seront toujours bornées au simple nécessaire.

Extrait du registre XVI, page 11,594.
(*Note des nouveaux éditeurs.*)

ment de sa captivité au Temple, et qu'elle le lui avait demandé, afin de le conserver pour l'amour de son frère. Les municipaux dirent qu'ils allaient lui ôter ce chapeau comme chose suspecte; ma tante insista pour le garder, mais elle ne put l'obtenir; ils la forcèrent de signer sa réponse, et emportèrent le chapeau.

Ma mère montait tous les jours sur la tour pour nous faire prendre l'air. Depuis quelque temps mon frère se plaignait d'un point de côté; le 6 mai, à sept heures du soir, la fièvre le prit assez fortement, avec mal à la tête, et toujours le point de côté. Dans les premiers instans il ne pouvait rester couché parce qu'il étouffait. Ma mère s'inquiéta et demanda un médecin aux municipaux. Ils l'assurèrent que cette maladie n'était rien, et que sa tendresse maternelle s'effrayait mal à propos; cependant ils en parlèrent au conseil, et demandèrent de la part de ma mère le médecin Brunier. Le conseil se moqua de la maladie de mon frère, parce que Hébert l'avait vu à cinq heures sans fièvre; on refusa absolument Brunier que Tison avait dénoncé peu de temps avant. Cependant la fièvre devint très-forte. Ma tante eut la bonté de venir prendre ma place dans la chambre de ma mère, pour que je ne couchasse pas dans l'air de la fièvre, et aussi pour l'aider à soigner mon frère; elle prit mon lit, et moi j'allai coucher dans sa chambre. La fièvre continua plusieurs jours, les accès étaient plus forts le soir.

Quoique ma mère demandât un médecin, on fut plusieurs jours sans l'accorder. Enfin, un dimanche arriva Thierry, médecin des prisons, nommé par la commune pour soigner mon frère (1). Comme il vint le matin, il lui trouva peu de fièvre ; mais ma mère lui ayant dit de revenir après le dîner, il la trouva très-forte, et désabusa les municipaux de l'idée qu'ils avaient que ma mère s'inquiétait pour rien ; il leur dit au contraire que c'était plus sérieux qu'elle ne le pensait. Il eut l'honnêteté d'aller consulter Brunier sur la maladie de mon frère, et sur les remèdes qu'il

---

(1). Nous donnons ici l'arrêté de la commune, qui prouvera cette nomination. Il est inutile de répéter ici, que nous transcrivons, dans leurs grossières, dans leurs injurieuses expressions, ces documens restés jusqu'alors inédits.

Extrait du registre XVI, page 11,718.
Séance du 9 mai 1793.

» Le conseil général délibérant sur la maladie annoncée, du fils de défunt Capet, et sur la demande de Marie-Antoinette, d'un médecin pour le soigner ; arrête que demain il entendra, à ce sujet, les commissaires qui sont aujourd'hui de service au Temple. »

« Après avoir entendu la lecture d'une lettre des commissaires qui sont de service au Temple, et qui annoncent que le petit Capet est malade, le conseil général arrête que le médecin ordinaire des prisons ira saigner le petit Capet ; attendu que ce serait blesser l'égalité, que de lui en envoyer un autre. »

Extrait du registre XVI, page 11,730.
(*Note des nouveaux éditeurs.*)

fallait lui donner, parce que Brunier connaissait son tempérament (il était notre médecin dès l'enfance). Il lui donna quelques médicamens qui lui firent du bien. Le mercredi, il lui fit prendre médecine, et le soir je revins coucher dans la chambre de ma mère; elle avait beaucoup d'inquiétude à cause de cette médecine, parce que la dernière fois que mon frère avait été purgé, il avait eu des convulsions affreuses; elle craignait qu'il n'en eût encore. Elle ne dormit pas de la nuit. Mon frère cependant prit sa médecine, et elle lui fit bien sans lui causer aucun accident. Quelques jours après, il en prit une seconde qui lui fit le même bien, excepté qu'il se trouva mal, mais par l'effet de la chaleur. Il n'eut plus que quelques accès de fièvre de temps en temps, et souvent son point de côté. Sa santé commença alors à s'altérer, et elle ne s'est jamais remise depuis; le manque d'air et d'exercice lui ayant fait beaucoup de mal, ainsi que le genre de vie que menait ce pauvre enfant qui, à l'âge de huit ans, se trouvait toujours au milieu des larmes et des secousses, des saisissemens et des terreurs continuelles.

Depuis quelque temps je couchais dans la chambre de ma mère, dans la crainte qu'elle ou mon frère ne se trouvât mal la nuit. Mais pendant sa maladie, ma tante était venue prendre ma place.

Le 31 mai nous entendîmes battre la générale et sonner le tocsin, sans qu'on voulût nous dire pourquoi il y avait tant de bruit. On défendit de nous laisser monter sur la tour pour prendre l'air ; défense qui avait toujours lieu quand Paris était en rumeur. Au commencement de juin, Chaumette vint avec Hébert un soir à six heures, et demanda à ma mère si elle ne désirait rien, et si elle n'avait point de plaintes à former. Elle répondit non, et cessa de faire attention à lui. Ma tante demanda à Hébert le chapeau de mon père qu'il avait emporté ; il dit que le conseil général n'avait pas jugé à propos de le lui rendre. Ma tante, voyant que Chaumette ne s'en allait point, et sachant combien ma mère souffrait intérieurement de sa présence, lui demanda pourquoi il était venu et pourquoi il restait : Chaumette lui dit qu'il avait fait la visite des prisons, et que toutes les prisons étant égales, il était venu au Temple. Ma tante lui répondit que non, parce qu'il y avait des personnes qu'on retenait justement et d'autres injustement. Ils étaient ivres tous les deux. Mon frère se trouva mal la nuit ; le jour suivant, Thierry étant venu avec un chirurgien nommé Soupé et un autre nommé Jupales, cette incommodité n'eut pas de suite.

Madame Tison devint folle ; elle était inquiète de la maladie de mon frère, et depuis long-temps tourmentée de remords ; elle languissait et ne voulait plus prendre l'air. Elle se mit un jour à parler toute seule. Hélas ! cela me fit rire, et ma pauvre mère, ainsi que ma tante, me regardaient avec complaisance, comme si mon rire leur faisait du bien. Mais la folie de madame Tison augmentait; elle parlait tout haut de ses fautes, de ses dénonciations, de prison, d'échafaud, de la Reine, de sa famille, de nos malheurs; se reconnaissant, par ses fautes, indigne d'approcher mes parens. Elle croyait que les personnes qu'elle avait dénoncées avaient péri. Tous les jours elle attendait les municipaux qu'elle avait accusés; et ne les voyant pas, elle se couchait encore plus triste. Elle faisait des rêves affreux qui lui faisaient pousser des cris que nous entendions. Les municipaux lui permirent de voir sa fille, qu'elle aimait. Un jour que le portier, qui ne savait pas cet ordre, lui avait refusé l'entrée, les municipaux, voyant la mère désespérée, la firent venir à dix heures du soir. Cette heure effraya encore plus cette femme; elle eut beaucoup de peine à se résoudre à descendre, et dans l'escalier elle disait à son mari : On va nous conduire en prison. Elle vit sa fille, mais ne put la reconnaître; elle croyait toujours qu'on voulait l'arrêter. Elle remonta avec un municipal, et au milieu de l'escalier elle ne voulait plus ni monter ni descendre. Le municipal effrayé appela du monde pour la faire monter; arrivée en haut, elle ne voulut pas se coucher; elle ne fit que parler et crier, ce qui empêcha mes parens de dormir. Le lendemain, le médecin la vit et la trouva tout-à-fait folle. Elle était toujours aux genoux de ma mère, lui demandant pardon. Il est impossible d'avoir plus de pitié que ma mère et ma tante pour cette femme dont assurément elles n'avaient pas lieu de se louer (1). Elles la soignèrent et l'encouragèrent tout le temps qu'elle resta au Temple dans cet état. Elles tâchaient de la calmer par l'assurance véritable de leur pardon. Le lendemain, on la fit sortir de la tour, et on la mit au château; mais sa folie augmentant de plus en plus, on la transporta à l'Hôtel-Dieu, et l'on mit auprès d'elle une femme chargée de l'espionner et de recueillir ce qui pourrait lui échapper (2). Les municipaux nous demandèrent du linge pour la femme qui en avait eu soin pendant qu'elle était au château du Temple (3).

---

(1). Voici un exemple des bontés de la Reine : nous recueillons ce fait dans les fragmens historiques de Turgy :

« La Reine ayant été malade pendant la journée du lendemain, et n'ayant pris aucun aliment, me fit dire de lui apporter un bouillon. Au moment où je le lui présentai, cette princesse, apprenant que la femme Tison se trouvait indisposée, ordonna qu'on lui portât ce bouillon ce qui fût exécuté. Je priai alors un des municipaux de me conduire à la bouche, pour y aller prendre un autre bouillon ; aucun d'eux ne voulut m'y accompagner, et Sa Majesté fut obligée de s'en passer.

(*Note des nouveaux éditeurs.*)

(2) Voyez dans les Éclaircissemens (R), comment Turgy rend compte de cette aventure.

(*Note des nouveaux éditeurs.*)

(3) Turgy nous fournit encore cet exemple de la bonté de la Reine pour cette malheureuse femme :

« Les avis de l'honnête M. Follope nous rendirent encore

Le 3 juillet, on nous lut un décret de la Convention qui portait que mon frère serait séparé de nous et logé dans l'appartement le plus sûr de la tour. A peine l'eut-il entendu, qu'il se jeta dans les bras de ma mère, en poussant les hauts cris et demandant à n'être pas séparé d'elle. De son côté, ma mère fut atterrée par ce cruel ordre; elle ne voulut pas livrer mon frère, et défendit contre les municipaux le lit où elle l'avait placé. Ceux-ci, voulant absolument l'avoir, menaçaient d'employer la violence et de faire monter la garde. Ma mère leur dit qu'ils n'avaient donc qu'à la tuer avant de lui arracher son enfant; et une heure se passa ainsi en résistance de sa part, en injures, en menaces de la part des municipaux, en pleurs et en défenses de nous tous. Enfin, ils la menacèrent si positivement de le tuer ainsi que moi, qu'il fallut qu'elle cédât encore par amour pour nous. Nous le levâmes ma tante et moi, car ma pauvre mère n'avait plus de force; et, après qu'il fut habillé, elle le prit et le remit entre les mains des municipaux,

---

plus réservés. Ce ne fut que le surlendemain que la Reine, en me rendant la serviette, parvint à me glisser un papier sur lequel Sa Majesté avait écrit ces questions :

Que crie-t-on sous nos barreaux (ici, plusieurs mots illisibles)? Ma sœur demande peut-être du lait d'amande? La commune est-elle relevée? La femme Tison est-elle aussi folle qu'on le dit? pense-t-on à la remplacer auprès de nous? Est-elle bien soignée?

(*Note des nouveaux éditeurs.*)

en le baignant de ses pleurs, prévoyant qu'à l'avenir elle ne le verrait plus. Ce pauvre petit nous embrassa toutes bien tendrement, et sortit en fondant en larmes avec les municipaux. Ma mère les chargea de demander au conseil général la permission de voir son fils, ne fût-ce qu'aux heures des repas; ils le lui promirent. Elle se trouvait accablée par cette séparation; mais la désolation fut au comble quand elle sut que c'était Simon, cordonnier, qu'elle avait vu municipal, que l'on avait chargé de la personne de son malheureux enfant. Elle demanda sans cesse à le voir et ne put l'obtenir; mon frère, de son côté, pleura deux jours entiers, en ne cessant de demander à nous voir.

Les municipaux ne restèrent plus chez ma mère; nous fûmes nuit et jour enfermées sous les verroux. Ce nous était un adoucissement d'être débarrassées de la présence de pareilles gens. Les gardes ne venaient plus que trois fois par jour pour apporter les repas et faire la visite des fenêtres, afin de s'assurer si les barreaux n'étaient pas dérangés. Nous n'avions plus personne pour nous servir, et nous l'aimions mieux; ma tante et moi nous faisions les lits et nous servions ma mère. Nous montions sur la tour bien souvent, parce que mon frère y allait de son côté, et que le seul plaisir de ma mère était de le voir passer de loin par une petite fente. Elle y restait des heures entières pour y guetter l'instant de voir cet enfant; c'était sa seule attente, sa seule occupation. Elle n'en savait que rarement des nouvelles, soit par les municipaux, soit par Tison qui voyait quelquefois Simon (1). Tison, pour réparer sa conduite passée, se conduisait mieux, et donnait quelques nouvelles à mes parens. Quant à Simon, il maltraitait mon frère au-delà de tout ce qu'on peut imaginer, et d'autant plus qu'il pleurait d'être séparé de nous; enfin il l'effraya tellement, que ce pauvre enfant n'osait plus verser de larmes. Ma tante engagea Tison et ceux qui, par pitié, nous en donnaient des nouvelles, à cacher

---

(1) « Déjà Louis XVII, arraché des bras de la Reine, avait été séquestré dans la partie de la tour que le roi avait occupée. Là, ce jeune prince, que quelques-uns des régicides appelaient le louveteau du Temple, était abandonné aux brutalités d'un monstre nommé Simon, autrefois cordonnier, ivrogne, joueur, débauché. L'âge, l'innocence, l'infortune, la figure céleste, la langueur et les larmes de l'enfant royal, rien ne pouvait attendrir ce gardien féroce. Un jour, étant ivre, peu s'en fallut qu'il n'arrachât d'un coup de serviette l'œil de ce jeune prince que, par raffinement d'outrage, il avait contraint de le servir à table. Il le battait sans pitié.

Un jour, dans un accès de rage, il prit un chenet, et, l'ayant levé sur lui, il le menaça de l'assommer. L'héritier de tant de rois n'entendait à chaque instant que des mots grossiers et des chansons obscènes. « Capet, lui dit un jour Simon, » si ces Vendéens te délivraient, que ferais-tu? » — « Je vous » pardonnerais, » lui répondit le jeune Roi.

(*Huë, dernières années de Louis XVI.*)

(*Note des nouveaux éditeurs.*)

toutes ces horreurs à ma mère; elle en savait ou en soupçonnait bien assez. Le bruit courut qu'on avait vu mon frère sur le boulevard; la garde, mécontente de ne pas le voir, disait qu'il n'était plus au Temple. Hélas! nous l'espérâmes un instant; mais la Convention ordonna de le faire descendre au jardin pour qu'il fut vu. Alors mon frère, qu'on n'avait pas encore eu le temps d'altérer tout-à-fait, se plaignit d'être séparé de ma mère, et demanda à voir la loi qui l'ordonnait; mais on le fit taire. Les membres de la Convention qui étaient venus pour s'assurer de la présence de mon frère montèrent chez ma mère; elle leur porta plainte de la cruauté qu'on avait de lui ôter son fils; ils répondirent qu'on croyait nécessaire de prendre cette mesure. Un nouveau procureur-général vint aussi nous voir; ses manières nous étonnèrent, malgré tout ce que nous avions appris à connaître depuis nos malheurs. Du moment que cet homme entrait, jusqu'à son départ, il ne faisait que jurer.

Le 2 août, à deux heures du matin, on vint nous éveiller pour lire à ma mère le décret de la Convention qui ordonnait que, sur la réquisition du procureur de la commune, elle serait conduite à la conciergerie pour qu'on lui fît son procès. Elle entendit la lecture de ce décret sans s'émouvoir et sans leur dire une seule parole; ma tante et moi, nous demandâmes de suite à suivre ma mère; mais on ne nous accorda pas cette grâce.

Pendant qu'elle fit le paquet de ses vêtemens, les municipaux ne la quittèrent point; elle fut même obligée de s'habiller devant eux. Ils lui demandèrent ses poches qu'elle donna; ils les fouillèrent, et prirent tout ce qu'il y avait dedans, quoique cela ne fût pas du tout important. Ils en firent un paquet, qu'ils dirent qu'ils enverraient au tribunal révolutionnaire, où il serait ouvert devant elle. Ils ne lui laissèrent qu'un mouchoir et un flacon dans la crainte qu'elle ne se trouvât mal. Ma mère, après m'avoir tendrement embrassée, et recommandé de prendre courage, d'avoir bien soin de ma tante, et de lui obéir comme à une seconde mère, me renouvela les mêmes instructions que mon père; puis, se jetant dans les bras de ma tante, elle lui recommanda ses enfans. Je ne lui répondis rien, tant j'étais effrayée de l'idée de la voir pour la dernière fois; ma tante lui dit quelques mots bien bas. Alors ma mère partit sans jeter les yeux sur nous, de peur sans doute que sa fermeté ne l'abandonnât. Elle s'arrêta encore au bas de la tour, parce que les municipaux y firent un procès-verbal pour décharger le concierge de sa personne. En sortant, elle se frappa la tête au guichet, ne pensant pas à se baisser; on lui demanda si elle s'était fait du mal : oh! non, dit-elle, rien à présent ne peut me faire du mal. Elle monta en voiture avec un municipal et deux gendarmes. Arrivée à la conciergerie, on la mit dans la chambre la plus sale, la plus humide et la plus malsaine de toute la maison. Elle était gardée à vue par un gendarme qui ne la quittait ni jour ni nuit. Ma tante et moi, nous étions inconsolables, et nous passâmes bien des jours et des nuits dans les larmes. On avait cependant assuré ma tante, lorsque ma mère était partie, qu'il ne lui arriverait rien.

C'était une grande consolation pour moi de n'être pas séparée de ma tante, que j'aimais tant; mais, hélas! tout changea encore, et je l'ai perdue aussi!

Le lendemain du départ de ma mère, ma tante demanda instamment en son nom et au mien d'être réunies à elle; mais elle ne put l'obtenir, et pas même de savoir de ses nouvelles. Comme ma mère, qui n'avait jamais bu que de l'eau, ne pouvait pas supporter celle de la Seine, parce qu'elle lui faisait du mal, nous priâmes les municipaux de lui faire porter de l'eau de Ville-d'Avray, qui passait tous les jours au Temple; ils y consentirent, et prirent un arrêté en conséquence; mais il arriva un autre de leurs collègues qui s'y opposa. Peu de jours après, ma mère, pour avoir de nos nouvelles, essaya d'envoyer demander quelque chose qui lui était utile, et entre autres son tricot, parce qu'elle avait entrepris de faire une paire de bas pour mon frère; nous le lui envoyâmes, ainsi que tout ce que nous trouvâmes de soie et de laine; car nous savions combien elle aimait à s'occuper : elle avait toujours eu autrefois l'habitude de travailler sans cesse, excepté aux heures de représentation. Aussi avait-elle fait une énorme quantité de meubles, et même un tapis et une infinité de gros tricot de laine de toutes les espèces. Nous rassemblâmes donc tout ce que nous pûmes; mais nous apprîmes depuis qu'on ne lui avait rien remis, dans la crainte, disait-on, qu'elle ne se fît mal avec les aiguilles. Nous savions quelquefois des nouvelles de mon frère par les municipaux; mais cela ne dura point. Nous l'entendions tous les jours chanter avec Simon la Carmagnole, l'air des Marseillais, et mille autres horreurs (1). Simon lui mit le bonnet rouge et une carmagnole sur le corps; il le faisait chanter aux fenêtres pour être entendu par la garde, et lui apprenait à prononcer des juremens affreux contre Dieu, sa famille et les aristocrates. Ma mère, heureusement, n'a pas entendu toutes ces horreurs; oh! mon Dieu, quel

---

(1) L'arrêté suivant de la commune montre que ce traitement indignait ceux même qui semblaient dévoués aux opinions du moment.

Registre n°. XX, suite de la page 12,798.

« Lebœuf, présent à la séance, prend la parole pour se disculper; il dit que par état il n'aimait point à entendre des chansons indécentes, et qu'il avait témoigné son déplaisir au citoyen Simon qui s'était souvent permis d'en répéter de semblables devant le petit Capet, auquel il aurait désiré qu'on donnât une éducation plus conforme aux bonnes mœurs. »

mal cela celui aurait fait ! Avant son départ, on était venu chercher les habits de mon frère ; elle avait dit qu'elle espérait qu'il ne quitterait pas le deuil ; mais la première chose que fit Simon fut de lui ôter son habit noir. Le changement de vie et les mauvais traitemens rendirent mon frère malade vers la fin d'août. Simon le faisait manger horriblement, et boire de force beaucoup de vin qu'il détestait. Tout cela lui donna bientôt la fièvre ; il prit une médecine qui réussit mal, et sa santé se dérangea tout-à-fait. Il était extrêmement engraissé sans prendre de croissance ; Simon le menait cependant encore prendre l'air sur la tour.

Au commencement de septembre, j'eus une indisposition qui n'avait d'autre cause que mon inquiétude sur le sort de ma mère. Je n'entendais pas le tambour sans craindre un nouveau 2 septembre. Nous montions sur la tour tous les jours. Les municipaux faisaient exactement la visite trois fois par jour ; mais leur sévérité n'empêchait pas que nous ne sussions des nouvelles du dehors, et particulièrement de ma mère, qui était ce qui nous intéressait le plus. Malgré leurs efforts, nous avons toujours trouvé quelques bonnes âmes à qui nous inspirions de l'intérêt. Nous apprîmes qu'on accusait ma mère d'avoir eu des correspondances au dehors. Aussitôt nous jetâmes nos écritures, nos crayons, et tout ce que nous conservions encore, craignant qu'on ne nous fît déshabiller devant la femme de Simon, et que les choses que nous avions ne compromissent ma mère; car nous avions toujours conservé de l'encre, du papier, des plumes et des crayons, malgré les fouilles les plus exactes dans nos chambres et dans nos meubles. Nous sûmes aussi que ma mère avait pu se sauver, et que la femme du concierge était sensible, et en avait un grand soin (1).

Les municipaux vinrent nous demander du linge pour ma mère, mais sans vouloir nous donner des nouvelles de sa santé. On nous ôta les morceaux de tapisserie qu'elle avait faits, et ceux auxquels nous travaillions, sous le prétexte qu'il pouvait y avoir dans ces ouvrages des caractères mystérieux et une manière particulière d'écrire.

Le 21 septembre, à une heure du matin, Hébert arriva avec plusieurs municipaux pour exécuter un arrêté de la commune, qui portait que nous serions resserrées beaucoup plus que nous ne l'avions été jusque-là; que nous n'aurions plus qu'une chambre; que Tison, qui faisait encore le gros ouvrage, serait mis en prison dans la tourelle; que nous serions réduites au simple nécessaire; que nous aurions un tour à notre porte d'entrée, par lequel on ferait passer nos alimens (2), et qu'enfin, excepté le porteur d'eau et de bois,

---

(1) La femme Richard.
(2) Turgy, dans ses fragmens historiques, montre comment

personne n'entrerait dans notre chambre. Le tour à la porte n'eut pas lieu, et les municipaux continuèrent d'entrer trois fois par jour pour faire soigneusement la visite des barreaux des fenêtres, des armoires et des commodes. Nous faisions nous-mêmes nos lits, et nous fûmes obligées de balayer la chambre, chose qui durait long-temps par le peu d'habitude que nous en avions dans le commencement. Nous n'eûmes plus personne pour nous servir. Hébert dit à ma tante que, dans la république française, l'égalité était la première des lois, et que, dans les prisons, les autres détenus n'ayant personne pour les servir, il allait nous ôter Tison.

Pour nous traiter avec plus de dureté, on nous priva de tout ce qui nous était commode, par exemple, du fauteuil dont se servait ma tante, et de mille autres choses; nous ne pûmes pas même

---

les augustes captives étaient traitées dans leur repas. Voici ce qu'il raconte :

« Ce jour-là, les commissaires du Temple nous firent monter le dîner de madame Royale comme à l'ordinaire, mais ils ne voulurent pas qu'on dressât leur table. Ils donnèrent à chacune des Princesses, une assiette dans laquelle ils mirent de la soupe avec un morceau de bœuf, et à côté un morceau de gros pain : ils leur remirent une cuillère d'étain, une fourchette de fer, et un couteau à manche de bois noir ; puis une bouteille de vin de cabaret. Les commissaires se firent ensuite servir le dîner préparé pour les augustes prisonnières. »

(*Note des nouveaux éditeurs.*)

avoir ce qui était nécessaire. Quand nos repas arrivaient, on fermait brusquement la porte pour que nous ne vissions pas ceux qui nous les apportaient. Nous ne pûmes plus savoir aucune nouvelle, si ce n'est par les colporteurs, mais indistinctement, quoique nous écoutassions bien. On nous défendit de monter sur la tour, et on nous ôta nos grands draps, de peur que, malgré les barreaux, nous ne descendissions par les fenêtres; c'était là le prétexte. On nous rendit des draps sales et gros.

Je crois que c'est dans ce moment-là qu'a commencé le procès de la Reine. J'ai appris depuis sa mort qu'on avait voulu la sauver de la conciergerie, et que, par malheur, le projet n'avait pas réussi (1). On m'a assuré que les gendarmes qui la gardaient et la femme du concierge avaient été gagnés par quelqu'un de nos amis; qu'elle avait vu plusieurs personnes bien dévouées dans sa prison, entre autres un prêtre qui lui avait administré les sacremens qu'elle avait reçus avec une grande piété. L'occasion de se sauver manqua une fois, parce qu'on lui avait recommandé de parler à la seconde garde, et que par erreur elle parla à la

---

(1) Nous plaçons dans les Éclaircissemens les détails très-intéressans que donne M. Huë sur la tentative de M. de Rougeville, et nous recommandons au lecteur ceux que fournissent les mémoires de M. de Goguelat sur le dévouement de M. de Jarjayes (S).

(*Note des nouveaux éditeurs.*)

première. Une autre fois elle était hors de sa chambre, et avait déja passé le corridor, quand un gendarme s'opposa à son départ, quoiqu'il fût gagné, et l'obligea à rentrer chez elle, ce qui fit échouer l'entreprise. Beaucoup de monde s'intéressait à ma mère; en effet, à moins d'être de ces monstres de la plus vile espèce, comme, hélas! il s'en est trouvé, il était impossible de l'approcher et de la voir quelques instans, sans être pénétré de respect, tant sa bonté tempérait ce que la dignité de son maintien avait d'imposant. Nous ne connûmes aucun de ces détails dans le temps; nous sûmes seulement que ma mère avait vu un chevalier de Saint-Louis, qui lui avait donné un œillet dans lequel était un billet; mais comme nous fûmes resserrées, nous ne pûmes pas en connaître la suite (1).

Tous les jours nous étions visitées et fouillées par les municipaux; le 4 septembre ils arrivèrent à quatre heures du matin pour faire une visite complète, et ôter l'argenterie et la porcelaine. Ils emportèrent ce qu'il en restait chez nous, et, n'ayant pu en trouver le compte, ils eurent l'indignité de nous accuser d'en avoir volé, tandis que c'étaient leurs collègues qui l'avaient cachée. Ils trouvèrent derrière les tiroirs de la commode de ma tante un rouleau de louis; ils s'en emparèrent

---

(1) C'était M. de Rougeville.

sur-le-champ avec une avidité extraordinaire. Ils interrogèrent soigneusement ma tante, pour savoir qui lui avait donné cet or, depuis quand elle l'avait, et pour qui elle l'avait conservé. Elle répondit que c'était madame la princesse de Lamballe qui le lui avait donné après le 10 août, et que, malgré les fouilles, elle l'avait toujours conservé. Ils lui demandèrent encore qui l'avait donné à madame de Lamballe; ma tante dit qu'elle n'en savait rien. Effectivement les femmes de madame la princesse de Lamballe avaient trouvé moyen de lui faire passer de l'argent au Temple, et elle l'avait partagé avec mes parens. Ils m'interrogèrent aussi, me demandèrent mon nom comme si ils ne le savaient pas, et me firent signer le procès-verbal.

Le 8 octobre à midi, comme nous étions occupées à faire nos chambres et à nous habiller, arrivèrent Pache, Chaumette et David, membres de la Convention, avec plusieurs municipaux. Ma tante n'ouvrit que quand elle fut habillée. Pache, se tournant vers moi, me pria de descendre. Ma tante voulut me suivre; on le lui refusa. Elle demanda si je remonterais; Chaumette l'en assura, en disant: *Vous pouvez compter sur la parole d'un bon républicain; elle remontera.* J'embrassai ma tante qui était toute tremblante, et je descendis. J'étais très-embarrassée : c'était la première fois que je me trouvais seule avec des hommes; j'ignorais ce qu'ils me voulaient; mais je me recommandai à

Dieu. Chaumette, dans l'escalier, voulut me faire des politesses; je ne lui répondis pas. Arrivée chez mon frère, je l'embrassai tendrement; mais on l'arracha de mes bras, en me disant de passer dans l'autre chambre. Chaumette me fit asseoir; il se plaça en face de moi. Un municipal prit la plume, et Chaumette me demanda mon nom. Ce fut alors Hébert qui m'interrogea; il commença ainsi : « Dites la vérité. Cela ne regarde ni vous ni vos parens. — Cela ne regarde pas ma mère? — Non, mais des personnes qui n'ont pas fait leur devoir. Connaissez-vous les citoyens Toulan, Lepitre, Breno, Brugnot, Merle, Michonis? — Non. — Comment, vous ne les connaissez pas? — Non, monsieur. — Cela est faux, surtout pour Toulan, ce petit jeune homme qui venait souvent pour le service du Temple. — Je ne le connais pas plus que les autres. — Vous souvenez-vous d'un jour où vous êtes restée seule dans la tourelle avec votre frère? — Oui. — Vos parens vous y avaient envoyés pour parler plus à leur aise avec ces gens-là? — Non, monsieur; mais pour nous accoutumer au froid. — Que fîtes-vous dans cette tourelle? — Nous parlions, nous jouions. — Et, en sortant, vous êtes-vous aperçue de ce qu'ils portaient à vos parens? — Je ne m'en suis pas aperçue. » Chaumette m'interrogea ensuite sur mille vilaines choses dont on accusait ma mère et ma tante. Je fut atterée par une telle horreur, et si indignée, que, malgré toute la peur que j'éprouvais, je ne pus m'empêcher de dire que c'était une infamie. Malgré mes larmes, ils insistèrent beaucoup. Il y a des choses que je n'ai pas comprises, mais ce que je comprenais était si horrible, que je pleurais d'indignation. Il m'interrogea ensuite sur Varennes, et me fit beaucoup de questions auxquelles je répondis le mieux que je pus, sans compromettre personne. J'avais toujours entendu dire à mes parens qu'il valait mieux mourir que de compromettre qui que ce soit. Enfin, mon interrogatoire finit à trois heures : il avait commencé à midi. Je demandai avec chaleur à Chaumette à être réunie à ma mère, lui disant avec vérité que je l'avais demandé plus de mille fois à ma tante. « Je n'y puis rien, me dit-il. — Quoi! monsieur, vous ne pouvez pas l'obtenir du conseil général ? — Je n'y ai aucune autorité. » Il me fit ensuite reconduire chez moi par trois municipaux, en me recommandant de ne rien dire à ma tante qu'on allait aussi faire descendre. En arrivant, je me jetai dans ses bras ; mais on nous sépara, et on lui dit de descendre. On lui fit les mêmes questions qu'à moi sur les personnes qu'on m'avait nommées. Elle dit qu'elle connaissait de nom et de visage les municipaux et autres qu'on lui nommait, mais que nous n'avions eu aucun rapport avec eux. Elle nia toutes correspondances au dehors, et répondit avec encore plus de mépris aux vilaines choses sur lesquelles on l'interrogea. Elle remonta à quatre heures. Son interrogatoire n'avait duré qu'une heure, et le mien trois : c'est que les députés virent qu'ils ne pouvaient pas l'intimider, comme ils avaient espéré faire d'une personne de mon âge ; mais la vie que je menais depuis quatre ans, et l'exemple de mes parens, m'avaient donné plus de force d'âme.

Chaumette nous avait assuré que cela ne regardait ni ma mère, ni nous, et qu'on ne la jugerait pas. Hélas ! il nous avait trompées, car on l'interrogea et la jugea peu de temps après. Je ne connais pas bien les circonstances de son procès que nous avions ignoré ainsi que sa mort ; je dirai seulement ce que j'en ai pu découvrir depuis. Elle eut deux défenseurs, MM. Du-Coudray et Chauveau-Lagarde. On fit paraître devant elle beaucoup de personnes, parmi lesquelles, hélas ! il s'en trouvait plusieurs bien estimables, et d'autres qui ne l'étaient pas. Simon et Mathieu, guichetier du Temple, y comparurent. Je pense à ce qu'à dû souffrir ma mère, quand elle a vu paraître ceux qu'elle savait nous approcher. On fit venir au tribunal le médecin Brunier. On lui demanda s'il connaissait ma mère. « Oui. — Depuis quand ? — Depuis 1788, que la Reine m'a confié la santé de ses enfans. — Quand vous alliez au Temple, avez-vous procuré aux détenus des correspondances au dehors ?— Non. » Ma mère reprit alors : *Le médecin Brunier, comme vous le savez, n'est jamais venu au Temple qu'accompagné d'un municipal, et ne nous a parlé qu'en sa présence.* Enfin, chose inouïe ! l'interrogatoire de ma mère avait duré trois jours et trois nuits sans discontinuer. On lui parla de toutes les choses indignes sur lesquelles Chaumette nous avait interrogées, et dont l'idée même ne peut venir qu'à de pareilles gens. *J'en appelle à toutes les mères !* est la réponse qu'elle fit à cette infâme accusation. Le peuple en fut attendri. Les juges effrayés, craignant que sa fermeté, sa dignité et son courage n'inspirassent de l'intérêt, se hâtèrent de la condamner à mort. Ma mère entendit cette sentence avec beaucoup de calme. On lui donna un prêtre jureur pour ses derniers momens. Quelque chose qu'il lui dit, après l'avoir refusé avec douceur, elle ne l'écouta plus, et ne voulut pas se servir de son ministère. Elle se mit à genoux, pria Dieu toute seule pendant long-temps, toussa un peu, se coucha ensuite, et dormit quelques heures. Le lendemain, sachant que le curé de Sainte-Marguerite était en prison en face d'elle, elle s'approcha de sa fenêtre, regarda la sienne, et se mit à genoux. On m'a dit qu'il lui avait donné l'absolution ou sa bénédiction. Enfin, ayant fait le sacrifice de sa vie, elle alla à la mort avec courage, au milieu des juremens qu'un malheureux peuple égaré proférait contre elle. Son courage ne l'abandonna pas sur la charrette, ni sur l'échafaud. Elle en montra autant à sa mort que pendant sa vie.

Ainsi mourut, le 16 octobre 1793, Marie-Antoinette-Jeanne-Josephe de Lorraine, fille d'un empereur, et femme d'un roi de France. Elle était âgée de trente-sept ans et onze mois, et avait été vingt-trois ans en France. Elle mourut huit mois après son mari, Louis XVI (1).

Nous ignorions, ma tante et moi, la mort de ma mère, quoique nous eussions entendu crier sa condamnation par un colporteur; l'espérance, si naturelle aux malheureux, nous fit penser qu'on l'avait sauvée.

Nous nous refusions à croire à un abandon général; au reste, je ne sais pas encore comment les choses se sont passées au dehors, ni si, moi-même, je sortirai jamais de cette prison, quoiqu'on m'en donne l'espérance.

Il y avait des instants où, malgré notre espoir dans les puissances, nous avions de vives inquiétudes pour ma mère, en voyant la rage de ce malheureux peuple contre nous tous. Je suis restée dans ce cruel doute pendant un an et demi; alors seulement j'ai appris mon malheur, et la mort de ma respectable mère.

---

(1) *Récit exact des derniers momens de captivité de la Reine, depuis le 11 septembre 1793, jusqu'au 16 octobre suivant. Par la dame Bault, veuve de son dernier concierge.* Tel est le titre d'un petit écrit que fit paraître en 1817, une femme qui, pendant le séjour de la Reine à la conciergerie, vivement touchée de ses maux, montra pour les adoucir, autant de sensibilité que de courage. On trouvera parmi les pièces historiques (T), ces détails qui réunissent le double mérite de l'intérêt et de la vérité.

(*Note des nouveaux éditeurs.*)

Nous apprîmes par les colporteurs la mort du duc d'Orléans : ce fut la seule nouvelle qui nous parvint durant l'hiver. Cependant les fouilles recommencèrent, et l'on nous traita avec beaucoup de dureté. Ma tante, qui, depuis la révolution, avait un cautère au bras, eut beaucoup de peine d'obtenir ce qui était nécessaire pour le soigner; on le lui refusa long-temps; enfin, un jour, un municipal remontra l'inhumanité de ce procédé, et envoya chercher de l'onguent. On me priva aussi des moyens de faire des jus-d'herbes que ma tante me faisait prendre le matin pour ma santé. N'ayant plus de poissons, elle demanda des œufs ou d'autres plats pour les jours maigres; on les lui refusa, en disant que pour l'égalité, il n'y avait pas de différence dans les jours; qu'il n'y avait plus de semaines, mais des décades. On nous apporta un nouvel almanach; nous n'y regardâmes pas. Un autre jour que ma tante demanda encore du maigre, on lui répondit : Mais, citoyenne, tu ne sais donc pas ce qui se passe : il n'y a plus que des sots qui croient à tout cela. Elle ne fit plus aucune demande (1). On continua les fouilles, particulièrement au mois de novembre. Il fut ordonné de nous fouiller tous les jours trois

---

(1) On fit alors à la commune la proposition de réduire les dépenses déjà si insuffisantes du Temple. Voici l'arrêté qu'elle prit :

fois (1). Il y en eut une qui dura depuis quatre heures jusqu'à huit heures et demie du soir. Les quatre municipaux qui la firent étaient tout-à-fait ivres. On ne peut se faire une idée de leurs propos,

---

Extrait du registre n°. XXIII, p. 13,723.

Séance du septidi, 7 nivose an II.

« Un membre lit un projet d'économie sur le service du Temple, envoyé par l'économe du Temple. Il y est question surtout de diminuer la dépense de la bouche; on y propose l'ouverture d'une porte; un membre demande qu'une commission soit nommée pour examiner tous ces détails; un autre croit qu'il ne faut rien retrancher à la garde militaire, de peur qu'il n'arrive quelque événement, il pense d'ailleurs qu'il n'y a plus de réforme à faire dans le Temple, et qu'on n'y jouit que du simple nécessaire. Le conseil, sur sa proposition, passe à l'ordre du jour sur le mémoire présenté, et arrête que l'économe du Temple enverra au comité des finances l'état des dépenses actuelles qui se font au Temple. »

(*Note des nouveaux éditeurs.*)

(1) La commune elle-même parut lasse de cette surveillance, comme on le voit par cet arrêté :

Livre XXII, n°. 13,378.

Séance du primidi frimaire, 1re. décade an 2.

« Le conseil général arrête que, le quintidi prochain, il se transportera en masse à la Convention pour lui demander à être déchargé de la garde du Temple, et que les prisonniers qui y sont détenus, soient transférés dans les prisons ordinaires, et charge Legrand de faire une pétition à ce sujet. »

(*Note des nouveaux éditeurs.*)

de leurs injures, de leurs juremens, pendant quatre heures. Ils nous emportèrent des bagatelles, comme nos chapeaux, des cartes avec des rois, et des livres où il y avait des armes (1); cependant ils laissèrent les livres de religion, après avoir pro-

---

(1) En même temps, on refusait aux Princesses la consolation d'obtenir les objets même les moins importans. On en jugera par ces deux arrêtés de la commune :

Extrait du registre des délibérations du conseil général, n°. XXIV, page 13,857.

Séance du 24 pluviôse an 2.

« Un administrateur de police de service hier, dépose sur le bureau un dé d'or qui lui a été remis par Élisabeth, pour en recevoir un autre de telle nature qu'il plaise au conseil, en observant que celui qu'elle remet est percé. »

« Le conseil donne acte au citoyen administrateur du dépôt qu'il a fait, et arrête qu'il sera donné un autre dé en cuivre ou en ivoire, et que le dé d'or sera vendu au profit des indigens. »

Séance du 8 germinal an 2.

« Le secrétaire greffier annonce au conseil qu'en exécution d'un de ses précédens arrêtés, il a acheté deux dés en ivoire pour les prisonniers du Temple; il ajoute que demain il portera à la Monnaie le dé d'or pour le prix en être distribué par les ordres du conseil. »

« Le conseil général donne acte au secrétaire greffier de la déclaration. »

(*Notes des nouveaux éditeurs.*)

féré mille impuretés et mille sottises. Simon nous accusa de faire de faux assignats (1), et d'avoir des correspondances au dehors (2). Il prétendait que nous avions communiqué avec mon père pendant son procès. Il en fit la déclaration au nom de mon

---

(1) Simon n'obtenait pas non plus tout ce qu'il souhaitait. En voici un exemple dans cet arrêté :

Extrait du registre n°. XXI, page 17,723.

« Au nom des membres du conseil de service hier au Temple, il est dit, qu'ils avaient accordé au citoyen Simon et à sa femme une carte pour se promener dans les cours et jardins, accompagnés d'un membre du conseil, à la charge par chacun d'eux de la rendre lorsqu'ils rentreraient dans la tour; ils s'empressent de soumettre leur arrêté au conseil pour obtenir son approbation.

« Le conseil passe à l'ordre du jour motivé sur son précédent arrêté qui ordonne que Simon n'aura pas de carte, et arrête que le présent sera envoyé dans le plus court délai à la commission du Temple. »

(2) L'arrêté suivant prouve la surveillance rigoureuse qu'on exerçait à cet égard :

Extrait du registre XXIV, page 13,996.

Séance du 29 ventôse an 2.

« Le secrétaire greffier donne lecture d'un procès verbal du conseil du Temple, qui annonce qu'il a été arrêté un citoyen de garde traçant sur un papier un plan de la tour du Temple, et que ce citoyen a été conduit à la police ; le conseil applaudit à la conduite de ses commissaires au Temple et en arrête mention au procès-verbal. »

(*Note des nouveaux éditeurs.*)

pauvre petit frère qu'il avait forcé de signer. Le bruit qu'il disait être celui de la fausse monnaie qu'il nous accusait de faire, ma tante et moi, était celui de notre tric-trac, parce que, voulant me distraire un peu, elle eut la bonté de m'apprendre ce jeu. Nous y jouions le soir, pendant l'hiver qui se passa assez tranquillement, malgré les inquisitions, les visites, et les fouilles. On nous donna du bois qu'on nous avait d'abord refusé.

Le 19 janvier, nous entendîmes chez mon frère un grand bruit qui nous fit conjecturer qu'il s'en allait du Temple, et nous en fûmes convaincues quand, regardant par le trou de la serrure, nous vîmes emporter des paquets. Les jours d'après nous entendîmes ouvrir la porte, et marcher dans la chambre, et nous restâmes toujours persuadées qu'il était parti. Nous crûmes qu'on avait mis en bas quelque personnage considérable; mais j'ai su depuis que c'était Simon qui était parti : forcé d'opter entre la place de municipal et celle de gardien de mon frère, il avait préféré la première. J'ai su aussi qu'on avait eu la cruauté de laisser mon pauvre frère seul; barbarie inouïe, et qui n'a sûrement jamais eu d'exemple, d'abandonner ainsi un malheureux enfant de huit ans, déjà malade, et de le tenir enfermé dans sa chambre sous clef et verrous, sans autre secours qu'une mauvaise sonnette qu'il ne tirait jamais, tant il avait frayeur des gens qu'il aurait appelés, et aimant mieux manquer de tout que de demander la moindre chose à ses persécuteurs. Il était dans un lit qu'on n'avait pas remué pendant plus de six mois, et qu'il n'avait plus la force de faire ; les puces et les punaises le couvraient, son linge et et sa personne en étaient pleins. On ne l'a pas changé de chemise et de bas pendant plus d'un an ; ses ordures restaient aussi dans sa chambre, jamais personne ne les a emportées pendant tout ce temps. Sa fenêtre, fermée au cadenas avec des barreaux, n'était jamais ouverte, et l'on ne pouvait tenir dans sa chambre à cause de l'odeur infecte. Il est vrai que mon frère se négligeait ; il aurait pu avoir un peu plus de soin de sa personne, et se laver au moins, puisqu'on lui mettait une cruche d'eau ; mais ce malheureux enfant mourait de peur : il ne demandait jamais rien, tant Simon et les autres gardiens le faisaient trembler. Il passait la journée à ne rien faire : on ne lui donnait point de lumière ; cet état faisait beaucoup de mal à son moral et à son physique. Il n'est pas étonnant qu'il soit tombé dans un marasme effrayant ; le temps qu'il a été en bonne santé et qu'il a résisté à tant de cruautés prouve sa forte constitution.

On nous tutoya beaucoup pendant l'hiver : nous méprisions toutes les vexations, mais ce dernier degré de grossièreté faisait toujours rougir ma tante et moi.

Elle fit son carême entier, quoique privée d'alimens maigres; elle ne déjeunait pas; elle prenait à dîner une écuelle de café au lait (c'était son déjeuner qu'elle gardait), et le soir elle ne mangeait que du pain (1). Elle m'ordonnait de

---

(1) Cet arrêté de la commune achèvera de faire connaître les privations qu'on s'étudiait à imposer aux deux Princesses :

Registre, n°. XXIII, page 13,825.

Séance du 19 pluviôse an 2.

« Le conseil du Temple fait part que le citoyen Langlois a apporté une bouteille, du contenu d'environ un demi-setier, scellée d'un cachet formé de plusieurs lettres que nous n'avons pu distinguer, et sur laquelle était une inscription portant ces mots : « Bouillon pour *Marie-Thérèse*. » Ayant interpellé ledit Langlois de dire de quel ordre il apportait ces bouillons, a dit que, depuis environ quatre à cinq mois, il avait toujours continué d'en apporter sans empêchement.

» Le conseil du Temple, considérant qu'aucun officier de santé n'ayant ordonné les bouillons mentionnés ci-dessus, et la fille Capet et sa tante jouissant d'une santé parfaite, ainsi que s'en est assuré le conseil ce jourd'hui;

» Considérant que ce ne peut être que par une espèce d'habitude, et sans aucun besoin, que l'usage de ces bouillons a été conservé et qu'il est en même temps de l'intérêt de la république, ainsi que du devoir des magistrats, d'arrêter tout espèce d'abus à l'instant qu'ils viennent à leur connaissance;

» Arrête qu'à compter de ce jour l'usage de tout remède par qui que ce soit, cessera, jusqu'à ce qu'il en ait été référé au conseil général de la commune pour être statué par lui définitivement ce qu'il appartiendra.

» Le conseil adopte l'arrêté du conseil du Temple dans tout son contenu. »   (*Note des nouveaux éditeurs.*)

manger ce qu'on m'apportait, n'ayant pas l'âge porté pour faire abstinence; mais pour elle rien n'était plus édifiant : depuis le temps où on lui avait refusé du maigre, elle n'avait pas pour cela interrompu les devoirs prescrits par la religion. Au commencement du printemps on nous ôta la chandelle, et nous nous couchions lorsqu'on n'y voyait plus.

Jusqu'au 9 mai, il ne se passa rien de remarquable. Ce jour-là, au moment où nous allions nous mettre au lit, on ouvrit les verrous et on vint frapper à notre porte. Ma tante dit qu'elle passait sa robe; on lui répondit que cela ne pouvait pas être si long, et on frappa si fort, qu'on pensa enfoncer la porte. Elle ouvrit quand elle fut habillée. On lui dit : « Citoyenne, veux-tu bien descendre ? — Et ma nièce ? — On s'en occupera après. » Ma tante m'embrassa et me dit de me calmer, qu'elle allait remonter. « Non, citoyenne, tu ne remonteras pas, lui dit-on; prends ton bonnet et descends. » On l'accabla alors d'injures et de grossièretés; elle les souffrit avec patience, prit son bonnet, m'embrassa encore, et me dit d'avoir du courage et de la fermeté, d'espérer toujours en Dieu, de me servir des bons principes de religion que mes parens m'avaient donnés, et de ne point manquer aux dernières recommandations de mon père et de ma mère. Elle sortit : arrivée en bas, on lui demanda ses poches, où il n'y avait rien; cela dura long-temps, parce que les municipaux firent un procès-verbal pour se décharger de sa personne. Enfin, après mille injures, elle partit avec l'huissier du tribunal, monta dans un fiacre, et arriva à la conciergerie où elle passa la nuit. Le lendemain, on lui fit trois questions : « Ton nom ?—*Élisabeth de France.* —Où étais-tu le 10 août ? — *Au château des Tuileries, auprès du Roi mon frère.* — Qu'as-tu fait de tes diamans ? — *Je ne sais pas. Au reste toutes ces questions sont inutiles : vous voulez ma mort; j'ai fait à Dieu le sacrifice de ma vie, et je suis prête à mourir; heureuse d'aller rejoindre mes respectables parens que j'ai tant aimés sur la terre.* On la condamna à mort »

Elle se fit conduire dans la chambre de ceux qui devaient périr avec elle : elle les exhorta tous à la mort avec une présence d'esprit, une élévation et une onction qui les fortifia tous. Sur la charrette elle eut toujours le même calme, et encouragea les femmes qui étaient avec elle. Arrivée au pied de l'échafaud, on eut la cruauté de la faire périr la dernière. Toutes les femmes, en descendant de la charrette, lui demandèrent la permission de l'embrasser; ce qu'elle fit en les encourageant avec sa bonté ordinaire. Ses forces ne l'abandonnèrent pas jusqu'au dernier moment qu'elle souffrit avec une résignation toute pleine de religion.

Son âme fut séparée de son corps pour aller jouir du bonheur dans le sein d'un Dieu qu'elle avait beaucoup aimé.

Marie-Philippine-Élisabeth-Hélène, sœur du

Roi Louis XVI, mourut le 10 mai 1794, âgée de trente ans, après avoir toujours été un modèle de vertus. Depuis l'âge de quinze ans, elle s'était donnée à Dieu, et ne songeait qu'à son salut. Depuis 1790, que j'ai été plus en état de l'apprécier, je n'ai vu en elle que religion, amour de Dieu, horreur du péché, douceur, piété, modestie, et grand attachement à sa famille pour qui elle a sacrifié sa vie, n'ayant jamais voulu quitter le Roi et la Reine. Enfin ce fut une Princesse digne du sang dont elle sortait. Je n'en puis dire assez de bien pour les bontés qu'elle a eues pour moi, et qui n'ont fini qu'avec sa vie. Elle me regarda et me soigna comme sa fille; et moi je l'honorai comme une seconde mère; je lui en ai voué tous les sentimens. On disait que nous nous ressemblions beaucoup de figure : je sens que j'ai de son caractère; puissé-je avoir toutes ses vertus, et l'aller rejoindre un jour, ainsi que mon père et ma mère dans le sein de Dieu, où je ne doute pas qu'ils ne jouissent du prix d'une mort qui leur a été si méritoire!

Je restai dans une grande désolation quand je me vis séparée de ma tante; je ne savais ce qu'elle étaient devenue, et on ne voulut pas me le dire. Je passai une bien cruelle nuit, et cependant, quoique je fusse très-inquiète sur son sort, j'étais loin de croire que j'allais la perdre dans quelques heures. Quelquefois je me persuadais qu'on la conduisait hors de France; mais, quand je me rappelais la manière dont on l'avait emmenée, toutes mes craintes renaissaient. Le lendemain, je demandai aux municipaux ce qu'elle était devenue : ils me dirent qu'elle avait été prendre l'air ; je renouvelai la demande d'être réunie à ma mère, puisque j'étais séparée de ma tante ; ils me répondirent qu'ils en parleraient. On vint ensuite m'apporter la clef de l'armoire où était le linge de ma tante; je demandai de le lui faire passer, parce qu'elle n'en avait point; on me dit qu'on ne le pouvait pas. Voyant que lorsque je demandais aux municipaux d'être réunie à ma mère et de savoir des nouvelles de ma tante, ils me répondaient toujours qu'ils en parleraient, et me souvenant que ma tante m'avait dit que si jamais je restais seule, mon devoir était de demander une femme, je le fis pour lui obéir, mais avec répugnance, bien sûre d'être refusée, ou de n'obtenir que quelque vilaine femme. En effet, quand je fis cette demande aux municipaux, ils me dirent que je n'en avais pas besoin. Ils redoublèrent de sévérité pour moi et m'ôtèrent les couteaux qui m'avaient été rendus, en me disant : « Citoyenne, dis-nous donc, as-tu beaucoup de couteaux ? — Non, messieurs, deux seulement. — Et dans ta toilette, tu n'en as pas, ni des ciseaux ?—Non, messieurs. » Une autre fois ils m'ôtèrent le briquet; ayant trouvé le poêle chaud, ils me dirent : « Peut-on savoir pourquoi tu as fait du feu ? — Pour mettre mes pieds dans l'eau. —

Avec quoi as-tu allumé le feu? — Avec le briquet. — Qui te l'a donné? — Je ne sais pas. — Provisoirement nous allons te l'ôter ; c'est pour ta santé, de peur que tu ne t'endormes, et ne te brûles auprès du feu. Tu n'as pas autre chose? — Non, messieurs.» Les visites et de pareilles scènes se renouvelaient souvent; mais, excepté lorsque j'étais interrogée positivement, je ne parlais jamais, ni à ceux qui m'apportaient à manger. Il vint un jour un homme, je crois que c'était Robespierre ; les municipaux avaient beaucoup de respect pour lui. Sa visite fut un secret pour les gens de la tour, qui ne surent pas qui il était, ou qui ne voulurent pas me le dire. Il me regarda insolemment, jeta les yeux sur les livres, et, après avoir cherché avec les municipaux, il s'en alla. Les gardes étaient souvent ivres; cependant ils nous laissèrent tranquilles, mon frère et moi, dans nos appartemens, jusqu'au 9 thermidor.

Mon frère croupissait toujours dans la malpropreté; on n'entrait chez lui qu'aux heures des repas; on n'avait aucune pitié de ce malheureux enfant. Il ne se trouva qu'un seul garde, dont les manières plus honnêtes m'engagèrent à lui recommander mon pauvre frère. Il osa parler de la dureté qu'on avait pour lui ; mais il fut chassé le lendemain (1). Pour moi, je ne demandais que le

---

(1) Un membre du conseil fut chassé pour avoir plaint le sort du jeune prince. Voici l'arrêté :

simple nécessaire; souvent on me le refusait avec dureté. Mais au moins je me tenais propre; j'avais du savon et de l'eau. Je balayais la chambre tous les jours; j'avais fini à neuf heures, que les gardes entraient pour m'apporter à déjeuner. Je n'avais pas de lumière; mais dans les grands jours je souffrais moins de cette privation. On ne voulait plus me donner de livres : je n'en avais que de piété et des voyages que j'avais lus mille fois; j'avais aussi un tricot qui m'ennuyait beaucoup.

Tel était notre état, quand le 9 thermidor arriva; j'entendis battre la générale et sonner le tocsin; je fus très-inquiète. Les municipaux qui étaient au Temple ne bougèrent pas. Quand on m'apporta à dîner, je n'osai demander ce qui se passait; enfin, le 10 thermidor à six heures au matin, j'entendis un bruit affreux au Temple; la

---

Extrait du registre XXIV, page 14,109.

Séance du 7 germinal an 2.

« Un membre fait des inculpations très-graves contre Cressend, de la section de la Fraternité, membre du conseil, préposé pour aller au Temple; il dit que le citoyen Cressend s'est permis de plaindre le sort du petit Capet, et faisait un relevé de la liste des membres du conseil qui étaient de garde au Temple; après discussions, et sur la proposition de plusieurs membres, le conseil arrête que le citoyen Cressend est exclus du sein du conseil, et qu'il sera renvoyé à la police sur-le-champ avec les pièces à l'appui, et que les scellés seront apposés sur ses papiers.

(*Note des nouveaux éditeurs.*)

garde criait aux armes, le tambour rappelait, les portes s'ouvraient et se fermaient. Tout ce tapage était occasioné par une visite des membres de l'Assemblée nationale, qui venaient s'assurer si tout était tranquille. J'entendis les verrous de la porte de mon frère qu'on ouvrait; je me jetai hors de mon lit et j'étais habillée quand les membres de la Convention arrivèrent chez moi. Barras était du nombre; ils étaient en grand costume, ce qui m'étonna, n'étant pas accoutumée à les voir ainsi, et craignant toujours quelque chose. Barras me parla, m'appela par mon nom, et fut étonné de me trouver levée; on me dit encore plusieurs choses auxquelles je ne répondis pas. Ils partirent, et je les entendis haranguer les gardes sous les fenêtres, et leur recommander d'être fidèles à la Convention nationale. Il s'éleva mille cris de vive la république! vive la Convention! La garde fut doublée; les trois municipaux qui étaient au Temple y restèrent huit jours. A la fin du troisième jour, à neuf heures et demie, j'étais dans mon lit, n'ayant point de lumière, et ne dormant pas, tant j'avais d'inquiétude de ce qui se passait; on frappa à ma porte pour me montrer à Laurent, commissaire de la Convention, chargé de garder mon frère et moi. Je me levai; ces messieurs firent une grande visite, en montrant tout à Laurent, puis ils s'en allèrent.

Le lendemain, à dix heures, Laurent entra dans ma chambre; il me demanda avec politesse si je n'avais besoin de rien. Il entrait tous les jours trois fois chez moi, toujours avec honnêteté, et ne me tutoyait pas. Il ne fit jamais la visite des bureaux et commodes. La Convention envoya au bout de trois jours une députation pour constater l'état de mon frère ; elle en eut pitié, et ordonna qu'on le traitât mieux. Laurent fit descendre un lit qui était dans ma chambre, le sien était rempli de punaises ; il lui fit prendre des bains, et lui ôta la vermine dont il était couvert. Cependant on le laissa encore seul dans sa chambre. Je demandai bientôt à Laurent ce qui m'intéressait si vivement, c'est-à-dire des nouvelles de mes parens, dont j'ignorais la mort, et d'être réunie à ma mère. Il me répondit avec un air très-peiné que cela ne le regardait pas.

Le lendemain, vinrent des gens en écharpe, auxquels je fis les mêmes questions. Ils me répondirent aussi que cela ne les regardait pas, et qu'ils ne savaient pas pourquoi je demandais à n'être plus ici, parce qu'il leur paraissait que j'y étais très-bien. « Il est affreux, leur dis-je, d'être séparée de sa mère depuis plus d'un an, sans savoir de ses nouvelles, ainsi que de sa tante.—Vous n'êtes pas malade ? — Non, monsieur ; mais la plus cruelle maladie est celle du cœur. — Je vous dis que nous n'y pouvons rien ; je vous conseille de prendre patience, et d'espérer en la justice et la bonté des Français. » Je ne répondis plus rien. Je fus exposée le lendemain par l'explosion de

Grenelle, qui me fit grand'peur. Pendant tout ce temps-là, mon frère resta toujours seul. Laurent entrait chez lui trois fois par jour; mais, dans la crainte de se compromettre, il n'osait pas faire davantage, étant surveillé. Il avait plus de soin de moi; je n'ai eu qu'à me louer de ses manières pendant tout le temps qu'il a été de service. Il me demandait souvent si je n'avais besoin de rien, et me priait de lui dire ce que je voudrais, et de le sonner quand j'aurais besoin de quelque chose. Il me rendit un briquet et de la chandelle.

A la fin d'octobre, à une heure du matin, je dormais, lorsqu'on frappa à la porte; je me levai à la hâte, et j'ouvris, toute tremblante de frayeur. Je vis deux hommes du comité avec Laurent; ils me regardèrent, et sortirent sans rien dire.

Au commencement de novembre arrivèrent des commissaires civils, c'est-à-dire un homme de chaque section, qui venait passer vingt-quatre heures au Temple pour constater l'existence de mon frère. Dans les premiers jours de ce mois, il arriva un autre commissaire nommé Gomier pour rester avec Laurent. Il eut un soin extrême de mon frère. Depuis long-temps, on avait laissé ce malheureux enfant sans lumière; il mourait de peur. Gomier obtint qu'il en eût à la fin du jour; il passait même quelques heures auprès de lui pour l'amuser. Il s'aperçut bientôt que les genoux et les poignets de mon frère étaient enflés; il crut qu'il allait se nouer; il en parla au comité, et demanda qu'il descendît au jardin pour faire de l'exercice. Il le fit d'abord descendre de sa chambre dans le petit salon, ce qui plaisait beaucoup à mon frère, parce qu'il aimait à changer de lieu. Il reconnut bientôt les attentions de Gomier, en fut touché, et s'attacha à lui. Ce malheureux n'était accoutumé depuis long-temps qu'aux plus mauvais traitemens ; car je crois qu'il n'y a pas d'exemple de recherches d'une telle barbarie envers un enfant. Le 19 décembre, le comité général vint au Temple à cause de sa maladie. Cette députation vint aussi chez moi, mais on ne me dit rien. L'hiver se passa assez tranquillement. J'étais satisfaite de l'honnêteté de mes gardiens ; ils voulurent faire mon feu, et me donnèrent du bois à discrétion, ce qui me fit plaisir. Ils m'apportèrent aussi les livres que je demandais ; Laurent m'en avait déjà procuré. Mon plus grand malheur était de ne pouvoir obtenir d'eux des nouvelles de ma mère et de ma tante ; je n'osais pas leur en demander de mes oncles et de mes grand'tantes, mais j'y pensais sans cesse.

Pendant l'hiver, mon frère eut quelques accès de fièvre ; il était toujours auprès du feu. Laurent et Gomier l'engageaient à monter sur la tour pour prendre l'air ; mais il y était à peine qu'il voulait redescendre ; il ne voulait pas marcher, et encore moins monter : sa maladie empirait, et ses genoux enflaient beaucoup.

Laurent s'en alla, et on mit à sa place Loine,

brave homme, qui eut avec Gomier beaucoup de soin de mon frère (1).

Au commencement du printemps, ils m'engagèrent à monter sur la tour, ce que je fis. La maladie de mon frère empirait de jour en jour : ses forces diminuaient ; son esprit même se ressentait de la dureté qu'on avait si long-temps exercée envers lui, et s'affaiblissait insensiblement. Le comité de sûreté générale envoya pour le soigner le médecin Dessault ; il entreprit de le guérir, quoiqu'il reconnût que sa maladie était bien dangereuse. Dessault mourut ; on lui donna pour successeurs Dumangin et le chirurgien Pelletan. Ils ne conçurent aucune espérance. On lui fit prendre des médicamens qu'il avala avec beaucoup de peine. Heureusement sa maladie ne le faisait pas beaucoup souffrir ; c'était plutôt un abattement et un dépérissement que des douleurs vives. Il eut plusieurs crises fâcheuses ; la fièvre le prit, ses forces diminuaient chaque jour, et il expira sans agonie.

---

(1) Harmand de la Meuse, dans une brochure réimprimée en 1820, a rendu compte d'une visite qu'il fit au Temple vers les commencemens de 1795, comme commissaire, nommé par le comité de sûreté générale. Ce chapitre de son ouvrage renferme les particularités les plus touchantes. Nous joignons aux Éclaircissemens (U), ce morceau qui peint si bien la douloureuse situation du jeune Prince, et la noble résignation de l'auguste orpheline.

(*Note des nouveaux éditeurs.*)

Ainsi mourut le 9 juin 1795, à trois heures après midi, Louis XVII, âgé de dix ans et deux mois. Les commissaires le pleurèrent amèrement, tant il s'était fait aimer d'eux par ses qualités aimables. Il avait eu beaucoup d'esprit : mais la prison et les horreurs dont il a été la victime l'avaient bien changé; et même, s'il eût vécu, il est à craindre que son moral n'en eût été affecté.

Je ne crois pas qu'il ait été empoisonné, comme on l'a dit et comme on le dit encore; cela est faux d'après le témoignage des médecins qui ont ouvert son corps, où ils n'ont pas trouvé le moindre vestige de poison. Les drogues qu'il avait prises dans sa dernière maladie ont été décomposées, et se sont trouvées saines. Le seul poison qui ait abrégé ses jours, c'est la malpropreté jointe aux horribles traitemens, à la cruauté et aux duretés sans exemple qu'on a exercés envers lui.

Telles ont été la vie et la fin de mes vertueux parens, pendant leur séjour au Temple et dans les autres prisons.

Fait à la tour du Temple.

FIN DES MÉMOIRES SUR LE TEMPLE.

ÉCLAIRCISSEMENS

HISTORIQUES.

(A), page 3.

L'heure fatale prescrite par les sections factieuses était passée, et le décret de la déchéance du Roi n'avait pas été rendu. A minuit, le tocsin se fit entendre aux Cordeliers ; en peu d'instans il sonna dans tout Paris. On battit la générale dans tous les quartiers ; le bruit du canon se mêlait, par intervalles ; à celui des tambours. Les séditieux se rassemblèrent dans les sections ; les troupes de brigands accouraient de tous côtés. Des assassins, armés de poignards, n'attendaient que le moment de pénétrer dans la pièce qui renfermait la famille royale, et de l'exterminer. Les colonnes factieuses s'ébranlèrent, et se mirent en marche sans rencontrer d'obstacles : un officier municipal avait anéanti, de sa propre autorité, la plupart des dispositions de défense. Le Pont-Neuf, dégarni de troupes et de canons, laissait aux séditieux toute la facilité de marcher sur le château. Des pelotons de troupes, distribués dans le jardin, dans les cours et dans l'intérieur du palais, étaient alors la seule ressource ; encore n'avaient-ils, pour diriger leurs mouvemens, aucun chef expérimenté. Les officiers qui les commandaient, tirés de la bourgeoisie de Paris, et presque tous de professions étrangères au métier des armes, n'avaient point cette connaissance de la tactique ni cette résolution que demandaient les conjonctures.

Rentré dans sa chambre à coucher, le Roi profita, pour se recueillir, des momens de calme qui lui restaient encore. En paix avec lui-même, il semblait ne rien craindre de la rage des révoltés ; mais il était des précautions que le Roi devait à sa dignité. Il envoya un de ses ministres inviter de sa part le corps législatif à députer près de lui quelques-uns de ses membres, afin d'aviser, de concert, aux mesures à prendre. A cette demande du Roi, une discussion s'établit pour savoir si l'on enverrait une députation à Sa Majesté, ou si le Roi serait invité à se retirer avec sa famille au sein de l'Assemblée nationale. « La constitution, dit un député, laisse au Roi la faculté de venir quand il veut au milieu des représentans du peuple. » D'après l'observation de ce député, l'assemblée passa froidement à l'ordre du jour. Cette délibération fut la seule réponse que rapporta le ministre. . . . . Entre quatre et cinq heures du matin, la Reine et madame Élisabeth étaient dans le cabinet du conseil, l'un des chefs de la légion entra (1). « Voilà, dit-il aux deux princesses, voilà votre dernier jour : » Le peuple est le plus fort : quel carnage il y aura ! »

« Monsieur, répondit la Reine, sauvez le Roi, sauvez mes » enfans! » En même temps cette mère éplorée courut à la chambre de M. le Dauphin, je la suivis. Le jeune prince s'éveilla; ses regards et ses caresses mêlèrent quelque douceur aux sentimens douloureux de l'amour maternel. « Maman, dit le Dau- » phin en baisant les mains de la Reine, pourquoi feraient- » ils du mal à papa? Il est si bon !... »

A six heures, le Roi parut sur le balcon de l'une des premières salles, et jeta un regard sur les cours. Une acclamation universelle l'invitait à y descendre. Des serviteurs aussi intrépides que fidèles accompagnèrent le Roi et formèrent une chaîne autour de lui. Aussitôt que Sa Majesté parut, on battit aux

---

(1) M. de la Chenaye. Il a été massacré le 2 septembre 1792 dans une des prisons de Paris.

champs. Les cris de *vive le Roi!* s'élevèrent et se prolongèrent sous les voûtes du palais, dans les corridors, dans les cours et dans le jardin. Quelque espérance restait encore, mais lorsque ayant traversé une partie de la cour principale le Roi se trouva vis-à-vis de la grande porte du Carrousel, des forcenés l'aperçurent et crièrent avec l'accent de la fureur : *Vive Pétion! A bas le Roi! Vive la nation!* Le Roi passa dans le jardin : là, se firent entendre de semblables cris et de pareilles menaces. Frappé de ces derniers mots, *vive la nation*, le Roi répondit avec dignité : « Et moi aussi je dis *vive la nation*, son bon-
» heur a toujours été le premier de mes vœux. »

Les troupes destinées à défendre le château, le Roi les passa en revue ; il entra dans les rangs, son maintien décelait le chagrin qui l'oppressait, mais l'air de bonté, dont son visage portait habituellement l'empreinte, n'en étoit point altéré.....
« Eh bien! disait-il, on assure qu'ils viennent, que veulent-
» ils ? Je ne me séparerai pas des bons citoyens, ma cause est
» la leur. »

De toutes parts, sur le Carrousel, à la place Louis XV, sur le quai des Tuileries, les cris menaçans redoublaient et le tumulte augmentait. Les assaillans débouchèrent en plusieurs colonnes, traînant avec eux des canons et des munitions de guerre. La place du Carrousel se remplit de peuple. Le cri général était *Déchéance! Déchéance!* Les canons furent pointés sur les portes extérieures du château.

A cet instant, le procureur-général du département, qui avait suivi le Roi avec deux officiers municipaux, crut devoir haranguer les troupes placées dans l'intérieur des cours. Après avoir fait lecture de la loi, il poursuivit en ces termes : « A
» Dieu ne plaise que nous vous demandions de tremper vos
» mains dans le sang de vos frères! Ces canons sont là pour
» vous défendre et non pour attaquer ; mais au nom de la loi
» je requiers cette défense, je la requiers pour votre conser-
» vation propre, je la requiers pour la sûreté de cette mai-

» son devant laquelle vous êtes postés. Si l'on entreprend de
» vous forcer dans votre poste, la loi vous autorise de vous y
» maintenir par la force ; mais je le répète, votre rôle n'est
» point d'être assaillans, vous n'en avez point d'autre que la
» défensive. »

Une partie peu nombreuse de la garde nationale parut seule disposée à répondre aux réquisitions de Rœderer. Les canonniers, invités à promettre, en cas d'agression, une forte résistance, ôtèrent, pour toute réponse, la charge de leurs canons.

Dès sept heures du matin, le peuple s'était attroupé sur la place Vendôme et dans la cour des Feuillans : pour calmer son effervescence, un officier municipal harangua la multitude et l'engagea à se retirer. Cet acte de dévouement exposa l'officier municipal au plus grand danger : la multitude l'insulta et lui cria de descendre du tréteau sur lequel il était monté.

Théroigne de Méricourt (1) le remplaça. Cette fille, vêtue en amazone, portait l'uniforme national : un sabre pendait à sa ceinture. Ses yeux, ses gestes, ses paroles, tout en elle exprimait la fureur. Entre sept et huit heures, un officier municipal entra dans le cabinet du conseil où la famille royale était réunie : « Que veulent les séditieux ? lui dit avec vivacité un des ministres. — *La déchéance*, répondit le municipal. — Que l'Assemblée prononce donc, répliqua le minis-

---

(1) Théroigne de Méricourt, née dans un village des Ardennes, âgée alors d'environ trente ans, était une des nombreuses prostituées que nourrissait la capitale. Dans le premier mois de la révolution, elle tint chez elle un club où chaque jour se rendaient Barnave, Pétion et plusieurs autres députés. Mais bientôt le désir de propager la nouvelle doctrine la conduisit en Allemagne. Arrêtée dans le cours de sa mission, elle fut enfermée dans la forteresse de Kufstein dans le Tyrol ; l'empereur Léopold II lui rendit sa liberté ; elle revint à Paris prêcher avec un nouvel acharnement la révolte et le carnage

tre. — Mais, demanda la Reine, que deviendra le Roi? » L'officier municipal garda un morne silence et se retira.

Alors parut, à la tête du directoire du département, le procureur-général revêtu de son écharpe : « Tout est perdu, » me dit, les larmes aux yeux, un membre de cette députation. Le Roi s'était retiré dans sa chambre à coucher : sa famille l'entourait. Rœderer ayant à parler au Roi, je l'introduisis. « Le danger, dit-il à Sa Majesté, » est au-dessus de toute expression; la défense est impos- » sible. Dans la garde nationale, il n'est qu'un petit nom- » bre sur qui l'on puisse compter : le reste, intimidé ou » corrompu, se réunira, dès le premier choc, aux assaillans. » Réfugiez-vous promptement au sein du corps-législatif. Les » jours de Votre Majesté, ceux de la famille royale, ne peu- » vent être en sûreté qu'au milieu des représentans du peu- » ple. Sortez de ce palais : il n'y a pas un instant à perdre. » Le Roi différait de prononcer : la Reine témoignait la plus grande répugnance à se rendre auprès de l'Assemblée nationale.

Quelques instans auparavant, Sa Majesté avait dit à deux gentilshommes qu'elle honorait de sa confiance : « Oui, j'ai- » merais mieux me faire clouer aux murs du château, que de » nous réfugier à l'Assemblée. — « Quoi, Monsieur, dit la » Reine à Rœderer, sommes-nous totalement abandonnés? » Personne n'agirait-il en notre faveur? — Madame, je le ré- » pète, la résistance est impossible. Voulez-vous donc vous » rendre responsable du massacre du Roi, de vos enfans, de » vous-même ; en un mot, des fidèles serviteurs qui vous en- » vironnent? — « A Dieu ne plaise, répondit la Reine. Que » ne puis-je au contraire être la seule victime! »

Pressé par ces considérations, le Roi, surmontant son ex- trême répugnance, consentit à se réfugier à l'Assemblée. « Donnons, dit-il, cette dernière marque de notre amour pour le peuple. » A l'instant, Sa Majesté ordonna que les por- tes du château fussent ouvertes, et qu'on s'abstînt de toute hostilité. Louis XVI a donc quitté le palais des rois! il l'a quitté pour jamais! Et dans quel lieu alla-t-il chercher la sûreté! Quelques serviteurs fidèles entourèrent la famille royale.

Sa Majesté se flattait encore de voir les rassemblemens des sections se déclarer pour elle. A sa sortie du château, on lui rapporta que, dans la plupart, les gens qui pensaient le mieux se retiraient pour aller garder leurs maisons et leurs familles; que partout les Jacobins avaient pris un tel ascendant, qu'ils forçaient les partisans même de la cause du Roi de se joindre à eux pour le combattre.

En traversant la terrasse des Feuillans, la famille royale fut insultée par la populace : A bas le tyran! La mort! la mort! criait-elle avec fureur.

Le Roi arriva enfin à la salle de l'Assemblée. Il monta à l'estrade du président; et, debout devant lui, il dit : « Je » suis venu ici pour éviter un grand crime; et je pense que » je ne saurais être plus en sûreté qu'au milieu de vous, » Messieurs.—Vous pouvez, Sire, répondit le président (Ver- » gniaud), compter sur la fermeté de l'Assemblée nationale; » ses membres ont juré de mourir en soutenant les droits du » peuple et les autorités constituées. » La Reine, Monsieur le Dauphin, Madame Royale, et Madame Élisabeth, parvenus avec peine à la salle des séances, avaient pris place sur le banc des ministres. Quelques momens après, le Roi et sa famille furent conduits dans une loge destinée au rédacteur du journal intitulé le Logographe. La princesse de Lamballe et la marquise de Tourzel y entrèrent avec eux. Là, vinrent les rejoindre une partie de ceux qui n'avaient pu les suivre. Des gentilshommes, en habits de gardes nationaux, se mirent en faction à la porte du Logographe.

Le plus grand nombre des personnes de la cour et du service était resté au château. Après le départ de la famille royale, la princesse de Tarente, la marquise de la Roche-Aimon, dames du palais de la Reine, et mademoiselle de

Tourzel se réfugièrent dans la chambre à coucher du Roi ; on y remarquait les dames Thibaut, Neuville, Brunier, Navarre, Bazile, ainsi que plusieurs autres personnes dont nous n'avons pu conserver les noms. Toutes, en ce moment, faisaient preuve d'un courage proportionné à la grandeur du danger.

A neuf heures, un coup de mousquet tiré de la cour sur le château, fit voler quelques éclats de pierre. Soit par une suite naturelle de la provocation du dehors, soit par le fait de gens que les factieux avaient apostés dans le palais même, pour répondre à la première agression, on riposta de l'intérieur du château par plusieurs coups de fusil. Aussitôt partit, de la place du Carrousel, une décharge de canons ; mais elle fut ajustée avec tant de maladresse ou de précipitation que, malgré le peu de distance, les boulets ne frappèrent que l'extrémité des toits. Ainsi s'engagea ce combat dont les suites furent si funestes.

Au bruit de cette décharge, que le Roi pouvait croire être partie du château, l'indignation se peignit sur son visage : « J'ai défendu de tirer, » s'écria-t-il. Cette défense, écrite de la main du Roi, avait été remise à un officier suisse (le baron de Durler) : à l'instant, un second ordre fut expédié. Le Roi enjoignait aux Suisses d'évacuer le château, et à leurs chefs de se rendre auprès de lui. Un courrier alla en toute diligence au devant d'une division de Gardes Suisses qui venait de Courbevoie, et lui apporta l'ordre de rétrograder. En même temps, la Reine chargea un gentilhomme de rallier quelques gardes nationaux de bonne volonté, de courir avec eux au château et de délivrer les dames et autres personnes qui y étaient enfermées. Aucun garde national ne voulut partager l'honneur de cette périlleuse commission.

Aux premiers coups tirés du château, les assaillans effrayés se dispersèrent ; ils se précipitèrent par la porte Royale, dans la place du Carrousel ; les canonniers abandonnèrent leurs pièces, en un moment les cours furent évacuées ; le pavé fut couvert de fusils, de piques, de bonnets de grenadiers, d'armes de toutes espèces. Mais les fuyards, voyant que la force armée était peu nombreuse, qu'il y avait même de la division parmi la garde nationale et qu'on ne les poursuivait pas, reprirent bientôt courage et revinrent à la charge. Le canon tonna à coups redoublés ; le feu éclata dans les bâtimens qui fermaient et séparaient les cours du palais ; de toutes parts retentissaient l'explosion de la mousqueterie et le choc des armes. Enfin la populace fondit, avec tout l'avantage de sa masse, sur les entrées du château : elle y pénétra ; elle y porta le carnage. Les corridors, les appartemens, les moindres réduits furent arrosés de sang et encombrés de cadavres. La cruauté des assassins épuisa sur leurs victimes tous les genres de tortures

La populace, toujours atroce quand elle triomphe, fit à peine grâce à quelques-uns des habitans ou employés du château.

La mort frappait de toutes parts. Un grand nombre de soldats suisses, traînés à la place de Grève, y furent égorgés : on égorgea, dans leurs loges, les Suisses des portes.

La plume se refuse à décrire les outrages infâmes qu'exercèrent des hommes, et même des femmes, sur les cadavres des victimes. Les barbaries ne suffirent pas à la rage du peuple. Plusieurs logemens dépendans du château furent pillés ou brûlés. La maison de M. de La Borde, ancien premier valet de chambre de Louis XV, fut réduite en cendres. Enfin, quand le fer et la flamme eurent cessé leurs ravages, l'Assemblée législative, jusqu'alors tranquille spectatrice de l'évènement, sortit de son apathie ; mais ce fut pour mettre le sceau à l'insurrection. Le député Vergniaud, organe de la commission extraordinaire, composée en grande partie de députés de la Gironde et de leurs partisans, monta à la tribune : « La mesure, dit-il, que je viens vous proposer est rigoureuse, mais je m'en rapporte à la douleur qui vous pénètre pour

» juger combien il importe au salut de la patrie que vous l'a-
» doptiez sans délai. » Aussitôt il proposa qu'une Convention nationale serait convoquée, qu'en attendant que le peuple français eût expliqué par elle sa volonté, et que le règne de la liberté et de l'égalité fût établi, le chef du pouvoir exécutif serait provisoirement suspendu ; qu'un nouveau ministère serait organisé ; que le paiement de la liste civile serait interrompu, et qu'il y serait substitué un traitement pécuniaire provisoire ; qu'enfin il serait préparé au Luxembourg un logement pour le Roi. Cette motion était à peine adoptée que l'Assemblée, ayant appris que la fermentation continuait, ordonna qu'une analyse de son décret serait publiée dans tous les carrefours de la capitale. Les affiches portaient : « Le Roi est sus-
» pendu ; sa famille et lui restent en ôtage ; le ministère actuel
» n'a plus la confiance de la nation, l'assemblée va procéder
» à le remplacer ; la liste civile est supprimée. »

Voilà donc l'attentat de cette journée sanctionné par l'assemblée elle-même ! La France n'a plus de Roi ! Une étroite prison va remplacer le trône de Louis ! Il n'en sortira que pour aller à l'échafaud ! Sa mort ne sera point vengée, ou, si le ciel lui suscite des vengeurs, quel sera leur sort !

Extrait des mémoires de M. Huë.

(B), page 9.

Échappé au danger (1) qui, le dix août, avait menacé mes jours, j'appris, le lendemain de bonne heure, que la famille royale avait passé la nuit dans l'ancien couvent des Feuillans. Empressé d'y pénétrer, je traversai les cours et le jardin des Tuileries en détournant les yeux des cadavres encore épars.

---

(1) Au moment où les séditieux portèrent dans le château la fureur et le carnage, plusieurs des portes se trouvèrent fermées. Le désordre fut alors à son comble, chacun courait, se poussait, et s'efforçait d'échapper à la mort. Ne sachant moi-même comment la fuir, je me

Enfin, après avoir franchi tous les obstacles, j'arrivai à la chambre du Roi. Il était encore dans son lit, ayant la tête couverte d'une toile grossière. Ses regards attendris se fixèrent sur moi ; il me fit approcher, et, me serrant la main, il me demanda avec un vif intérêt le détail de ce qui s'était passé au château depuis son départ. Oppressé par ma douleur et mes sanglots je pouvais à peine m'exprimer. J'appris au Roi la mort de plusieurs personnes qu'il affectionnait, entre autres celle du chevalier d'Alonville, sous-gouverneur du dauphin, mort en 1789, et celle de quelques-uns des officiers de la chambre de Sa Majesté. « J'ai du moins, me dit le Roi avec émotion, la » consolation de vous voir sauvé de ce massacre. » Je trouvai auprès de Sa Majesté plusieurs gentilshommes et quelques personnes de la famille royale.

Le Roi et sa famille occupaient dans un corridor, autrefois le dortoir des religieux, le logement de l'architecte de la salle des séances ; il consistait en quatre cellules, communiquant les unes aux autres. La première formait une antichambre. Le Roi couchait dans la seconde ; la troisième était occupée par la Reine et par madame Royale ; la quatrième l'était par monsieur le Dauphin et par mademoiselle de Tourzel ; enfin madame Élisabeth et la princesse de Lamballe avaient dans le même corridor une seule chambre.

Une garde nombreuse veillait à toutes les issues du corridor; personne ne pouvait, même pour le service, passer sans être arrêté ou questionné. L'inspecteur de la salle des séances distribuait des cartes de *laissez-passer*.

---

précipitai, ainsi que plusieurs personnes, par une des fenêtres du palais, donnant sur le jardin des Tuileries, et je le traversai sous un feu de mousqueterie qui renversait un grand nombre de Suisses. Poursuivi au delà de ce jardin, je n'eus d'autre ressource que de me jeter dans la Seine. Les forces allaient m'abandonner quand heureusement, j'atteignis un bateau : j'y entrai ; le batelier me sauva.

(C), page 11.

L'âme navrée de douleur la famille royale arriva au Temple. Santerre fut la première personne qui se présenta dans la cour où l'on descendit. Il fit aux officiers municipaux un signe que dans le moment je ne pus interpréter. Depuis que j'ai connu les localités du Temple, j'ai jugé que l'objet de ce signe était de conduire dès l'instant de son arrivée le Roi dans la tour. Un mouvement de tête, de la part des officiers municipaux, annonça qu'il n'était pas encore temps.

La famille royale fut introduite dans la partie des bâtimens dite le palais, demeure ordinaire de monseigneur comte d'Artois quand il venait à Paris. Les municipaux se tenaient auprès du Roi le chapeau sur la tête, et ne lui donnaient d'autre titre que celui de monsieur. Un homme à longue barbe que j'avais pris d'abord pour un Juif, affectait de répéter à tout propos cette qualification. Quelques-uns des municipaux qui, dans cette circonstance, se montrèrent si atroces, parurent depuis repentans de leur conduite et sincèrement affligés de la captivité du Roi.

Le jour de l'emprisonnement de la famille royale semblait être un jour de fête pour le peuple de Paris; il se portait en foule autour du Temple, criant avec fureur! *Vive la nation!* Des lampions, placés sur les parties saillantes des murs extérieurs du Temple, éclairaient la joie barbare de cette aveugle multitude.

Dans la persuasion où était le Roi, que désormais le palais du Temple allait être sa demeure, il voulut en visiter les appartemens. Tandis que les municipaux se faisaient un plaisir cruel de l'erreur du Roi pour mieux jouir ensuite de sa surprise, Sa Majesté se plaisait à faire d'avance la distribution des divers logemens. Aussitôt l'intérieur du Temple fut garni de nombreux factionnaires. La consigne était si sévère, qu'on ne pouvait faire un pas sans être arrêté. Au milieu de cette foule de satellites, le Roi montrait un calme qui peignait le repos de sa conscience.

A dix heures on servit le souper. Pendant le repas qui fut court, Manuel se tint debout à côté du Roi. Le souper fini, la famille royale rentra dans le salon. Dès cet instant, Louis XVI fut abandonné à cette commune factieuse qui l'investit de gardiens ou plutôt de geôliers, à qui elle donna le titre de commissaires. En entrant au Temple, les municipaux avaient prévenu les personnes du service que la famille royale ne coucherait pas dans le palais qu'elle habiterait le jour seulement : ainsi nous ne fûmes pas surpris d'entendre, vers onze heures du soir, l'un des commissaires nous donner l'ordre de prendre le peu d'effets en linge et vêtemens qu'il avait été possible de se procurer, et de le suivre.

Un municipal, portant une lanterne, me précédait. A la faible lueur qu'elle répandait, je cherchais à découvrir le lieu qui était destiné à la famille royale. On s'arrêta au pied d'un corps de bâtimens que les ombres de la nuit me firent croire considérables. Sans pouvoir rien distinguer, je remarquai néanmoins une différence entre la forme de cet édifice et celle du palais que nous quittions. La partie antérieure du toit qui me parut surmonté de flèches, que je pris pour des clochers, était couronnée de créneaux sur lesquels, de distance en distance, brûlaient des lampions.

Malgré la clarté qu'ils jetaient par intervalles, je ne compris pas quel pouvait être cet édifice, bâti sur un plan extraordinaire ou du moins tout-à-fait nouveau pour moi.

En ce moment, un des municipaux rompant le morne silence qu'il avait observé pendant toute la marche : « Ton » maître, me dit-il, était accoutumé aux lambris dorés. Eh » bien ! il verra comme on loge les assassins du peuple ! Suis- » moi. »

Je montai plusieurs marches : une porte étroite et basse me

conduisit à un escalier construit en coquille de limaçon.

Lorsque je passai de cet escalier principal à un plus petit qui menait au second étage, je m'aperçus que j'étais dans une tour, j'entrai dans une chambre éclairée de jour par une seule fenêtre, dépourvue en partie des meubles les plus nécessaires, et n'ayant qu'un mauvais lit et trois ou quatre siéges. « C'est là que ton maître couchera, » me dit le municipal. Chamilly m'avait rejoint, nous nous regardâmes sans dire mot : On nous jeta comme par grâce, une paire de draps. Enfin on nous laissa seuls quelques momens.

Une alcove, sans tenture ni rideaux, renfermait une couchette qu'une vieille claie d'osier annonçait être remplie d'insectes. Nous travaillâmes à rendre le plus propres possible et la chambre et le lit. Le Roi entra; il ne témoigna ni surprise, ni humeur. Des gravures, la plupart peu décentes, tapissaient les murs de la chambre : il les ôta lui-même. « Je ne » veux pas, dit-il, laisser de pareils objets sous les yeux de » ma fille. » Sa Majesté se coucha et dormit paisiblement; Chamilly et moi, restâmes toute la nuit assis auprès de son lit. Nous contemplions avec respect ce calme de l'homme irréprochable, luttant contre l'infortune, et la domptant par son courage. « Comment, disions-nous, celui qui sait exercer sur » lui-même un semblable empire, ne serait-il pas fait pour » commander aux autres ! » Les factionnaires, posés à la porte de la chambre, étaient relevés d'heure en heure ; et chaque jour les municipaux de garde étaient changés.

(D), page 12.

Le Roi était couché : Chamilly et moi venions de nous jeter sur le matelas qui faisait notre lit commun. Vers minuit, entrèrent deux commissaires de la municipalité. « Êtes-vous les valets de chambre ? » demandèrent-ils. Sur notre réponse affirmative, ils nous ordonnèrent de nous lever et de les suivre. Les mains de Chamilly et les miennes s'étant rencontrées, nous les serrâmes étroitement. Un des municipaux avait dit, le jour même, en notre présence : « La guillotine est permanente, et frappe de mort les prétendus serviteurs de Louis. » Aussi croyions-nous toucher au dernier moment de notre existence. Descendus dans l'antichambre de la Reine, pièce très-étroite où couchait la princesse de Lamballe, nous y trouvâmes cette princesse et madame de Tourzel déjà prêtes à partir. Leurs bras étaient enlacés avec ceux de la Reine, de ses enfans et de madame Élisabeth, elles en recevaient de tendres et déchirans adieux.

Le même ordre de départ avait été donné aux autres personnes du service. Rassemblés tous dans le même lieu, nous attendions dans un morne silence notre sort ultérieur, la porte de la tour s'ouvrit à la lueur de quelques flambeaux. Nous traversâmes le jardin, et gagnant la porte du palais du Temple, on nous fit monter dans des voitures de place : des officiers municipaux y entrèrent avec nous; des gendarmes nous escortèrent. Livrés aux idées les plus sinistres, nous avançâmes sans savoir où l'on nous conduisait.

Les voitures s'arrêtèrent devant l'hôtel de ville où nous montâmes. Jaloux de donner au peuple, toujours avide de spectacles, le plaisir de nous voir passer, et à nous l'humiliation d'être en butte à ces outrages, nos conducteurs nous firent traverser la salle des séances pour arriver à la chambre du secrétariat. Dans cette pièce, rangés sur des bancs où les municipaux assis à nos côtés nous séparaient les uns des autres, et nous interdisaient toute conversation, nous attendîmes plus d'une heure. Enfin, notre interrogatoire commença; chacun de nous fut introduit séparément dans le lieu où siégeait la commune. Appelé le dernier, j'espérais y retrouver mes compagnons d'infortune, et, du moins, par quelques signes, apprendre d'eux ce qui s'était passé à leur égard; mais quelle fut ma surprise, lorsqu'en entrant dans la salle (il était dix heures du matin), je n'aperçus aucune des personnes qui m'y avaient précédé !

En attendant que le président, à côté duquel je fus placé, m'interrogeât, j'observais, de l'estrade où j'étais, les gens que renfermait cette enceinte ; c'étaient des membres de la commune, revêtus de rubans tricolores, des hommes du peuple, des femmes et même des enfans, une partie de cette assemblée bizarre était couchée sur des bancs et sommeillait.

Lorsqu'enfin l'on m'interrogea, je fus requis de déclarer mes noms et profession. Persuadé que c'était à celui qui m'interpellait que je devais répondre, je me tournai de son côté. « Citoyen, me dit d'un ton sénatorial l'un des substituts du procureur de la commune (Billaud de Varenne), réponds au peuple souverain. » Je me retournai vers ce prétendu souverain, dont la majeure partie dormait et ne donnait pas plus d'attention aux demandes qu'aux réponses. Ceux qui ne dormaient pas se mirent à m'interroger tous à la fois, je ne savais à qui répondre.

Pour première question, on me demanda ce qui s'était passé au château des Tuileries dans la nuit du 9 au 10 août. Au seul énoncé de la question, je m'aperçus facilement que les interrogateurs étaient à cet égard beaucoup plus instruits que moi. Dans cette nuit désastreuse, chefs ou agens de la sédition, que pouvaient-ils apprendre d'un homme qui n'avait été que spectateur ou victime? Je répondis de manière à ne compromettre personne. Je m'étendis sur la conduite des autorités constituées dont plusieurs membres s'étaient alors réunis avec le ministre dans le cabinet du conseil du Roi. Je racontai la manière dont j'avais échappé à la mort.

La seconde question avait pour objet une fourniture de meubles que l'on disait avoir été faits peu de jours avant le 10 août pour la Reine et pour madame Élisabeth. Ma réponse fut que je n'en avais aucune connaissance, je l'ignore même aujourd'hui.

On m'interrogea ensuite sur le départ du Roi pour Montmédy. « Je n'ai connu ce départ, répondis-je, que comme le » public, quoique dans ma qualité d'officier de la chambre, » j'eusse la veille fait le coucher du Roi. »

Interrogé ensuite si le jour du départ du Roi pour Montmédy, j'avais vu au château M. de Lafayette, je répondis non. — Quelles personnes assistaient au coucher du Roi? — Celles de son service.

Mon interrogatoire fini, je me retirai à la salle du secrétariat. Aussitôt, l'Assemblée délibéra si je serais ou non reconduit à la tour du Temple; l'affirmative prévalut. Le président me fit appeler : il m'annonça ce résultat, et, signant en sa présence l'ordre de me réintégrer dans la tour, il le remit à un municipal qu'il chargea de son exécution.

(E), page 16.

A peine le Roi, auprès de qui j'étais en cet instant, eut-il cessé de parler, que Mathieu reprit : « Je vous arrête. » — « Qui? moi! » dit Sa Majesté. « Non, votre valet de chambre. » — « Qu'a-t-il fait? il m'est attaché; voilà son crime. Du moins » n'attentez pas à ses jours. » — « De quel droit m'arrêtez- » vous? dis-je alors au municipal ; où prétendez-vous me con- » duire? » — « Je n'ai pas de compte à te rendre, » répondit Mathieu; j'ai mes ordres. Je voulus monter dans ma chambre; Mathieu me saisit par le bras. « Reste là, me dit-il, » tu es sous ma garde. » Il ne me permit d'y aller qu'avec lui. Je voulais emporter avec moi quelque peu de linge et des rasoirs. « Point de rasoirs, me dit ce municipal; où je vais te » mener on te rasera : Je peux même t'assurer que les barbiers » ne te manqueront pas. » Je compris le vrai sens des paroles de Mathieu.... Je gardai le silence persuadé que j'allais droit à l'échafaud. J'eus à peine quitté ma chambre, que les scellés furent mis sur les deux portes et ne furent levés qu'après la mort de Louis XVI.

Descendu dans la chambre de la Reine, je rendis au Roi, avec la permission des municipaux, quelques papiers qui le concernaient. Homme malheureux, me dit-il le cœur navré, le peu d'argent qui vous restait, vous l'avez avancé pour moi ; aujourd'hui, vous partez et vous êtes sans ressources ! « Sire, je n'ai besoin de rien. Les larmes et les sanglots me suffoquaient. Chaque personne de la famille royale m'honora de quelque témoignage de sensibilité. Cette scène attendrissante pouvant avoir de funestes effets. « Je suis prêt à vous suivre, » dis-je à mes conducteurs.

Au bas de la tour, deux gendarmes se joignirent à Mathieu. Nous montâmes dans une voiture de place, et nous partîmes. Sur le chemin que je parcourus, quel épouvantable spectacle frappa mes regards ! Les passans fuyaient avec effroi : On fermait avec précipitation les portes, les fenêtres et les boutiques ; chacun se réfugiait dans l'endroit le plus reculé de sa demeure. J'entendais les rugissemens affreux des assassins et les cris lamentables des victimes. Des monstres, couverts de sang, armés de poignards, de coutelas et de bâtons, parcouraient les rues et montraient au peuple les trophées sanglans de leurs cruautés.

Enfin, arrivé à la place de Grève, une horreur inexprimable me saisit. La place était couverte d'un peuple immense, la plupart agitaient dans leurs mains des piques, des sabres, des fusils. Dans l'impossibilité d'avancer en voiture jusqu'à l'escalier de l'Hôtel-de-Ville, on me fit descendre et passer au milieu de cette multitude. « Bon ! disaient-ils, voilà du gibier de guillotine. C'est le valet de chambre du tyran. » A l'aspect de ce danger pressant, jaloux de ne pas déshonorer le sacrifice de ma vie, je demandai à Dieu de fortifier mon âme. Tout entier à cette pensée, j'entrai dans la salle de la commune : on me plaça auprès du président.

A peu de distance était Santerre ; ce commandant de la milice parisienne écoutait, d'un air capable, les plans que des gens à moitié ivres lui développaient pour arrêter les armées étrangères ; d'autres proposaient de se lever en masse et de marcher à l'ennemi. Au parquet, place ordinaire du procureur de la commune, Billaud de Varenne, l'un des substituts, et Robespierre s'agitaient, criaient, donnaient des ordres et paraissaient très-animés. Dans cette salle et dans les pièces voisines le tumulte était extrême.

Au milieu de ce désordre, le président demanda du silence et me fit une première question. Avant qu'il m'eût été possible de répondre, on s'écria de toutes parts : A l'abbaye ! à la Force ! Dans ce moment on y massacrait les prisonniers. Le calme rétabli, mon interrogatoire commença. Des faits, la plupart imaginaires, me furent reprochés. « Tu as, dit l'un des municipaux, fait entrer dans la tour du Temple une malle renfermant des rubans tricolores et divers déguisemens : c'était pour faire évader la famille royale. »

« J'ai entendu, s'écriait un autre, le Roi lui dire quarante-cinq, et la Reine cinquante-deux. » Ces deux mots lui désignaient le prince de Poix, et le traître Bouillé. On me reprochait d'avoir commandé une veste et une culotte couleur savoyard, preuve certaine d'une intelligence avec le Roi de Sardaigne. A la vérité, j'avais signé et fait visiter par les commissaires de garde, la demande d'un vêtement pour Tison.

Enfin, on m'accusait d'avoir remis clandestinement certaines lettres au Roi et à la Reine, et de faire usage de caractères hiéroglyphiques pour faciliter leur correspondance. Ces caractères n'étaient autre chose qu'un livre d'arithmétique. Tous les soirs, avant que M. le Dauphin se couchât, je posais ce livre sur son lit, afin que le jeune Prince se préparât le matin à la leçon d'arithmétique que le Roi lui donnait.

Un grief irrémissible était d'avoir chanté dans la tour l'air et les paroles : ô Richard ! ô mon roi ! Je n'avais chanté ni l'air ni les paroles ; et quand je les aurais chantés, il est trop vrai que, comme Richard, le Roi était abandonné ; que ses sujets les plus dévoués à sa personne et à la cause s'étaient éloignés pour le servir : que parmi ceux qui étaient restés auprès de lui, les uns avaient été massacrés le 10 août, les autres étaient actuellement en arrestation ou en fuite. Devais-je avoir pour les malheurs de mon maître l'insensibilité que montraient ses persécuteurs ?

Un dernier grief était l'intérêt que la famille royale affectait selon eux, de me témoigner, tandis qu'à peine elle parlait aux commissaires municipaux.

A ce dernier reproche je restai muet ! les clameurs se renouvelèrent : A l'Abbaye ! à la Force ! Enfin la fureur contre moi fut au comble quand Billaud de Varenne s'écria : « Ce valet, renvoyé au Temple une première fois, a trahi la confiance du peuple ; il mérite une punition exemplaire. »

Au même instant un municipal se leva : « Cet homme, » dit-il, tient les fils de la trame ourdie dans la tour ; s'assurer » de lui, le mettre au secret, en tirer tous les renseignemens » qu'il peut donner, sera plus utile et plus sage que de l'en- » voyer à l'Abbaye ou à la Force. » Quel que fût en ce moment le motif du municipal, son observation me sauva la vie : il fut décidé de m'enfermer dans un des cachots de l'Hôtel-de-Ville ; remis aussitôt à la garde du guichetier, il me fit descendre de la salle de la commune, me fouilla, me conduisit au lieu de réclusion qui m'était destiné, ouvrit une porte de fer et la referma sur moi.

Quelle position que la mienne ! Seul, au milieu des ténèbres, poursuivi par l'idée des assassinats qui se commettaient dans les prisons de Paris, entendant moi-même les égorgeurs errer autour de mon cachot et demander ma tête ; laissant, hélas !

le Roi et la famille royale en captivité! Je frissonne encore au souvenir seul de ces affreuses pensées.

En entrant dans mon cachot, la lanterne du guichetier m'avait fait apercevoir un mauvais grabat : je m'y traînai à tâtons. Accablé de fatigues je cédais à un sommeil qui me dérobait à peine l'idée de ma position, lorsque tout à coup un bruit confus me réveilla. Je prêtai l'oreille : j'entendis clairement articuler ces paroles :

« Ma femme, les assassins ont fini dans les autres prisons, ils accourent à celles de la commune. Jette-moi vite ce que nous avons de meilleurs effets : descends toi-même, sauvons-nous. »
A ces mots, je me précipitai de mon lit, je tombai à genoux, et, les mains levées vers le ciel, j'attendis dans cette situation le coup fatal dont j'étais menacé. Une heure après, une voix m'appela, je ne répondis pas. On appela encore, je prêtai l'oreille. « Approchez de votre fenêtre, » dit-on à voix basse. J'approchai. « Ne vous effrayez pas, continua-t-on, plusieurs personnes veillent ici sur vos jours. » Après ma sortie de prison j'ai fait inutilement des recherches pour connaître ce généreux protecteur. Qui que vous soyez, homme sensible, quelque lieu que vous habitiez, recevez l'hommage d'une reconnaissance qui ne finira qu'avec ma vie.

Trente-six heures s'écoulèrent sans que personne entrât dans mon cachot, sans que j'eusse ni nourriture, ni l'espérance d'en recevoir : je ne pouvais douter que le concierge et sa femme n'eussent pris la fuite.

Le guichetier, me disais-je, aura fui comme eux. Cette réflexion abattit le reste de mon courage ; une sueur froide, un tremblement universel et les angoisses de la mort me saisirent : je tombai en défaillance. Revenu à moi j'étais près d'appeler les assassins qu'à la clarté des réverbères je voyais aller et venir dans la cour, j'allais leur demander de mettre fin à ma longue agonie, quand mes yeux découvrirent une faible lueur partant du plancher. A l'aide d'une mauvaise table et de deux bancs que je plaçai l'un sur l'autre, je parvins à m'élever assez pour atteindre à l'endroit où j'entrevoyais cette lumière.

J'y frappai plusieurs coups; une trappe s'ouvrit. « Que voulez-vous? » me dit une voix douce. « Du pain ou la mort, » répondis-je, avec l'accent du désespoir. La personne qui me parlait était la femme du concierge.

« Rassurez-vous, me dit-elle, j'aurai soin de vous. » A l'instant elle me donna du pain, de la viande et de l'eau. Tant que dura ma captivité dans ce lieu, cette femme compatissante daigna me nourrir. Elle me passa une bouteille garnie d'osier. Avais-je besoin d'eau, je présentais ma bouteille à l'ouverture du plancher et la concierge y versait de l'eau avec un entonnoir. Par ce moyen la porte de ma prison ne s'ouvrit que rarement et je restai mieux caché.

Néanmoins des hommes dont les bras et les habits étaient couverts de sang, s'approchaient quelquefois de la fenêtre du cachot et cherchaient à voir quelle victime on y avait jetée, mais l'obscurité de mon réduit, augmentée par leur approche, trompait leur attente.

« Y a-t-il là quelqu'un à travailler? » Se demandaient-ils dans leur horrible langage. Dès qu'ils était éloignés, je me hissais aussitôt pour observer ce qui se passait dans la cour. Les premières fois j'y vis les assassins profaner de leurs ordures la statue renversée de Louis XIV, et jouer avec les restes ensanglantés de leurs victimes; ils se racontaient mutuellement les détails de leurs meurtres, se montraient leur salaire et se plaignaient de n'avoir pas reçu celui qui leur avait été promis.

Quelques jours s'étant écoulés, j'eus la visite de Manuel. Je sus par lui que de toutes les personnes sorties avec moi de la Tour du Temple lors de mon premier enlèvement, une seule avait péri, c'était la princesse de Lamballe. Il me raconta la fin tragique de cette princesse et ajouta :

« Les massacres sont finis, vous n'avez plus rien à craindre; je vous sauverai, mais il me faut du temps. » Clery m'a dit, lorsque nous nous sommes retrouvés, que le Roi et la famille royale avaient instamment prié Manuel de protéger mes jours et qu'il l'avait promis.

Un soir le concierge entra dans mon cachot : « Savez-vous, » me dit-il, que vous êtes encore l'objet de la fureur du peu- » ple ? Je crains bien....—Quoi ? lui dis-je, qu'il ne me mette à mort ? » Un profond soupir fut sa réponse. Je crus que les massacres allaient recommencer. Quel fut mon effroi, quand, vers minuit, des cris qui perçaient l'âme se firent entendre d'un cachot peu éloigné du mien. C'étaient ceux d'une malheureuse mère de famille qui se débattait avec ses assassins. Du ton le plus lamentable, cette mère infortunée demandait la vie non pour elle, mais pour des enfans en bas âge qui n'avaient d'autre ressource que son travail. Des gardes accoururent et parvinrent à la sauver.....

Le 14 septembre, des commissaires, choisis parmi les officiers municipaux, me firent subir un nouvel interrogatoire. Lorsqu'il fut terminé, le concierge se mit en devoir de me conduire à mon cachot. Une des personnes qui composaient la commission (M. de Boyenval), et que je voyais pour la première fois, s'avance vers moi ; je crus que c'était dans l'intention de fermer la porte de la salle au moment de ma sortie. Combien je me trompais ! En effet, lorsqu'il fut assez près pour n'être entendu que de moi, il me dit à la hâte : « Votre sort intéresse ; cela ne sera pas long. » On peut juger de l'impression que me causa cette annonce inattendue. Manuel était de retour ; il donna, comme procureur-syndic de la commune, ses conclusions sur cet interrogatoire, elles tendaient à mon élargissement. Mais, d'après une nouvelle délibération de la commune, tout prisonnier devait passer par l'examen d'un jury. Cet incident, qui différa d'un jour mon jugement, servit à le rendre plus solennel. Je comparus devant ce jury ; il me déchargea de toute accusation et me fit mettre en liberté.

(*Extrait des Mémoires de M. Huë.*)

(F.), page 61.

Au moment des repas, les commissaires ne manquaient jamais de se présenter devant le Prince avec tout le respect qui lui était dû ; il ne se trouvait là aucun de ses chapelains ordinaires, et il avait demandé qu'on les lui envoyât, par une lettre en date du 6 mars : mais les deux chambres s'étaient refusées à cette prière, sous prétexte que ceux-ci n'avaient pas souscrit le *covenant*. Les deux théologiens Marshall et Caryll, venus avec les commissaires, se tenaient donc la plupart du temps, quand le Roi dînait ou soupait, tout prêts à dire les grâces, mais ce monarque les récitait toujours lui-même debout, sous son dais, et quelquefois à haute voix. Il se montrait néanmoins poli pour ces deux messieurs, et paraissait en faire cas, d'après ce qu'on lui avait rapporté de leur savoir et de leur conduite privée. Il ne témoigna même de mécontentement à aucun des serviteurs alors auprès de lui, qu'il laissait libres d'aller à la chapelle où ces deux ministres prêchaient tour à tour le matin et l'après midi de chaque dimanche devant les commissaires et les autres personnes de la maison. La plupart cependant, disait-on, auraient mieux aimé entendre des prédicateurs qui eussent l'approbation du Roi. Chaque dimanche, ce Prince se retirait en particulier pour remplir ses devoirs de religion, chacun de tous les autres jours de la semaine il donnait deux ou trois heures à des lectures et des exercices de piété. Dans les autres momens, il jouait aux échecs, après ses repas, par délassement, et se promenait souvent pour sa santé dans le parc de Holmsby, tantôt avec l'un, tantôt avec l'autre des commissaires ; mais il n'y avait là aucun tapis de gazon bien tenu. Aussi sa Majesté allait-elle quelquefois se promener à cheval, soit à Hazzowden, au château du lord Vaux, à environ neuf milles, où se trouvaient des gazons, des jardins, des promenades et des bois enchanteurs ; soit à Althorpe, beau château à deux ou trois milles de Holmsby, appartenant au lord Spencer, aujourd'hui comte de Sunderland, et où était aussi des bowling-green bien entretenus. Dans une de ces promenades à Harrowden, le Roi passa sur un pont où le major Boswilé, sous le costume d'un paysan, l'arrêta et lui remit un paquet de la part de la Reine. Sa Majesté dit aux commissaires que ce paquet n'avait d'autre but que d'obtenir d'elle, pour le Prince de Galles, la permission d'accompagner Monsieur à l'armée française pendant cette campagne; et l'on pardonna en conséquence à la personne déguisée.

(*Collection des Mémoires sur la révolution d'Angleterre.*)

(G), page 85.

L'envoi subit de Louis au Temple le 18 août 1792, établit nécessairement des troubles et de la confusion dans cette maison. Ils furent en augmentant, au point qu'à la fin de septembre, l'on représenta au conseil général de la commune, 1°. que les travaux commencés et délaissés par Palloy se faisaient très-mal, faute d'ordre et de paiement des ouvriers qui souvent s'ameutaient et refusaient l'ouvrage; 2°. que les mêmes causes faisaient *qu'il ne se trouvait plus de fournisseurs pour la nourriture et les dépenses* du ci-devant Roi. Pour remédier à ces désordres, le 29 septembre, le conseil général nomma deux commissions l'une de six commissaires pour suivre les travaux avec l'architecte et les entrepreneurs; l'autre de deux commissaires pour se concerter avec le C. Pétion afin de faire rentrer dans la caisse commune, les 500,000 livres décrétées par l'Assemblée nationale pour la subsistance de Louis.

Sur le rapport de Cambon, la Convention rendit, le 4 octobre, un décret qui, 1°. mit les 500,000 livres à la disposition du ministre de l'intérieur pour délivrer les ordonnances de paiement des fournitures arrêtées près le conseil général de la commune; et 2°. chargea le même ministre de présenter incessamment à la Convention le compte des dépenses faites jusqu'à ce jour, et un aperçu des dépenses à faire, tant pour la sûreté et disposition du local, que pour la subsistance et l'entretien de Louis XVI et de sa famille.

Le 8 du même mois, nous fîmes au conseil général un rapport de l'aperçu des dépenses faites jusqu'au 30 septembre, montant à 97,281 livres pour les dépenses des bâtimens et autres. Le conseil nous avertit qu'il serait demandé par provision au ministre, la somme de 30,000 livres pour être répartie à compte entre les fournisseurs ; que les administrateurs des finances de la commune feraient les démarches nécessaires pour faire rentrer dans leur caisse la somme de 28,000 livres pour ceux déjà payés par avance pour les travaux du Temple, et que les commissaires au Temple établiraient un ordre de dépenses en chaque partie avec un état des dépenses à faire conformément au second paragraphe du décret de la Convention nationale.

L'objet le plus pressant était de déterminer les traitemens des 23 employés au Temple dont un grand nombre étaient sans pain et sans vêtemens. C'est aussi celui que je tâchai de déterminer le premier d'après bien des renseignemens qu'il nous fallut prendre sur la nature, l'époque et l'évaluation de leurs services. Le rapport fait sur cet objet, il s'agissait d'obtenir la parole pour faire déterminer les traitemens par le conseil, et ce ne fut qu'avec une peine extrême que je pus y attirer l'attention du conseil général occupé de mille affaires qu'il croyait plus importantes et plus urgentes. Le 24 octobre, je parvins à faire déterminer le traitement des deux guichetiers.

Je ne pus ravoir la parole que le 2 novembre ; il fallut rester à la tribune tout le soir pendant cinq séances, pour faire arrêter onze traitemens ; et au dernier un membre s'étant avisé de dire que sous le régime de l'égalité tous les traitemens devaient être égaux, les arrêtés furent rapportés. Une nouvelle commission de quatre membres fut arrêtée pour fixer les traitemens avec nous : cette commission parut deux fois au

Temple sans rien faire, et tout mon travail devint inutile.

Sur ces entrefaites, il plut à la section des Arcis et quelques autres, de faire une dénonciation à la commune, d'une prétendue orgie faite au Temple le 22 octobre précédent. Le conseil supprima à cette occasion toutes les commissions du Temple, et les remplaça par une autre de ses commissaires, chargés de notre besogne. La nouvelle commission travailla et présenta un projet de règlement, mais qui n'a point été suivi. Nous n'en continuâmes pas moins nos opérations, et nous sollicitâmes la parole avec instance. Je fis un éclat pour l'obtenir en jetant mon écharpe sur le bureau et donnant ma démission. J'obtins la parole pour le lendemain 18 novembre, sur les mémoires des fournisseurs des vêtemens et linges faits immédiatement à Louis et à sa famille. Le conseil ordonnança une partie de leurs mémoires et ordonna l'expertise des autres ; mais je n'ai pu retirer cet arrêté du secrétariat qu'à la fin du mois.

Je sollicitai la parole les jours suivans, et je fus éconduit avec scandale par le président qui dit que je faisais le siége de la tribune *pour des comptes bleus*. Le 26, jour où on me l'avait refusée, on ordonna que toutes les commissions du Temple présenteraient leurs comptes. Je me prévalus de cet arrêté, et le 28 du même mois, je présentai les comptes de la bouche. Le conseil nomma une nouvelle commission de quatre membres pour les ordonnancer, et ordonna que mon rapport serait envoyé à la Convention nationale.

Je commençai à faire ordonnancer tous ces mémoires d'après les deux arrêtés précédens, mais le conseil général fut renouvelé le 2 décembre. Nous en installâmes le même jour les commissaires de service, en leur notifiant ces arrêtés ; et leur déclarant que nos intentions étaient de terminer nos opérations aux mémoires fournis jusqu'au dernier novembre. Dès le lendemain, Toulan, qui se trouva de service, nous fit contre-carrer dans nos opérations, et nous fit écarter de la table du Temple où, suivant les pouvoirs de la commune, étaient admis les commissaires des commissions avec ceux du département et de la Convention nationale. Cependant le conseil du Temple favorisa nos opérations, y contribua lui-même avec nous ; et nous promit de nous faire obtenir du conseil la parole pour les faire ratifier, mais en vain nous nous y présentâmes le huit et le neuf.

Le 17, Cagneux et Toulan s'avisèrent de nous dénoncer au conseil général comme des parasites qui n'étaient au Temple que pour dîner. Cette accusation est d'autant plus plate que les dîners que nous gagnions par neuf à dix heures de travail n'étaient fixés qu'à 30 sous, et que ces messieurs plus délicats les ont fait porter à cinquante, de sorte que la nation paie maintenant autant pour ces seize convives actuels, que pour vingt à 24 que nous y étions sous l'ancien conseil. Le conseil nomma quatre commissaires pour recevoir de nous notre travail et arrêter les comptes. La nouvelle commission nous manda ; je me rendis auprès d'eux ; je leur offris tous les renseignemens nécessaires ; je leur remis mon rapport sur les traitemens ; je m'engageai à leur remettre les papiers en ordre le vendredi 18 décembre à dix heures du matin, et sur mon rapport, la nouvelle commission a fait déterminer les traitemens, le 26 décembre, au conseil général.

(*Extrait d'une adresse présentée par Verdier à la Convention nationale.*)

(H), page 93.

La Convention nationale avait décrété le 6 décembre, que Louis XVI subirait son interrogatoire le 11, qu'il serait ajourné au 13, et que le 14 elle prononcerait définitivement sur son sort. D'après cela, ceux qui s'étaient voués à la défense du Roi n'avaient pas un instant à perdre pour s'élever contre un décret qui devait infailliblement priver l'accusé de tous ses moyens de justification; et tel fut le motif qui engagea Guillaume, ex-constituant et avoué au tribunal de cassation, à adresser, le 9 décembre, à la Convention nationale, la lettre suivante, extraite des registres de cette assemblée :

« Citoyens ;

» La justice, l'humanité et nos lois assurent à tout accusé le droit de discuter contradictoirement s'il est jugeable et si le tribunal qui se propose de prononcer sur son sort en a reçu la mission.

» Il a de plus, aux mêmes titres, la liberté de se faire délivrer copie de la procédure, de demander qu'on lui représente les pièces de conviction, d'exiger qu'on lui donne la liste des témoins entendus contre lui.

» Il peut en outre reprocher ses déposans, en faire entendre d'autres ; récuser, suivant les circonstances, tout ou partie du jury ; se choisir ou recevoir d'office un ou plusieurs conseils.

» Enfin il ne saurait être condamné que par les trois quarts des suffrages émis secrètement, et deux tribunaux, au moins, doivent connaître successivement de son procès.

» Tels sont, citoyens, les avantages dont jouissent tous les prévenus, et que je réclame aujourd'hui pour Louis XVI.

» Je ferai plus, je consacrerai volontiers à sa justification de faibles talens, mais un grand courage. Tout-puissant, je l'ai combattu sans crainte ; malheureux, je le défendrai sans intérêt ; jamais, quoi qu'on fasse, la terreur ne fermera mon âme à la compassion, ni ma bouche à la vérité.

» Guillaume.

» *Avoué près du tribunal de cassation.*

« *P. S.* Ne pourrait-on pas recevoir par écrit et de sa prison, les réponses aux questions qu'on se propose de faire à Louis ? Ce moyen donnerait le même résultat pour l'éclaircissement de la vérité et n'aurait pas les mêmes inconvéniens pour la sûreté de l'accusé et la tranquillité de la capitale »

Cette lettre eut dans des points importans l'effet qu'avait désiré son auteur. L'assemblée donna à Louis XVI la communication des pièces mentionnées dans l'acte d'accusation ; l'ajournement à deux jours n'eut pas lieu et il fut permis à l'accusé de se choisir des défenseurs.

L'auteur de la lettre fut un de ceux dont les noms furent, à cet effet, présentés à Louis XVI. Mais le choix du prince tomba sur d'autres que sur lui, et il ne lui resta plus d'autre ressource, pour atteindre autant qu'il était en lui le but généreux qu'il s'était proposé, que de répandre dans le public, par la voix de l'impression, et sous le titre de *projet de défense pour Louis XVI*, ce qu'il s'était proposé de dire pour sa justification. Voici quelques passages de cet écrit.

« Que ceux-là blâment ma conduite, qui prétendent qu'un Roi n'est pas un homme, que la naissance dans ce rang est un crime ; qu'une couronne est usurpée, alors même qu'une nation entière la défère par la voie de ses représentans ; et qu'il n'existe aucun rapport de justice entre les rois et l'humanité.

» Que ceux-là me blâment encore, qui soutiennent qu'on peut condamner un accusé sans l'entendre ; qu'une insurrection est un jugement, et qu'on ne saurait avoir tort quand on a la force de son côté.

» Que ceux-là me blâment, enfin, qui prétendent faire croire au peuple que l'abondance sera la suite du supplice de Louis ; ou qu'il faut assassiner un roi détrôné, parce que son existence serait un sujet d'inquiétude.

» Quelques risques que j'aie déjà courus (1), quelques périls qui me menacent encore, quand la justice, la raison et

---

(1) L'auteur avait déjà eu ses jours menacés à la suite de la fameuse pétition dite des vingt mille qu'il avait rédigée et présentée conjointement avec Dupont de Nemours, au sujet de l'attentat du 20 juin.

l'humanité me commandent une dernière démarche, mes pas ne seront pas arrêtés par la terreur. »

(*Extrait d'une brochure publiée en* 1793, *par M. Guillaume.*)

(I), page 118.

Le 26 décembre, le Roi fut, pour la seconde fois, conduit à la barre de la Convention nationale : ce jour fut le premier où j'aperçus mon malheureux maître. Du Temple aux Tuileries, et des Tuileries au Temple, je suivis la voiture. Placé à l'une des issues de la salle, de manière à ne pouvoir être remarqué de personne, j'entendis le discours que M. Desèze prononça en faveur du Roi. Il le termina par ces paroles mémorables :

« Entendez, dit l'orateur, l'histoire redire à la renommée :
» Louis monta sur le trône à vingt ans. A vingt ans il donna
» sur le trône l'exemple des mœurs ; il n'y porta aucune fai-
» blesse, ni aucune passion corruptrice ; il s'y montra l'ami
» constant du peuple. Le peuple désirait la destruction d'un
» impôt désastreux qui pesait sur lui, il le détruisit ; il
» abolit la servitude dans ses domaines ; il fit des réformes
» dans la législation criminelle, pour l'adoucissement du sort
» des accusés. Des Français étaient privés des droits qui ap-
» partiennent aux citoyens, il les en fit jouir par ses lois. Le
» peuple demanda la liberté, il la lui donna. Il vint au-de-
» vant des désirs du peuple par des sacrifices sans nombre ;
» et cependant, c'est au nom de ce même peuple qu'on
» demande aujourd'hui..... Je n'achève pas.....! Je m'arrête
» devant l'histoire. Songez quel sera votre jugement, et que
» le sien sera celui des siècles. »

Le discours de M. Desèze achevé : « Messieurs, dit le Roi,
» mes moyens de défense viennent de vous être exposés. Je
» ne répéterai pas ce qu'on vous a dit. En vous parlant peut-
» être pour la dernière fois, je vous déclare que ma conscience

» ne me reproche rien et que mes défenseurs vous ont dit la
» vérité.

» Je n'ai jamais craint que ma conduite fût examinée pu-
» bliquement; mais mon cœur est déchiré de trouver dans
» l'acte d'accusation l'imputation d'avoir voulu faire répandre
» le sang du peuple, et surtout que les malheurs du 10 août
» me soient attribués. J'avoue que les gages multipliés que
» j'avais donnés, dans tous les temps, de mon amour pour le
» peuple, et la manière dont je m'étais toujours conduit, me
» paraissaient devoir prouver que je craignais peu de
» m'exposer pour épargner son sang, et devoir éloigner à
» jamais une pareille imputation (1). »

(J), page 124.

Extrait du Journal de M. de Malesherbes.

Dès que j'eus la permission d'entrer dans la chambre du Roi, j'y courus. A peine m'eut-il aperçu, qu'il quitta un Tacite ouvert devant lui sur une petite table; il me serra dans ses bras; ses yeux devinrent humides, et il me dit : « Votre sacrifice est d'autant plus généreux que vous exposez votre vie, et que vous ne sauverez pas la mienne. » Je lui représentai qu'il n'y avait pas de danger pour moi ; que d'ailleurs je remplissais le devoir le plus sacré, en même temps que je me livrais au dévouement de mon cœur, et que j'espérais qu'en le défendant victorieusement, nous le sauverions. Il reprit : « J'en suis sûr, ils me feront périr, ils en ont le pouvoir et la volonté. N'im-

---

(1) Après ce discours, le Roi et ses trois défenseurs passèrent dans une pièce adjacente à la salle de l'Assemblée. Là, prenant entre ses bras M. Desèze, le Roi le tint étroitement embrassé, prit ensuite une chemise, la chauffa lui-même pour M. Desèze, et lui rendit tous les soins d'un ami.

porte, occupons-nous de mon procès comme si je devais le gagner; et je le gagnerai en effet, puisque la mémoire que je laisserai sera sans tache. Mais, quand viendront les deux avocats?» Il avait vu Tronchet à l'assemblée constituante, et ne connaissait pas Desèze. Il me fit des questions sur son compte, et parut fort satisfait des éclaircissemens que je lui donnai.

Chaque jour il travaillait avec nous à l'analyse des pièces, à l'exposition des moyens, à la réfutation des griefs, avec une présence d'esprit et une sécurité que ses défenseurs admiraient, ainsi que moi; ils en profitaient pour prendre des notes et éclairer leur ouvrage. Ses conseils et moi nous nous crûmes fondés à espérer la déportation : nous lui fîmes part de cette idée; nous l'appuyâmes : elle servit à adoucir ses peines. Il s'en occupa pendant quelques jours, mais la lecture des papiers publics la lui enleva, et il nous prouva qu'il fallait y renoncer. Quand Desèze eut fini son plaidoyer, il nous le lut; je n'ai rien entendu de plus pathétique que sa péroraison; nous en fûmes touchés jusqu'aux larmes; le Roi lui dit : » Il faut la supprimer, je ne veux point les attendrir. « Une autre fois, que nous étions seuls, ce prince me dit : « J'ai une grande peine; Desèze et Tronchet ne me doivent rien; ils me donnent leur temps, leur travail, et peut-être leur vie. Comment reconnaître un tel service? Je n'ai plus rien; quand je leur ferais un legs, il ne serait pas acquitté; d'ailleurs, ce n'est pas la fortune qui acquitte une telle dette.» Sire, lui dis-je, leur conscience et la postérité se chargeront de leur récompense. Mais vous pouvez déjà leur en accorder une qui les comblera. — Laquelle?— Embrassez-les, Sire. Le lendemain, le Roi les pressa contre son sein, et tous deux fondaient en larmes en se précipitant sur ses mains.

Après la séance où ses défenseurs et lui avaient été entendus à la barre, il me dit : «Vous voyez à présent que, dès le premier moment, je ne m'étais pas trompé, et que ma condamnation était prononcée avant que j'eusse été entendu.»

Lorsque je revins de l'assemblée où nous avions demandé l'appel au peuple, et où nous avions parlé tous trois, je lui rapportai qu'en sortant j'avais été entouré d'un grand nombre de personnes qui m'avaient assuré qu'il ne périrait pas, ou au moins que ce ne serait qu'après eux et leurs amis. Il me dit : « Les connaissez-vous ? Retournez à l'assemblée, tâchez de les rejoindre, d'en découvrir quelques-uns ; dites-leur que je ne leur pardonnerais pas, s'il y avait une seule goutte de sang versé pour moi ; je n'ai pas voulu qu'il en fût répandu, quand peut-être il aurait conservé le trône et ma vie : je ne m'en repens pas. » Je lui annonçai le premier le décret de mort ; il était le dos tourné à une lampe placée sur la cheminée, les coudes appuyés sur la table, le visage couvert de ses deux mains ; le bruit que je fis en entrant le tira de sa méditation, il me fixa, se leva, et me dit : « Depuis deux jours je suis occupé à chercher si j'ai, dans le cours de mon règne, pu mériter de mes sujets le plus léger reproche. Hé bien ! M. de Malesherbes, je vous le jure, dans toute la sincérité de mon cœur, comme un homme qui va paraître devant Dieu, j'ai constamment voulu le bonheur de mon peuple, et n'ai pas formé un seul vœu qui lui fût contraire. » Je revis encore une fois cet infortuné monarque ; deux officiers municipaux étaient debout à ses côtés ; il était aussi debout et lisait. L'un d'eux me dit : « Nous n'écouterons pas. » J'assurai le Roi que le prêtre qu'il avait désiré allait venir ; il m'embrassa et me dit : « La mort ne m'effraie point : j'ai la plus grande confiance dans la miséricorde de Dieu. »

(K), page 124.

Le lord président commande qu'on lui lise la sentence ; le silence ordonné, le clerc lit la sentence rédigée dans le parlement.

« Attendu que les communes d'Angleterre, réunies en

parlement, ont nommé la présente haute cour de justice pour faire le procès à Charles Stuart, Roi d'Angleterre, qui a été amené trois fois devant elle; que la première fois, on lui a lu l'acte d'accusation qui le charge, au nom du peuple d'Angleterre, de haute trahison, et autres crimes et méfaits, etc. (ici le clerc repète l'acte d'accusation.); lequel acte d'accusation lui ayant été lu, comme on l'a dit, ledit Charles Stuart a été requis de répondre; mais, à défaut de le faire (ici sont rapportés les différens faits de son procès et ses refus de répondre); pour toutes ses trahisons et crimes, la cour prononce, que ledit Charles Stuart, en qualité de tyran, de traître, de meurtrier et d'ennemi public, sera mis à mort, en séparant sa tête de son corps. La sentence ayant été lue, le lord président dit : « La sentence qu'on vient de lire et de promulguer est l'acte, la sentence, le jugement de l'unanimité de la cour. » Alors la cour se leva en signe d'assentiment à ce qu'avait dit le président.

Le Roi. Voulez-vous écouter une parole, Monsieur?

Le lord président. Non, Monsieur, vous ne pouvez être entendu après la sentence.

Le Roi. Non, Monsieur?

Le lord président. Non, Monsieur, avec votre permission, Monsieur. Gardes, emmenez le prisonnier.

Le Roi. Je puis parler après la sentence; avec votre permission, Monsieur, j'ai toujours le droit de parler après la sentence.

Avec votre permission..... attendez..... la sentence, Monsieur..... je dis..... Monsieur, que..... on ne me permet pas de parler, pensez quelle justice peuvent attendre les autres (1).

---

(1) Le Roi fut alors, à ce qu'il paraît, enlevé dans le banc avec quelque violence et placé dans une chaise à porteurs. Un témoin au procès d'Axtell déposa qu'il l'avait vu frapper les porteurs parce

(L), page 128.

Ses enfans étant venus le voir, il donna d'abord sa bénédiction à la princésse Élisabeth et lui dit de ne pas oublier de dire à son frère James, quand elle le verrait, que la dernière volonté de son père était qu'il ne se bornât plus à considérer Charles seulement comme son frère aîné, mais qu'il lui obéit comme à son souverain, et qu'ils devaient s'aimer l'un l'autre et pardonner aux ennemis de leur père. Alors le Roi lui dit : « Mon cher cœur, vous oublierez cela ? » — « Non, dit-elle, je » ne l'oublierai jamais tant que je vivrai. » Et, versant un torrent de larmes, elle lui promit de mettre par écrit les détails de leurs visites.

Ensuite le Roi, prenant le duc de Glocester sur ses genoux, lui dit : « Mon cher cœur, ils vont couper la tête à ton père. » Sur cela, l'enfant se mit à le regarder fixement d'un air très-sérieux.

« Fais atention, mon enfant, à ce que je te dis, continua » le Roi ; ils vont me couper la tête, et peut-être te faire » Roi ; mais fais attention à ce que je te dis : vous ne devez » pas être Roi tant que vos frères Charles et James seront en » vie ; car ils couperont la tête à vos frères, s'ils peuvent les

---

qu'ils demeuraient la tête nue, apparemment tandis que le Roi entrait dans la chaise, que le peuple murmurait en le voyant emmener de cette manière, et avec si peu de cérémonie, et criait : « Dieu délivre Votre Majesté des mains de ses ennemis ! » Que les soldats le conduisaient à travers les rues en poussant des cris de triomphe. Un témoin déposa au procès de Garland, un des juges, qu'au bas de l'escalier, l'avait vu cracher à la figure du Roi. Il nia fortement le fait, et les juges n'insistèrent point, mais il paraît certain que, soit ce jour-là, soit le jour de l'exécution, le malheureux Roi eut à subir cette brutale infamie. (Voyez les mémoires de Warwick.) Comme on l'emmenait, les soldats sur son passage ayant renouvelé les cris de justice, exécution : « Pauvre gens, dit-il, avec une pièce de monnaie, ils en crieront autant contre leurs officiers.

» attraper, et finiront par vous couper aussi la tête. Je vous
» ordonne de ne vous jamais laisser faire Roi par eux. » A
quoi l'enfant dit en soupirant : « Je me laisserai plutôt mettre
» en morceaux ! » Cette repartie, si inattendue d'un enfant si
jeune, donna au Roi une extrême joie. Herbert et Warwick
ont donné les détails des derniers momens du Roi dans sa
prison. Nelson en ajoute quelques autres, tirés de Kennet et
de quelques autres écrits.

Le Roi, lorsqu'il eut fini ses dévotions, fut conduit de Saint-James à Whitehall, par un régiment d'infanterie et sa garde ordinaire. D'un côté, était près de lui, l'évêque de Londres ; de l'autre, le colonel Thomlinson, chargé de sa garde, et qui l'accompagnait la tête couverte. Comme la garde marchait lentement, le Roi lui dit d'aller plus vite, ajoutant qu'il allait à sa tête combattre pour une couronne éternelle. Arrivé au bout du parc, il monta l'escalier conduisant à la longue galerie de Whitehall où il avait coutume de loger ; là, il eut un retard auquel il ne s'était pas attendu, parce que l'échafaud n'était pas prêt. Il passa la plus grande partie de ce temps en prières. Vers midi, Sa Majesté ayant mangé un morceau de pain et bu un verre de vin blanc, le colonel Hacker, accompagné d'autres officiers et soldats, fit traverser au Roi, à l'archevêque et au colonel Thomlinson la salle des Banquets et les conduisit à l'échafaud. Une forte garde de plusieurs régimens de cavalerie et d'infanterie, placés tout autour, empêchait le peuple d'approcher, et le Roi d'être entendu.

(M), page 155.

Une auguste princesse qui, jeune encore et entourée de tous les prestiges de la cour la plus séduisante de l'Europe, s'était élevée aux sentimens de la plus haute piété, madame Élisabeth, sœur du Roi, avait choisi l'abbé de Firmont pour son directeur.

La révolution, dont les attentats multipliaient tous les jours les fureurs, était arrivée à sa dernière violence contre la famille royale ; madame Élisabeth était dans la prison du Temple l'ange consolateur de son frère, qui prévoyait depuis long-temps le sort qui lui était réservé. Dans leurs communications intimes elle lui parla de l'abbé de Firmont, alors retiré à Choisy-le-Roi, et déguisé sous le nom d'Essex, depuis les massacres de septembre 1792. Long-temps avant le cruel sacrifice, on lui fit présenter la charitable mission qu'il avait à remplir auprès du Roi.

Voici le passage d'une lettre que, le 21 décembre 1792, il écrivit à un de ses amis en Angleterre : « Mon malheureux » maître a jeté ses yeux sur moi pour le disposer à la mort, » si l'iniquité de son peuple va jusqu'à commettre ce parricide. » Je me prépare moi-même à mourir, car je suis convaincu » que la fureur populaire ne me laissera pas survivre une » heure à cette scène horrible; mais je suis résigné ; ma vie » n'est rien. Si, en la perdant, je pouvais sauver celui que Dieu » a placé pour la ruine et la résurrection de plusieurs, j'en » fais volontiers le sacrifice, et je ne serais pas mort en » vain...... »

La terreur continuant de régner sur toute la France, il passa successivement d'un asile à un autre, demeura long-temps à Bayeux, et réussit, en 1796, à passer en Angleterre. Il apprend que Monsieur, frère du Roi, est en Écosse avec quelques serviteurs fidèles ; il court leur remettre le dépôt des dernières pensées du roi martyr, et de sa tendre sœur Élisabeth. Après avoir pleuré, avec les princes et les sujets fidèles, les malheurs de la France et du meilleur des monarques, il quitte une seconde fois sa terre natale, et se rend à Blanken-bourg, où Louis XVIII l'avait invité à se rendre. Il resta dix ans près de ce prince. A la suite des combats qui alors ensanglantaient l'Europe, quelques prisonniers français, dont un grand nombre étaient blessés, furent amenés dans la ville qu'habitait le Roi; aussitôt le monarque ordonna qu'on cherchât des hommes habiles pour les soigner et qu'on leur fournît de bons alimens; de leur côté, la Reine, les dames de sa suite et madame la duchesse d'Angoulême étaient occupées à préparer de la charpie pour étancher le sang des blessés français. Pendant ce temps l'abbé de Firmont se transportait auprès des malades et leur prodiguait les secours de la religion, avec la charité la plus touchante; un grand nombre furent sensibles à ses exhortations et à ses soins, et moururent en bons chrétiens.

Cependant une maladie épidémique se manifesta parmi ces infortunés; le danger que couraient ceux qui en approchaient au lieu de ralentir le zèle du saint abbé le rendit plus fervent. Il ne quitta plus les grabats de cette multitude de mourans, la contagion l'atteignit lui-même, et le conduisit au tombeau, le 22 mai 1807, à l'âge de soixante-deux ans.

Le Roi témoigna les plus douloureux regrets à la mort de ce sujet fidèle; monsieur le duc d'Angoulême suivit à pied le convoi funéraire, et la duchesse son épouse fut présente aux obsèques du seul ami qui eût reçu le dernier soupir de son père.

(N), page 187.

Le 24 août, entre minuit et une heure du matin, plusieurs municipaux entrèrent dans la chambre du Roi; éveillé par le bruit, je me levai à la hâte. Je les vis s'approcher du lit de Sa Majesté. « En exécution d'un arrêté de la commune, dit l'un » d'eux, nous venons faire la visite de votre chambre, et en- » lever les armes qui peuvent s'y trouver » — « Je n'en ai point, » répondit le Roi. Ils cherchèrent néanmoins, et n'ayant rien trouvé : « Cela suffit, reprirent-ils; en entrant au Temple, vous aviez une épée, remettez-la. » Contraint à tout souffrir, Sa Majesté m'ordonna d'apporter son épée.

L'idée de concourir, quoique involontairement à désarmer mon Roi, me révoltait. Je remis au Roi son épée. « Messieurs,
» leur dit-il, je la dépose entre vos mains; plus ce sacrifice
» me coûte, plus il vous garantira mon amour pour la tran-
» quillité publique. »

Le lendemain, à son déjeûner, le Roi me témoigna combien cette insulte lui était pénible. Aucune jusqu'alors ne m'avait paru l'avoir affecté aussi vivement. Sa Majesté m'ordonna d'écrire sur-le-champ au maire de Paris ce qui s'était passé la nuit précédente, et de lui demander de sa part qu'il fût enfin statué sur le mode dont on devait lui annoncer les arrêtés de la commune.

Pétion ne fit point de réponse.

Ce désarmement du Roi augmenta mes inquiétudes pour ses jours. Le soir même, l'apparition d'un nouveau municipal (c'était un bonnetier) sembla justifier mes craintes; cet homme, de haute taille, de complexion robuste, d'une figure basanée et sombre, tenant en main un bâton noueux, entra dans la chambre du Roi : Sa Majesté venait de se mettre au lit. « Je viens faire ici, dit-il en entrant, une perqui-
» sition exacte. On ne sait pas ce qui peut arriver. Je veux
» être sûr que Monsieur (il parlait du Roi) n'a aucun moyen
» de s'évader. » Ce début était fait pour redoubler mes alarmes : cet homme me disais-je a sans doute des intentions coupables. Puis lui adressant la parole : « Vos collègues ont fait cette recherche, la nuit précédente; le Roi a bien voulu la souffrir. » — « Il l'a bien fallu, répondit le municipal; s'il avait résisté, qui eût été le plus fort ? » A ces mots je crus plus que jamais à la réalité de mes soupçons. Résolu de défendre jusqu'à mon dernier soupir la vie de mon maître : « Je ne me coucherai pas, dis-je à ce commissaire, je resterai près de vous » « Fatigué, comme vous l'êtes, me dit le Roi, couchez-vous, je vous l'ordonne. » Sans répliquer à cet ordre je me retirai ; mais, la disposition de la porte empêchant que, de son

lit, le Roi ne pût apercevoir le mien, je m'y jetai tout habillé, les yeux fixés sur cet homme et prêt au moindre mouvement suspect à m'élancer au secours de mon maître.

Ma frayeur n'était pas fondée : ce municipal, qui avait pris à tâche de paraître si redoutable, dormit d'un sommeil profond. Le lendemain de cette nouvelle scène, le Roi me dit à son lever: « Cet homme vous a causé une vive alarme. J'ai souffert de votre inquiétude, et moi-même je ne me suis pas cru sans danger ; mais, dans l'état où ils m'ont conduit, je m'attends à tout. »

(O), page 196.

État des dépenses faites au Temple, depuis le 13 août jusqu'au 30 novembre de l'an Ier. de la république française, avec l'aperçu de celles qui pourraient être à faire par la suite, présenté à la Convention nationale d'après son décret du 4 octobre, par Verdier, commissaire nommé par le conseil général du 10 août pour la vérification des comptes de cette maison.

(Pièce inédite.)

La commission nommée, par le conseil général de la commune de Paris les 4 et 8 octobre, pour l'examen des comptes du Temple et des économies à faire dans cette maison, a rangé les dépenses faites et à faire, sous cinq classes : Les traitemens des employés, les dépenses de la bouche des détenus, celles de leur entretien, celles du conseil séant au Temple et celles des travaux. Il ne lui a pas été possible d'en faire un compte aussi juste qu'elle l'aurait désiré, à cause du désordre introduit et entretenu dans cette maison par les travaux qu'il a été nécessaire d'y faire; par l'indépendance réciproque des petits départemens qui s'y trouvent; par la multiplicité des fournisseurs sur les mêmes objets; par la succession continuelle des commissaires de service chargés de la surveillance générale, et par la multiplicité des commissions qu'il a fallu leur adjoindre. La plupart de ces inconvéniens ayant cessé, la régie et les comptes s'y pourront faire avec plus de facilité.

1°. *Traitement des personnes employees habituellement au Temple* (1).

Lorsque les commissaires des comptes sont allés au Temple, ils y ont trouvé vingt-quatre personnes employées, dont treize pour la bouche et l'office. Il ne leur a pas été possible de faire déterminer leurs traitemens par l'ancien conseil général ; mais leur rapport du commencement de novembre a servi de base au nouveau conseil pour les déterminer le 28 décembre ; les employés sont les suivans :

1°. Deux guichetiers employés à la tour : les commissaires avaient proposé de fixer leur traitement annuel à mille écus pour chacun. Les guichetiers demandaient cinq mille livres et le conseil général leur en a accordé six : le ministère de ces deux guichetiers était nécessaire dans les premiers temps que les détenus était dans les petits appartemens qui se communiquaient pour en ouvrir et fermer la première porte. Mais, depuis qu'ils ont été transférés dans les deux appartemens séparés au second et au troisième étage de la tour, et que la commission des travaux a fait placer dans l'escalier sept guichets ou portes gardées par des sentinelles, le ministère des guichetiers est devenu inutile et le nouveau conseil les a renvoyés en décembre.

2°. Cléry, valet de chambre de Louis Capet et de son fils, est tout près d'eux pour les servir et ne peut les quitter sans être accompagné d'un commissaire de service. Les commissaires des comptes avaient proposé de fixer son traitement à 6,000 livres ; l'ancien conseil y avait adhéré, mais on rapporta ensuite

---

(1) Il ne faut point perdre de vue que les différentes fixations de traitemens qu'on va lire, sont faites en assignats, et qu'ils perdaient déjà beaucoup de leur valeur.

son arrêté et ceux des suivans traitemens qu'il avait déterminés.

3º. Tison et son épouse sont auprès des dames pour les servir, avec les mêmes conditions que le valet de chambre de Louis. Les commissaires avaient proposé son traitement à 7,000 livres, et le conseil l'avait arrêté à 6,000.

Employés au palais.

4°. Mathey et Fontaine, inspecteurs de surveillance, étaient au bureau des commissaires de service, pour exécuter leurs ordres. Les commissaires des comptes, de service, ont proposé leur traitement à 3000 livres, et l'ancien conseil l'avait fixé à 2,000. Mais leurs fonctions ayant été séparées par le nouveau conseil, lorsqu'en décembre il est entré dans l'appartement de la tour au rez-de-chaussée, elles sont devenues plus étendues et plus gênantes, et leur ont fait mériter un traitement plus fort.

Mathey a suivi le conseil dans la tour pour exécuter les ordres immédiats, faire distribuer et surveiller les cartes, etc., et on a mis sous lui un porte-clefs.

Fontaine est demeuré dans l'ancien appartement du conseil, situé dans la première tour, pour surveiller les dehors de la tour, reconnaître ceux qui entrent et sortent sans cartes, introduire à la tour ceux qui y ont besoin.

Baron, frotteur et gardien des meubles des appartemens du palais, a pour fonctions de les nettoyer et conserver par des soins journaliers, de nettoyer les appartemens de la tour. Les commissaires des comptes et des déménagemens du Temple avaient proposé son traitement à 1,500 livres, et l'ancien conseil l'avaient fixé à 1200.

5°. Mancel, Gourlet et Quesnel sont d'anciens serviteurs du Temple, réservés pour les gros ouvrages, et pour faire les commissions, et Gourlet a été autorisé, le 18 octobre, à monter, au besoin, à la tour pour y soulager le valet-de-chambre. Les commissaires des comptes et leurs collègues avaient proposé le traitement de chacun à 800 livres et ce conseil l'avait fixé à mille livres.

6°. Tiranon, scieur de bois, est chargé de couper, de distribuer les bois de chauffage dans les salles et corps-de-garde. Les commissaires des comptes et ceux de service avaient proposé son traitement à 50 sols par jour.

7°. La citoyenne Rokenstrok, femme de charge au Temple, y a été continuée pour avoir soin du linge appartenant aux créanciers du ci-devant d'Artois, mais qu'on emploie actuellement pour toutes les personnes qui se trouvent au Temple. Les commissaires des comptes avaient proposé son traitement à 800 livres.

8°. Il s'y trouvait encore un perruquier sans appointemens; mais, comme les commissaires qui l'employaient oublièrent souvent de le payer, le nouveau conseil lui a fait attribuer un traitement pour lui rendre ses services gratuitement.

Employés pour la bouche.

9°. Gasnier, ancien officier de cuisine de la cour, est chef de la cuisine de Louis, et y fait en même temps les fonctions des anciens contrôleurs, essaie les mets portés aux détenus, etc. Les commissaires des comptes et ceux de service avaient proposé son traitement à 4000 livres.

10°. Roché, sommelier et chef de l'office, a un ministère analogue à celui de chef de cuisine, pour sa partie; il est, en outre, chargé principalement de la distribution du pain, du vin et liqueurs; et les commissaires avaient jugé qu'il devait avoir un traitement à peu près égal à celui de son collègue; mais prévoyaient que son ministère pourrait être supprimé.

Ces deux chefs, qui s'étaient associé les autres officiers, pensaient qu'on devait donner 9 livres par jour au rôtisseur, au pâtissier, au garde de l'argenterie et à l'aide d'office, aussi employé à la tour auparavant; mais les commissaires avaient jugé qu'on pouvait payer chacun à raison de 100 louis.

11°. Les mêmes chefs demandaient cinq livres par jour pour le garçon de cuisine et pour celui de l'office, aussi employés auparavant à la tour. Les commissaires des comptes de service ont estimé qu'on pouvait les payer à raison de 1500 livres.

12°. Les mêmes chefs ne demandaient que 3 francs par jour pour le laveur, par la raison, qu'il avait des accessoires qu'on ne pouvait lui enlever. Les commissaires ont pensé qu'il pouvait être payé à raison de 800 francs.

13°. Les mêmes chefs demandaient 40 sols par jour pour le tourne-broche.

14°. Enfin, ils demandaient quatre livres par jour pour chacun des trois garçons, servans. Les commissaires les bornèrent à 1200 livres.

Tous ces traitemens, tels qu'ils ont été proposés par les commissaires des comptes, d'accord presque sur tout avec les commissaires de service, forment une dépense annuelle de 6000 mille livres pour les guichetiers; de 13,000 livres pour les trois serviteurs immédiats de la tour; 11,600 pour les employés au palais; 25,800 pour les employés pour la bouche; en tout, 50,400 livres, sans compter les traitemens des guichetiers supprimés; mais, d'après les observations du chef de cuisine, on pourra supprimer cinq officiers de bouche, lorsque la cuisine sera transportée dans la tour, pour servir les tables des détenus et des commissaires de service.

2°. *Dépenses de la bouche des détenus, depuis le 13 août jusqu'au 30 novembre.*

L'étiquette et les formules observées pour la table de Louis, à sa cour, sont suivies au Temple; mais la dépense y a été bien légère, en comparaison de ce qu'elle était à Versailles et même aux Tuileries, puisqu'il n'y a qu'une table fournie et servie seulement par treize officiers. (Cent trente mémoires, qui ont été présentés aux commissaires des comptes, ont été ordonnancés par une nouvelle commission qui leur a été jointe, d'après un arrêté de l'ancien conseil du 28 novembre.) Pour juger des profusions et des économies, il faut en considérer le service sous quatre époques ; la première du 13 août au 2 sepbre ; la seconde pour le reste de septembre, et les deux autres en octobre et en novembre. Dans la première, la table était dirigée par deux contrôleurs de la bouche et du gobelet, qui ont été remerciés, et il y a eu pendant quelques jours des personnes de plus à la tour ; dans la seconde, elle n'a été dirigée que par les deux chefs de la cuisine et de l'office ; et dans les deux autres, les commissaires de service y ont concouru avec ces deux chefs.

Les bordereaux de la dépense de bouche, dans la première époque, se sont montés à 11,237 livres, 11 sous, 9 deniers ; mais les mémoires ont été réduits par les commissaires à 10,400 livres, pour environ vingt-cinq jours, ce qui l'aurait portée à environ 13,000 livres si le mois eût été complet.

Pendant les 23 derniers jours de septembre la dépense n'a été que 8,818 livres, suivant les bordereaux, et de 8,102 livres, d'après la réduction des commissaires.

Celle d'octobre a été sur les bordereaux de 9,295 livres 6 sous, et a été réduite par les commissaires à 8,245 livres.

Enfin, celle de novembre, portée à 8,992 livres 4 sous 6 deniers sur les bordereaux, a été réduite par les commissaires à 8,435 livres.

Il peut y avoir quelques légers mémoires, présentés après coup, qui n'entrent point dans cet état, mais ce ne peut être que bien peu de chose. Il résulte du moins de cet exposé que les commissaires ont diminué, du consentement même de la plupart des minimes fournisseurs, 3,500 quelques livres, sur les mémoires de bouche qui, par leur nature et leur variabilité, étaient irréductibles en justice, et que leur vigilance a fait diminuer la dépense de bouche au Temple de plus de 100 louis par mois, pendant qu'ils y ont séjourné, quoique leur autorité fût insuffisante pour remédier aux abus qui s'y sont introduits avec l'étiquette de la ci-devant cour royale.

Mais il a paru aux commissaires des comptes plus important de préparer les économies pour l'avenir que de réduire les profusions faites d'accord avec la commission des travaux ; ils ont cru que le moyen d'économiser était de reporter la cuisine du palais à la tour, pour qu'elle fournît à la fois la table de la famille ci-devant royale et celle des commissaires et de l'état-major. Ils ont pensé unanimement que pour cette réforme seule la première table n'en serait pas moins bien servie, et que la seconde le serait beaucoup mieux, sans qu'il en coûtât davantage ; c'est-à-dire qu'on supprimerait ainsi le traiteur et le limonadier qui coûtaient environ 3,000 livres par mois. Les lieux étaient préparés pour cette réforme par les soins des deux commissions, lorsqu'elles ont cessé au commencement de décembre ; et cette réforme a été adoptée par le nouveau conseil au commencement de janvier 1793.

Mais ce changement ne suffit pas pour mettre fin aux profusions. Il est absolument nécessaire que l'administration, quelle qu'elle soit, mette fin à cette multiplicité de fournisseurs pour le même genre de denrées, dont les uns les font payer un quart et même un tiers plus cher que les autres, et qu'elle ne se serve, pour chaque genre, que d'un fournisseur avec lequel elle conviendrait d'un prix fixe. Peut-être même pourrait-on couper court à tous ces abus, en faisant un forfait avec le chef de cuisine, sur un plan de service convenu. Les commissaires ont proposé ce projet à ce chef de cuisine, et il a paru vouloir s'y prêter. Cette forme de service préviendrait bien des embarras en établissant des économies fixes.

3°. *Fournitures faites immédiatement à la famille ci-devant royale, sur la demande de Louis Capet.*

Lorsque Louis est entré au Temple, il n'y a point trouvé les commodités qu'on s'empressait auparavant d'accumuler auprès de lui. Les effets à son usage journalier avaient été mis sous les scellés au château des Tuileries, et sa famille n'y est entrée qu'avec les vêtemens qu'elle portait. Dans ce dénûment, Louis a donné des ordres pour se procurer des vêtemens, du linge et autres effets nécessaires ; et les valets de chambre ont transmis les ordres aux anciens fournisseurs par les anciens commissaires. Les commissaires de la commune se sont prêtés à ses besoins et à ses désirs, et il a été fourni de tout ce qu'il a demandé. En conséquence, les serviteurs nous ont présenté 80 mémoires des fournitures qui lui ont été faites depuis le 10 août jusqu'au 30 octobre. Il ne nous a pas été difficile d'y reconnaître les mêmes abus que pour la bouche, continués par les fournisseurs de l'ancien régime royal. Non-seulement il en est qui paraissent au premier coup-d'œil évidemment exagérés, mais encore la multiplicité des fournitures, pour des vêtemens et du linge de même sorte, ont décelé l'avidité de quelques-uns par des prix bien différens.

Les exagérations de bien des mémoires ont frappé même le ci-devant Roi et la ci-devant Reine, qui nous en ont parlé, en nous invitant à les réduire à leur juste valeur et nous nous en sommes occupés avec gens connaisseurs (1).

Nous avons commencé par faire payer au C. Pétion 2,000 livres qu'il avait avancés à Louis, et à Huë son premier valet de chambre 526 livres, et le valet de chambre actuel a démontré l'emploi de ces deux sommes pour le ci-devant Roi.

Les deux serviteurs actuels nous ont présenté les 78 mémoires de vêtemens, linges de corps et de lit, étoffes et autres effets fournis à Louis, à son épouse, à son fils, à sa fille et à sa sœur, depuis le 10 août jusqu'à la fin d'octobre, ils forment un total de 29,505 livres 14 sous 1 denier, suivant le prix que les fournisseurs ont mis à leurs mar-

---

(1) Rien n'est peut-être plus digne de remarque que cette sollicitude de Louis XVI et de la Reine, s'occupant de réduire eux-mêmes les dépenses qu'entraînait leur captivité.

chandises. Mais le plus grand nombre de ces mémoires et les plus considérables, sont réductibles d'une diminution de plus de 1,000 écus ou 4,000 livres. Nous en avons fait les observations au conseil général de la commune, dans notre rapport du 18 novembre, et le conseil ordonnança le paiement des fournitures les moins considérables qui ne paraissaient pas réductibles, en arrêtant que les commissaires s'adjoindraient des experts pour taxer les autres

Différentes circonstances ont empêché la première commission des comptes de pouvoir commencer cette expertise, mais le début des experts justifie ce qu'on vient d'avancer, car sur les mémoires montant à la somme de 3,182 livres, ils ont fait une diminution de 722 livres, en portant les fournitures et les façons au plus haut prix.

Pendant ces deux premiers mois et demi, il a été fait encore quelques légères fournitures dont les valets de chambre ne nous ont présenté les mémoires qu'en décembre avec ceux des fournitures de novembre. Le nouveau conseil nous a obligés de les remettre, dans l'état où on nous les avait donnés, à la nouvelle commission des comptes qu'il a nommée. Nous observerons seulement que nous les avons fait voir aux experts et qu'ils les ont jugés susceptibles des pareilles réductions que les premiers.

Je finirai cet article en observant qu'il ne faudrait pas pressentir les dépenses à faire pour ces objets, par celles qui ont été faites. Les premiers besoins nés des circonstances ont été remplis; l'entretien doit être maintenant bien moins considérable.

4°. *Dépenses du Conseil séant au Temple.*

Les dépenses du conseil séant au Temple, consistent en soins journaliers pour la nourriture des commissaires de service, pour la consommation de bois, de lumière de cire et de suif, dans les salles et corps-de-garde, pour l'illumination des cours, pour l'emploi des papiers, cartes d'entrée, et pour les blanchissages et autres objets par conséquent.

La table des commissaires a été fournie par un traiteur et un limonadier de l'extérieur du Temple. Sous l'ancien conseil général le traiteur fournissait à raison de 4 livres par tête, pour le déjeûner, le dîner et le souper. Le nouveau conseil a porté cette dépense à six francs.

Jusqu'au dernier novembre, le conseil séant au Temple recevait à sa table les huit commissaires de service, ceux des commissions qui s'y trouvaient en exercice, les quatre officiers d'état-major, les commissaires envoyés, au besoin, par le département et par la Convention nationale. Le traiteur fournissait aussi souvent, par ordre du conseil, des alimens à des ouvriers et autres personnes nécessaires alors ; et il en a coûté au moins 10,000 livres pour le traiteur, et 1,500 livres pour le limonadier.

Des gens malintentionnés ont parlé d'orgies faites au Temple par les commissaires de service, par des fournisseurs et même par des membres de la Convention nationale, mais les commissaires des comptes protestent que ce sont des calomnies et qu'ils ont vu peu d'abus en cette partie.

Des commissaires du nouveau conseil provisoire ont voulu borner la table à seize personnes du conseil et de l'état-major du Temple ; mais la nécessité qui les oblige d'y admettre, dans les circonstances, ceux de leurs collègues et des membres de la Convention qui y sont envoyés, leur a démontré leurs faibles vues dans cette prétendue réforme, et dans l'augmentation pour les frais de leur table ; elle a coûté à peu près autant en décembre que dans les mois précédens, quoique le nombre des convives y fût bien plus grand ; mais, comme nous l'avons observé, il est à croire que le service des deux tables, qui a commencé en janvier d'être fait par la même cuisine, supprimera tout-à-fait cette dépense, si la cuisine est bien surveillée.

L'illumination des cours a fait un objet plus considérable que la table, en août et septembre; mais les commissions établies au Temple en octobre y ont mis une grande réforme économique.

Je ne puis donner un détail plus précis sur les dépenses ordonnées immédiatement par le conseil séant au Temple; c'est Roché, mon collègue, qui en a ordonnancé le paiement; c'est à lui à fournir les explications nécessaires.

5°. *Dépenses des travaux faits au Temple.*

Les travaux jugés nécessaires au Temple, pour la garde et la sûreté de la famille ci-devant royale, consistent en appartemens construits et meublés dans la tour, pour eux et pour le conseil; en la confection d'un fossé autour de la tour et son comblement; en l'entretien de murs fort élevés et des différens corps-de-garde, etc.

Les travaux étaient si peu avancés au commencement d'octobre, que le conseil de la commune a nommé deux commissions pour les hâter, les surveiller et les faire payer; le Temple était alors ouvert en grande partie par le jardin, et la fin de novembre a vu finir les travaux qu'on a crus nécessaires jusqu'à ce que la Convention ait décidé sur le sort des prisonniers.

Les dépenses montent à près de 200,000 livres, et la plus grande partie a été ordonnancée et même payée; mais c'est Roché, mon collègue, qui a fait principalement ces comptes avec l'administration des travaux publics et l'architecte de la commune : c'est à lui d'en fournir l'état.

Pour faire ces travaux, Palloy qui en a été le premier chargé, a cru devoir faire abattre des maisons voisines : les propriétaires ont réclamé de grandes indemnités, pour l'appréciation desquelles le conseil général a nommé une commission particulière. Elle n'a point communiqué avec les autres; l'administration des travaux publics n'a pu rendre de compte à la Convention. Il y a encore, au Temple, un autre objet d'administration ; c'est la garde, l'entretien et l'inspection des appartemens de la première tour et du grand nombre de meubles précieux qui s'y trouvent. Cet objet a été soumis à l'inspection de commissaires particuliers nommés, au mois d'août, par l'ancien conseil-général, sous le titre de *Commission des déménagemens*.

Résumé.

Il résulte de ce qui vient d'être exposé, que les plus grandes dépenses faites au Temple, depuis le 13 août jusqu'au dernier novembre, sont celles que les circonstances ont indiquées pour la garde et la sûreté des prisonniers. Les autres n'y ont pas été considérables ; celles de bouche ont monté à environ 35,000 à 36,000 livres ; celle de l'entretien de la famille ci-devant royale a été d'environ 31,000 à 33,000 livres ; celle du conseil séant au Temple, de 20 et quelques mille livres ; et les commissaires avaient évalué le traitement des employés à 50,400 livres par an. La confusion, née des circonstances, en avait encore occasioné d'inutiles avec quelques profusions et prodigalités : l'ancien conseil de la commune y a fait mettre tout l'ordre, les économies et les réformes possibles par les commissaires de service et des autres commissions ; mais ceux-ci ont été aussi trop gênés et contrecarrés dans leurs opérations, pour avoir pu faire toutes les réformes nécessaires. Ils sont du moins parvenus à y préparer l'ordre et l'économie, par les travaux, l'apurement des comptes et la simplification du service.

Mais, quelques simplicité et facilité qui s'y trouvent maintenant, il n'est pas possible que des commissaires qui se succèdent au Temple, toutes les quarante-huit heures, et qui y sont presque entièrement occupés de la garde des prisonniers et de la police des personnes qui se trouvent au Temple ou qui s'y introduisent, puissent bien surveiller les différentes parties; on ne peut y établir l'ordre et l'économie nécessaires, sans l'établissement d'un ou plusieurs administrateurs permanens qui ne se contentent pas de viser des fournitures ordonnées par différentes personnes et apportées par une foule de fournisseurs; mais qui en vérifient le besoin, en ordonnent les achats, en règlent le prix et en distribuent l'emploi, mettent l'économie nécessaire dans les fonctions des employés, et surveillent toutes les opérations dans les départemens.

A Paris, ce 4 janvier 1793.

(P), page 196.

(*Pièces inédites.*)

Extrait du registre n°. 21, pages 12,970 et 12,971.

Séance du 1er. octobre 1793 (an 2 de la république.)

Les commissaires nommés pour aller ce soir au Temple y maintenir l'ordre et la tranquillité sont Lepauvre, Crespin, Smisbourbacet et Fleuriot Lescot. Un membre fait un récit sur la commission du Temple qui a renvoyé quantité d'employés au service de cette prison. Il demande qu'on les paie: il ajoute qu'aucun fournisseur ne veut plus rien livrer faute de paiement; on y manque de bois et d'autres objets de première nécessité.

On lit ensuite une lettre de Mathey, concierge de la tour du Temple, qui se plaint de ce qu'on a négligé son affaire; il demande qu'on s'en occupe sérieusement. Depuis trois semaines, lui et son service souffrent. Sa santé ne lui permet plus de remplir ses fonctions; en conséquence, il déclare qu'à compter de demain il ne fait plus de service.

Un membre demande qu'on nomme un économe provisoire pour les dépenses du Temple: cette demande est ajournée à vendredi prochain.

Le conseil général autorise la commission des huit nommés par l'administration du Temple, à prendre toutes les mesures pour pourvoir aux besoins du Temple, à se faire en conséquence représenter tous les mémoires depuis le 31 juillet, époque du départ de Cailleux, jusqu'à ce jour; à les vérifier, en faire le rapport au conseil général qui en règlera le montant pour être présenté de suite avec les états des salaires dus aux différents employés, au ministre de l'intérieur, et en toucher le montant.

Sur le réquisitoire du procureur de la commune, on ajourne à demain l'épurement des membres des comités révolutionnaires des sections qui devaient être épurés aujourd'hui, attendu qu'il a perdu les notes qu'il s'était procurées, et qu'il espère les retrouver.

Registre n°. XXI, page 13,025.

Séance du 8e. jour de la 2e. décade, 2e. année républicaine.

Les commissaires au Temple font un rapport sur les dépenses de l'intérieur du Temple et sur les personnes qui y sont employées.

Après une ample discussion sur ces citoyens, le conseil général arrête que Fontaine, Mansel et son épouse seront renvoyés du Temple.

Un membre demande que Simon, gardien au Temple du petit Capet, puisse se promener dans les cours du Temple. Le conseil accorde cette demande, pourvu que Simon soit accompagné d'un commissaire.

Le conseil étend la réforme jusqu'au citoyen *Mathey*, , concierge du Temple, et le remplace par Coru, membre du conseil, et le nomme économe du Temple.

Le conseil arrête en outre que les membres, qui iront ce soir au Temple, seront chargés de faire le recensement des livres de la petite bibliothèque qui est dans la chambre du citoyen

Mathey. Jérôme et Monier sont nommés gardes de la tour. Le conseil leur alloue la somme de quinze cents livres, qu'en outre ils seront nourris.

Le conseil arrête que l'économe Coru aura 4,000 francs d'appointemens, comme les avait Cailleux, ci-devant administrateur du Temple;

Arrête que Mathey, concierge, restera consigné et surveillé jusqu'à ce que les cartes qu'il distribuait soient changées, et jusqu'à ce que le conseil du Temple ait prononcé;

Arrête que le perruquier déjà en exercice au Temple sera conservé;

Arrête que toutes les pièces du rapport seront mises entre les mains de l'économe, pour poursuivre le paiement des fournisseurs auprès des autorités constituées.

Le citoyen Henry est nommé pour porter le bois dans le Temple.

Extrait du registre n°. XXI, pages 13,091 et 13,092.

Séance du 26ᵉ. jour du 1ᵉʳ. mois, 2ᵉ. année républicaine.

Le citoyen Coru, économe du Temple, fait un rapport sur les dépenses de cette prison, d'où il résulte que les sommes exorbitantes excitent beaucoup de réclamations, et sur la motion d'un membre,

Arrête en outre que la commission fera un nouveau rapport, et plus détaillé sur les mémoires du Temple, et particulièrement sur celui de Desfontaines, l'un des concierges.

Sur l'observation du substitut du procureur de la commune, que parmi ces mémoires il y en a qui ne peuvent point être ajournés, et que les mémoires de beaucoup de fournisseurs sont réglés de manière à ne laisser aucun doute sur leur exactitude, le conseil général adopte les mémoires réglés par la commission du Temple.

Extrait du registre XXI, page 13,108.

Récapitulation générale du compte des dépenses faites pour les prisonniers du Temple, pendant les mois d'août et septembre 1793.

Cuisine.	23,237 liv.	12 s.	
Dépenses diverses.	4,723	18 s.	
Constructions.	39,148	10 s.	3 d.
Mémoires nouveaux.	6,432	2 s.	8 d.
Mémoire additionnel de Mathey.	327	»	»
	73,869 liv.	2 s.	11 d.

(Q), page 211.

Dans une des pièces du troisième étage de la tour du Temple, se trouvait un poêle, où l'on avait pratiqué des bouches de chaleur. C'était dans l'une de ces ouvertures, ou dans un panier destiné à recevoir les balayures de la chambre, que Turgy déposait à la dérobée, soit un billet d'avis, soit des annonces de journaux. De leur côté, les princesses plaçaient au même endroit leurs billets écrits, tantôt avec du jus de citron, tantôt avec un extrait de noix de Galle. Un signe convenu indiquait respectivement le lieu du dépôt. Hors de la tour, le fidèle serviteur faisait relire l'écriture, et me transmettait les choses qui me concernaient.

Quoique je ne pusse, sans un danger certain, paraître dans aucun lieu public, je n'en étais pas moins instruit de ce qui se passait. J'avais fréquemment, avec des seigneurs de la Cour et même avec quelques députés, des entretiens nocturnes. Mes rendez-vous avec Turgy avaient lieu hors des murs de la ville ; là, je lui remettais par écrit, soit à l'encre, soit au crayon, ce que je croyais devoir apprendre à la Reine.

Dans cette correspondance journalière, je rendais compte à

la famille royale de l'esprit qui régnait dans Paris, des dispositions du reste de la France, des événemens militaires de la Vendée, du progrès des armées étrangères, et surtout des intrigues secrètes, des luttes et des projets ultérieurs des divers partis de la Convention.

Mon extrême circonspection ne put me soustraire aux dénonciateurs : on fit chez moi une seconde visite domiciliaire. Dans la matinée du 19 juillet je vis entrer tout à coup dans mon appartement six hommes tous membres du comité révolutionnaire. On me fit lecture d'un ordre de l'administration de police à laquelle j'avais été dénoncé comme entretenant une correspondance avec la veuve Capet. L'ordre portait de visiter mes papiers, mes effets; et pour peu qu'il se trouvât le moindre indice contre moi, de me conduire au tribunal révolutionnaire. Cette recherche m'exposait d'autant plus qu'au moment de l'apparition des commissaires, j'écrivais à la Reine pour lui rendre compte d'une mission dont elle m'avait honoré : à peine eus-je le temps de faire disparaître, sans qu'on s'en apperçût, la lettre que j'avais commencée. Deux de ces inquisiteurs me fouillèrent, et n'ayant rien trouvé sur moi, ni dans mon appartement, ils redigèrent leur procès-verbal et se retirèrent.

(R), page 219.

Dans le courant de juin la femme Tison donna des signes de dérangement d'esprit; elle était toujours triste et poussait des soupirs comme une personne qui éprouve des remords : quel qu'en fût le motif, elle se vit contrainte par son mari, homme brutal, de faire une dénonciation contre la Reine et contre madame Élisabeth : elle les accusa d'entretenir, tous les jours, une correspondance avec moi; pour prouver le fait, elle descendit au conseil un flambeau qu'elle avait pris dans la chambre de madame Élisabeth, et fit remarquer aux municipaux une goutte de cire à cacheter qui était tombée sur la bobèche ; en effet, le matin cette Princesse m'avait remis un billet cacheté pour M. l'abbé Edgeworth de Firmont, et je m'étais empressé de le porter chez madame la duchesse de Serent : son Altesse Royale ne cachetait que les billets pour ce vénérable ecclésiastique, son confesseur.

En remontant de la chambre du conseil, la femme Tison entre dans l'appartement des Princesses. Elle aperçoit la Reine ; sa tête se trouble, elle se précipite aux pieds de la Princesse en s'écriant devant les municipaux et sans faire attention à leur présence : « Madame, je demande pardon à Votre Majesté (ce fut son expression), je suis une malheureuse, je suis la cause de votre mort, et de celle de madame Élisabeth. » Les princesses la relevèrent avec bonté et tâchèrent de la calmer. Un moment après, j'entrai, avec mes deux camarades, Chrétien et Marchand, portant le dîner de la famille royale et accompagnés des quatre commissaires surveillans. La femme Tison se jeta à genoux devant moi, en me disant : « Je vous demande pardon, je suis la cause de la mort de la Reine et de la vôtre. » Madame Élisabeth la relevant aussitôt, me dit : « Turgy, pardonnez-lui. » J'eus l'honneur de répondre à S. A. Royale, « que la femme Tison ne m'avait point offensé ; qu'en supposant qu'elle l'eût fait, je lui pardonnais de bon cœur. » Cette femme eut ensuite des convulsions affreuses ; on la transporta dans une chambre du palais, il fallut huit hommes pour la contenir. Deux jours après on la conduisit à l'Hôtel-Dieu : elle n'a plus reparu au Temple.

(S), page 230.

D'après ces circonstances, un fidèle sujet conçut le projet d'offrir à la Reine des moyens d'évasion ; c'était un chevalier de Saint-Louis, nommé de Rougeville. Une femme, aimée d'un municipal, fut mise dans sa confidence et s'engagea à seconder le projet. Elle redoubla de soins pour le municipal et l'invita à dîner. M. de Rougeville fut du nombre des convives et passa pour un étranger. Pendant le repas la conversation étant devenu plus intime, on la fit adroitement passer sur les événemens du jour. « Ce doit être, dit M. de Rougeville, un » étrange spectacle qu'une Reine de France enfermée dans un » des cachots de la Conciergerie ! » — « Ne la connaissez-vous » pas ? » demanda le municipal. « Non, » reprit avec indifférence cet officier. « Voulez-vous la voir ? reprit le municipal, je peux » vous faire entrer dans sa prison. » M de Rougeville ne montra aucun empressement ; les convives qui étaient dans le secret l'invitèrent à accepter la proposition : il y consentit ; l'heure fut prise pour le jour même. Dans l'intervalle, sous le prétexte que ce jour était la fête de la dame du logis, M. de Rougeville fit acheter un bouquet et le lui offrit. La dame en détacha un œillet et le donna à cet officier qui s'absenta pendant quelques instans et plaça avec adresse dans le calice de la fleur un papier roulé, sur lequel était écrit : J'ai à votre disposition des hommes et de l'argent. Sur le soir le municipal mena M. de Rougeville à la Conciergerie ; introduit dans la chambre de la Reine, cet officier s'aperçut que Sa Majesté le reconnaissait.

Après quelques mots indifférens, il feignit de croire que son œillet devait faire plaisir à la Reine et s'empressa de le lui offrir ; elle l'accepta. Avertie par un coup-d'œil, d'y chercher ce qu'il renfermait, Sa Majesté se retira dans un coin de la chambre, ouvrit l'œillet, y trouva le papier et lut ce qui était écrit. Déja la Reine traçait avec une épingle sa réponse négative, lorsque l'un des gendarmes, en faction à la porte du cachot, entra brusquement et saisit le papier. Grande rumeur dans la prison ; dénonciation à la commune et au comité de sûreté générale. Aussitôt la femme du concierge de la prison et son fils furent arrêtés comme complices. On les enferma au couvent des Madelonnettes, ils y furent mis au secret ; quelques jours après ils recouvrèrent leur liberté. M. de Rougeville s'était sauvé, sa tête fut mise à prix.

(T), page 237.

Notice sur madame Bault.

Le petit écrit que nous nous sommes déterminés à reproduire dans la collection des Mémoires relatifs à la révolution, a été rédigé sous la dictée et à la prière de madame Bault, par un magistrat distingué qui lui devait de la reconnaissance. Il le fut également sous les yeux de M. Huë dont le témoignage et les souvenirs étaient ici du plus grand prix. Il serait superflu de rien ajouter aux faits. A l'égard de la personne qui parle dans cet ouvrage, nous ne pouvons rien faire de mieux que de retracer ce que le *Journal Officiel* en a dit, il y a vingt-quatre ans, dans un moment où les victimes échappées au régime de la terreur, pouvaient enfin se livrer à l'effusion de leurs sentimens pour ceux qui les avaient sauvés. Voici l'article du *Moniteur*, relatif au concierge Bault et à sa femme.

Article inséré dans le Moniteur, n°. 357, le 27 fructidor an VIII.

Permettez, citoyen rédacteur, que je dépose dans votre estimable feuille les témoignages de ma reconnaissance pour la famille Bault dont le nom réveille des impressions si douces dans le cœur de tous ceux dont elle a allégé les malheurs ; et mes félicitations au préfet de police, qui vient de rendre à ses fonctions de concierge à la Force, un citoyen estimable que sa trop grande humanité envers les détenus fit destituer après le 18 fructidor.

Si l'humanité mérite un châtiment, si les actes d'une sévérité inutile, pour s'assurer des détenus, sont un devoir, le citoyen Bault et son épouse sont bien coupables ; car si je ne craignais de rappeler une époque que nous devons nous efforcer d'oublier, je pourrais nommer plusieurs hommes précieux à la république, que le fer des assassins eût infailliblement frappés, sans le courage et la présence d'esprit du citoyen Bault et de sa vertueuse épouse. Je ne citerai que l'amiral Latouche-Tréville, mon compagnon d'infortune, qui commande en ce moment une partie de nos flottes; persuadé qu'il me saura gré d'avoir, en son nom, payé ce tribut à la reconnaissance.

Si quelque chose égale la sensibilité profonde et éclairée de cet estimable concierge et de son épouse, c'est peut-être le désintéressement parfait dont il a donné les preuves les plus touchantes. Les citoyens Dussaulx et Dupont (de Nemours), auxquels madame Bault n'avait cessé de prodiguer ses soins et ses secours pendant leur détention, voulurent, lorsqu'ils eurent recouvré leur liberté, lui en témoigner leur gratitude. Dupont (de Nemours) insistait de la manière la plus pressante : « Ah ! voulez-vous, lui dit-elle en repoussant modestement ses offres, m'enlever la jouissance entière et pure d'une bonne action ? »

Vous ne trouverez sûrement pas hors de propos que je présente à vos lecteurs ces faits qui ne peuvent être indifférens que pour les âmes insensibles ; et la vôtre n'est pas de ce nombre.

La réintégration du citoyen Bault honore le magistrat qui en est l'auteur ; et c'est un bienfait dont l'influence rejaillira sur les infortunés confiés à sa garde.

En rade de Brest, à bord du vaisseau le Terrible, le 4e. jour complémentaire de la république française, une et indivisible.

LATOUCHE-TRÉVILLE, *contre-amiral, commandant l'armée navale.*

C'est avec bien de la satisfaction, ma très-chère et digne amie, madame Bault, que j'ai appris la justice qui vous avait été rendue ainsi qu'à votre mari, en vous replaçant au poste que vous avez l'un et l'autre honoré par votre humanité et votre désintéressement. Je sais bien bon gré à celui qui, dans *le Moniteur*, a bien voulu être l'interprète de ma reconnaissance ; elle sera aussi durable que l'existence que je vous dois.

Recevez mes vœux pour votre santé et votre bonheur, et l'assurance de mon éternelle reconnaissance et de mon inviolable et tendre attachement.

Signé Latouche-Tréville.

Mille tendres amitiés à votre mari.

« La bienfaisance de M. et madame Bault s'étendit également sur tous les infortunés soumis à leur surveillance, quels que fussent les principes qu'ils professaient alors. Mais les royalistes reçurent particulièrement des marques de leur intérêt. Le mari mourut peu de temps après avoir été réintégré dans sa place ; sa veuve lui succéda dans ses fonctions et garda la même conduite. Persécutée sous le régime de la terreur, persécutée sous le directoire, elle le fut encore sous le gouvernement impérial. En 1808, on essaya de l'impliquer dans une conspiration de prison à Sainte-Pélagie. On lui ôta du moins un établissement de restaurateur pour les détenus, qui faisait toute sa ressource ; on le supprima alors, on l'a rétabli depuis, et il a été donné à une autre personne. Lors de la restauration, elle parla de ses services et de ses malheurs. Les événemens des cent jours suspendirent ses démarches. En 1817, elle se détermina à faire imprimer le récit que l'on va lire. Madame, duchesse d'Angoulême, eut la bonté de lui faire accorder par mois une gratification de 200 francs qui a été souvent réduite, souvent suspendue. Madame Bault se retira dès lors dans une habitation modeste qu'elle possédait à Charenton avant de s'établir à Paris. Elle y est morte le 11 décembre 1823, dans les sentimens de piété les plus édifians, laissant une fortune très-médiocre, au milieu des larmes de sa famille et de ses amis, et prononçant jusqu'à son dernier soupir le nom de son auguste bienfaitrice. »

« Nous avons peu de chose à dire sur le style de cette petite production ; on a tâché seulement d'y conserver ce ton de simplicité convenable à la personne qui parle. Souvent importunée et même inquiétée par des questions insidieuses auxquelles il était également dangereux d'opposer un silence absolu, ou de ne pas répondre précisément ce qui pouvait convenir aux intérêts des personnes qui interrogeaient, choquée des erreurs et des exagérations qu'on publiait sur des particularités que personne ne connaissait mieux qu'elle même, et craignant aussi qu'on ne supposât même des services qui auraient compromis sa délicatesse et son désintéressement, elle voulut, une fois pour toutes, déposer dans un seul acte authentique, invariable, tout ce qui pouvait servir à faire connaître *la vérité, toute la vérité* et *rien que la vérité*. C'est ce qu'elle fit dans le petit écrit qu'on va lire, et où tous les faits, tous les mots ont été, pour ainsi dire, *pesés au poids de la conscience*. C'est un véritable testament d'honneur qu'elle avait remis spécialement à la foi de sa famille et de ses amis les plus intimes, avec recommandation expresse de n'y souffrir aucun changement, aucune altération. Les dépositaires de cet acte religieux ont toujours regardé et regarderaient encore comme une espèce de sacrilége tout ce qu'on pourrait donner à entendre, tout ce qu'on pouvait alléguer *contre* et *outre* ce qui est contenu dans le sens et dans la valeur intrinsèque des expressions que renferme cet écrit. »

Récit exact des derniers momens de captivité de la Reine, depuis le 11 septembre 1793, jusqu'au 16 octobre suivant; par la dame Bault veuve de son dernier concierge.

Témoin des derniers momens de captivité de l'auguste Princesse, objet de ces souvenirs, j'ai lu avec empressement tout ce qu'on a écrit à cet égard. Je n'avais rien à connaître de nouveau, mais je cherchais à savoir si ce qu'on disait était toujours conforme à l'exacte vérité. J'ai reconnu quelques erreurs, produites par un excès de zèle ou de confiance. Je ne doute point, par exemple, que beaucoup de personnes n'aient voulu témoigner l'attachement le plus sincère à leur souveraine, par des offrandes et des sacrifices. Mais, à très-peu d'exceptions près, que j'ai mentionnées dans le cours de ce récit, je suis persuadée que ces tentatives ont été inutiles, d'après les motifs que j'en ai donnés. Ce qu'il était impossible de prouver était inutile à dire. La gloire de la Reine n'y peut rien gagner; au contraire, en s'efforçant d'accréditer des faits inexacts ou exagérés, il semble qu'on risque d'affaiblir le mérite de ses souffrances et la dignité de son caractère. Quant à moi, je n'ai rien dit que je ne puisse attester en honneur et en conscience. Je n'ai aucun intérêt à en imposer aux hommes, dont je n'attends point de récompense, ni au ciel, qu'on ne trompe point impunément. Je serai heureuse d'avoir pu mériter la confiance et d'obtenir quelque estime.

Veuve BAULT.

Mon mari était concierge de la maison de la Force, à l'époque de la révolution. Je partageais ses travaux, et j'élevais près de lui mes enfans. Nous fûmes témoins des massacres des 2 et 3 septembre. Il eut le bonheur de faire sauver près de deux cents détenus, et s'échappa avec eux. Mais nous eûmes la douleur de ne pouvoir pas arracher à la mort la plus illustre des victimes (1) qui périrent dans ces fatales journées. Les

---

(1) La princesse de Lamballe.

assassins se rendirent maîtres de notre domicile, de nos meubles, de nos provisions, et nous leur abandonnâmes tout ce qui était à nous, en détournant les yeux des horreurs dont ils se souillaient en notre présence; ils quittèrent enfin quand il ne leur resta plus rien à immoler.

Mon mari revint à son poste, et bientôt la prison se remplit de tous les sujets fidèles au monarque et à la monarchie légitimes, que leur opinion rendait suspects aux tyrans révolutionnaires. Nous résolûmes de tromper les tyrans pour adoucir le sort des infortunés, et quelquefois nos efforts ne furent pas inutiles.

A l'époque où la Reine fut transférée du Temple à la Conciergerie, une dame, qui venait à la Force porter des secours à un prisonnier, sut que nous avions des liaisons avec Michonis, l'un des administrateurs de la police de ce temps-là; elle confia à mon mari le dessein où elle était d'engager cet administrateur à introduire auprès de la Reine un chevalier de Saint-Louis qui désirait lui offrir ses services. Michonis était rempli d'honneur et de zèle, il reçut favorablement ces propositions. La dame nous donna à dîner dans sa maison de campagne à Vaugirard. Le brave chevalier s'y trouva, et toutes les mesures furent prises pour l'exécution. Michonis se chargea du consentement de Richard (1). L'entrevue eut lieu ainsi qu'on l'a dit dans le temps; je n'en répéterai point les détails, dont je n'ai pas été témoin, non plus que mon mari, et qui d'ailleurs ont été consignés dans mille autres écrits. Nous fûmes affligés du peu de succès de cet acte de dévouement et de courage. Je n'ai point revu la dame ni le chevalier de Saint-Louis, dont j'ai oublié les noms depuis vingt-quatre ans de séparation (2). J'ai lieu de croire qu'ils n'existent plus;

---

(1) Alors concierge de la Conciergerie.
(2) Voyez la note de l'ouvrage intitulé *Histoire de la captivité de*

car il est vraisemblable qu'ils se seraient empressés de se faire connaître dans les circonstances plus heureuses que le ciel nous a enfin accordées.

Michonis fut destitué et mis en prison. Nous étions fort inquiets, mon mari et moi, des révélations qu'il pouvait faire ; mais sa fidélité et sa discrétion ne se démentirent jamais, et c'est une justice que je dois rendre à sa mémoire. Quelque temps après il périt sur l'échafaud, non pas pour ce fait nommément, mais à l'occasion d'une prétendue conspiration de prison, dans laquelle on l'accusa d'avoir trempé.

La destitution de Richard ne tarda pas à être prononcée. Nous en fûmes prévenus par un autre administrateur de la police, nommé Dangers, qui nous était également attaché. Il nous ajouta qu'il était question de mettre l'horrible Simon à la place de Richard. Mon mari frémit de cette idée, et conçut à l'instant le hardi projet de se proposer lui-même pour être le concierge de la Reine. Nous avions l'honneur de connaître dès-lors MM. Hue et Cléry ; nous leur fîmes part séparément de notre dessein. Ils nous y encouragèrent. Dangers se chargea de faire agréer notre demande, et mon mari fut installé à la Conciergerie le 11 septembre 1793.

En entrant dans la chambre de la Reine, elle lui dit avec cette bonté qui ne l'a jamais abandonnée jusqu'au dernier moment : « Ah ! vous voilà, monsieur Bault ! je suis charmée » que ce soit vous qui veniez ici. » Mon mari n'avait jamais eu l'honneur d'approcher de Sa Majesté. Il ne concevait point par quel miracle elle avait pu être instruite d'une négociation qui avait été si prompte et si secrète. Nous regardâmes ce concours d'événemens comme un ordre et comme un bienfait

---

Louis XVI et de la famille royale ; chez Michaud, imprimeur-libraire ; page 275. M. Hue nomme ce chevalier de Saint-Louis Rougeville. Je m'en rapporte à sa mémoire.

de la Providence. C'était un bonheur pour nous de savoir que nos soins seraient agréables; nous redoublâmes d'ardeur pour tâcher qu'ils fussent utiles. Nous ne demandions pas de plus grandes récompenses. Si d'autres avaient pu mettre un prix à leurs services, on savait bien que mon mari se dévouait par des motifs trop élevés pour obéir à des vues mercenaires.

On conçoit sans peine que les rigueurs redoublèrent d'activité depuis l'aventure de Michonis et de Richard. On signifia à mon mari qu'il fallait que l'accusée fût nourrie, comme les autres, de l'ordinaire le plus grossier de la prison. « Je » n'entends pas cela, leur dit-il; c'est ma prisonnière, j'en » réponds sur ma tête; on pourrait tenter de l'empoisonner, » il faut que ce soit moi qui veille à ses alimens; pas une » goutte d'eau n'entrera ici sans ma permission. » On trouva qu'il avait raison, et dès ce moment je fus, avec ma fille, chargée de la nourriture. Elle ne fut pas recherchée, mais du moins saine et convenable. On ne servit plus à la Reine de l'eau malpropre dans un vase fétide, ainsi qu'on avait eu la brutale insolence de le faire auparavant. Nous eûmes un soin particulier de cet objet, sur lequel elle était extrêmement délicate.

Tous les cœurs n'étaient pas fermés à la pitié. Une femme de la Halle vint un jour apporter à mon mari un melon pour *sa bonne Reine*. Une autre offrit des pêches. Tout fut remis à sa destination; mais il fallait user d'adresse pour ne pas s'exposer aux reproches. Pareils faits s'étaient déjà passés du temps de Richard, suivant le témoignage de M. Hue. (*Voyez le même ouvrage déjà mentionné.*)

Je ne suis jamais entrée dans la chambre de la Reine pendant tout le temps que mon mari l'a eue en sa garde. Pour paraître plus exact, il m'en avait donné l'exclusion, et s'en était à lui seul réservé le droit, encore était-il toujours accompagné de deux gendarmes qui veillaient sur tous ses mouvemens. On avait soin de choisir les plus méchans pour cette escorte. Souvent des administrateurs de la police, l'accusateur public, ou même des membres du Comité de sûreté générale, venaient eux-mêmes faire l'inspection ; c'était le moment des plus odieuses recherches. Ils aperçurent un jour une vieille tapisserie que mon mari avait fait attacher le long du lit de la Reine, afin de corriger l'humidité du mur ; ils en témoignèrent leur mécontentement. « Ne voyez-vous pas, leur dit mon » mari, que c'est afin de rompre le bruit, et d'empêcher qu'on » n'entende rien dans la chambre voisine ? » Ils furent émerveillés de sa pénétration. « C'est juste, lui dirent-ils ; tu as » bien fait. » Pour tromper ces misérables, il fallait parler dans leur sens.

L'insalubrité de la chambre était telle, que la robe noire de Sa Majesté, la seule qu'elle mît alternativement avec une robe blanche apportée du Temple, tombait en lambeaux. Ma fille aînée, que j'ai perdue il y a cinq ans, y mit une bordure neuve. Je recueillis les vieux morceaux, et les distribuai à plusieurs personnes qui me les demandèrent avec instance. Ma fille était sans cesse occupée à raccommoder le linge, les vêtemens, les bas, les souliers, qui s'usaient complètement. Le soin de la chambre et de l'intérieur du ménage lui était confié ; elle seule pouvait y entrer pour faire ce service ; elle était encore chargée d'arranger la modeste coiffure de chaque jour, et ne fut pas exempte de ce devoir au moment même du sacrifice. Je me rappelle toutes ces particularités comme si les objets étaient encore sous mes yeux. La Reine n'avait que trois chemises assez fines, dont l'une était garnie d'une dentelle de Malines fort belle. On les lui donnait alternativement tous les dix jours. Ce service se faisait par le greffe du tribunal révolutionnaire. On n'aurait pas osé dépasser d'un mouchoir le compte strict de cette fourniture. La Reine s'occupait à écrire sur la muraille, avec une pointe d'épingle, l'état de son linge. Elle y avait tracé aussi d'autres caractères. Mais aussitôt après son départ on mit partout une couche épaisse de couleur, et tout fut effacé.

J'ai insisté sur ces détails, qui paraissent minutieux, pour démontrer combien il eût été inutile ou insensé d'entreprendre de fournir ostensiblement à la Reine la moindre chose au-delà de ce qui était prescrit par le régime odieux des prisons. Que des personnes courageuses et charitables, mais modestes et ignorées, aient pu réussir à lui porter en secret (1) quelque objet de première nécessité, et surtout peu apparent, je crois un tel fait comme si je l'avais vu, quoiqu'il soit antérieur à notre établissement à la Conciergerie, parce qu'indépendamment de sa vraisemblance, il est appuyé sur des témoignages irrécusables. Mais qu'on ait réussi à lui faire parvenir une grande quantité de choses de luxe ou simplement de commodité usuelle, c'est ce qu'il est impossible d'imaginer. L'envoi ne serait point arrivé à sa destination; il eût été englouti dans le greffe révolutionnaire (2). Le concierge lui-même n'aurait pas pu, sans le plus grand danger, en détourner la moindre partie pour sa prisonnière. Un seul trait prouvera combien cela était hors de son pouvoir.

La Reine avait désiré une couverture de coton anglaise.

---

(1) Voyez au sujet de mademoiselle Foucher, la note de l'ouvrage intitulé : *Histoire de la captivité de Louis XVI et de la famille royale*, etc.; chez Michaud, imprimeur-libraire; pages 267 et suivantes.

(2) Quelques jours après la restauration, dans le courant d'avril 1814, madame de Tourzel, que j'eus l'honneur de voir, me demanda s'il était vrai qu'on eût donné un trousseau à la Reine. Je lui répondis sans hésiter que, non-seulement cela n'était pas, mais que cela ne pouvait pas être, ainsi que je le démontre en ce moment. Si cette idée est venue à quelqu'un, cela aura été une peine inutile ; en tous cas, j'affirme bien positivement que jamais mon mari n'en a entendu parler.

Mon mari se chargea d'en parler à Fouquier-Tinville. « Qu'oses-tu demander ? s'écria ce monstre en écumant de » colère ; tu mériterais d'être envoyé à la guillotine. » Nous fûmes consternés. Nous y suppléâmes de notre mieux. Je fis faire un matelas de la meilleure laine que je pus trouver, et on l'échangea contre celui de la prison. Je ne sais point, pour trahir la vérité, m'enorgueillir de ce que je n'ai pas fait, ou plutôt de ce que je n'ai pas pu faire. J'ai vu le modèle de la résignation la plus religieuse et de la constance la plus héroïque ; mais, il ne faut pas le dissimuler, le ciel a voulu que la Reine de France bût jusqu'à la lie le calice de la douleur, et mon regret éternel sera d'avoir fait si peu de chose pour en diminuer l'amertume. Hélas ! nous ne pouvions pas sauver ses jours, nous voulions du moins que ses derniers momens fussent exempts de trouble, et la majesté de sa personne à l'abri de toute insulte.

Cependant mon mari cherchait avec la plus vive sollicitude à deviner les moindres désirs de la Reine. Il multipliait, sous différens prétextes, les occasions de l'approcher. Elle lui avait confié le soin de ses cheveux ; il s'en acquittait tous les matins le moins mal possible. Si l'attention la plus respectueuse eût pu tenir lieu d'adresse, la Reine aurait été satisfaite. Elle eut du moins la bonté de le paraître ; elle saisissait ce moment pour lui adresser quelques-uns de ces mots obligeans auxquels personne ne savait donner plus de grâce qu'elle. Un jour elle lui disait, en faisant allusion à son nom : « Je veux vous ap- » peler *bon*, parce que vous l'êtes, et que cela vaut encore » mieux que d'être *beau* (Bault). » Une autre fois, en le re- merciant, elle ajoutait : « Je ne serai jamais assez heureuse » pour vous récompenser de ce que vous faites pour moi. » Elle ne manquait jamais de lui demander des nouvelles de ses enfans, et de madame Élisabeth. Mon mari pouvait lui ré- pondre quelquefois, lorsqu'il avait des informations par M. Hue qui avait conservé des correspondances avec le

Temple, et ne craignait pas de pénétrer aussi de temps en temps à la Conciergerie. Tant de bonté, de douceur, de sensibilité, uni à tant de courage, nous pénétrait jusqu'aux larmes. Nous étions heureux lorsque nous pouvions pleurer dans la solitude de notre intérieur, car il n'eût pas été prudent de paraître attendri devant les farouches satellites de la commune qui nous obsédaient pendant toute la journée.

Au milieu des dangers qui l'environnaient, la Reine était agitée de la crainte de compromettre les personnes qui paraissaient prendre intérêt à son sort. Il lui fallait composer son visage, ses paroles, et jusqu'à la moindre démarche. Un coup d'œil, un mot, un geste, auraient suffi pour éveiller le soupçon d'intelligence avec son fidèle gardien, et tout aurait été perdu. Un jour, néanmoins, elle se crut assez maîtresse de son mouvement pour glisser, sans être aperçue, dans la main de mon mari quelque chose qu'elle avait préparé en secret. Soit que l'action n'eût pas été assez prompte ou assez cachée, les deux gendarmes s'en aperçurent et s'élancèrent sur mon mari, en criant avec fureur : « Q'est-ce qu'on vient de te remettre? » Il fut obligé d'ouvrir sa main, et de montrer ce qu'il venait de recevoir : c'était une paire de gants et une boucle de cheveux (1), qui furent saisis à l'instant et portés au

---

(1) Dès le 22 mars 1814, la Gazette de France avait rendu compte de ce fait que j'avais révélé depuis long-temps au rédacteur de l'article. En 1816, la paire de gants et la boucle de cheveux ont été trouvés chez Courtois, avec la lettre de la Reine. Ainsi la Providence a permis que la vérité de mes assertions fût justifiée par les événemens. Ces deux objets avaient passé des mains de Fouquier dans celles de Robespierre, et Courtois les avait trouvés chez celui-ci, ainsi que la lettre, lors de la visite de ses papiers. Courtois n'avait point parlé de cette découverte dans son rapport; il en réservait la révélation, ainsi qu'il l'a avoué lui-même, pour une occasion plus favorable.

greffe de Fouquier. Nous ne doutâmes point que ces objets ne fussent destinés par la Reine, à ses enfans, et nous partageâmes toute la douleur de cette privation.

La Reine ne se découragea point ; le cœur d'une mère est ingénieux, et le malheur double sa force. Elle imagina de tirer quelques fils de la tapisserie attachée à son lit, et d'en tresser une espèce de jarretière, à l'aide de deux cure-dents, seuls instrumens de travail que lui eussent laissés ses misérables persécuteurs, qui lui avaient refusé ses aiguilles à tricoter. Lorsque l'ouvrage fut achevé, elle le laissa tomber un jour à ses pieds, au moment où mon mari entrait dans sa chambre. Il devina sur-le-champ la pensée de la Reine, s'avança rapidement vers elle, tira son mouchoir qui parut lui échapper, en couvrit la jarretière, et ramassa le tout ensemble. Nous conservâmes religieusement ce tissu précieux ; je le donnai à M. Hue, qui devait accompagner Son Altesse Royale Madame, à Vienne ; il le lui remit en la joignant à Huningue, ainsi qu'il a bien voulu l'attester dans son ouvrage intitulé : *Dernières années du règne et de la vie de Louis XVI*, page 352.

Pour obtenir que les gendarmes ne restassent plus dans la chambre de la Reine, où ils passaient la journée à boire, à jouer, à fumer, séparés d'elle seulement au moyen d'un paravent qui coupait le local en deux parties, mon mari, sous prétexte de sa responsabilité, avait pris la clef dans sa poche, et les deux soldats restaient à la porte extérieure. Les juremens, les imprécations, les blasphèmes, ne blessaient plus les oreilles de l'auguste prisonnière, et n'interrompaient plus ses religieuses pensées. Elle ne pouvait pas travailler faute de lumière et de moyen d'occupation, ainsi que je l'ai déjà dit. Elle lisait : sa lecture favorite était les voyages du capitaine Cook que mon mari lui avait procurés. La plus grande partie de son temps était consacrée à la prière ; souvent on la vit dans ce pieux exercice qui remplissait presque tous les momens de sa vie, surtout depuis le mémorable événement arrivé du temps de Richard (1).

Malgré la présence de deux sentinelles posées sous la fenêtre de la cour, les prisonniers qui avaient la faculté de s'y promener, trouvaient le moyen, en parlant très-haut, d'instruire la Reine de ce qui pouvait l'intéresser. Ce fut par ce moyen qu'elle sut à l'avance le jour où elle devait monter au tribunal (2).

Je ne dirai qu'un mot de cette horrible catastrophe. Elle fut pour mon mari une agonie mille fois plus douloureuse que celle qui, peu d'années après, devança le dernier moment de sa vie. Il savait à chaque instant tous les détails de cette procédure monstrueuse qui était accompagnée de mille outrages, et qui fit de la condamnation elle-même une espèce de bienfait. La Reine sortit du tribunal bien avant dans la nuit. Son courage n'était point abattu; sa contenance était toujours noble, mais modeste et résignée. Mon mari se trouvait à son arrivée; elle lui demanda tout ce qu'il fallait pour écrire, et fut sur-le-champ obéie. Il me dit le jour même : « Ta pauvre » Reine a écrit; elle m'a donné sa lettre, mais je n'ai pu la » remettre à son adresse; il a fallu la porter à Fouquier. » Nous ignorions, avec toute la France, ce qu'était devenu ce monument de tendresse maternelle, de piété et de courage.

---

(1) Voyez à ce sujet ce qui concerne M. l'abbé Magnien dans la note de l'ouvrage déjà cité, pages 270 et suivantes. Je sus dès lors qu'un digne ecclésiastique, sous le nom de Charles, bravait tous les dangers pour s'introduire dans la prison et porter aux détenus les consolations de la religion; mais je n'avais pas l'honneur de le connaître. J'ai su depuis que ce courageux apôtre de la foi était M. l'abbé Magnien, aujourd'hui curé de Saint-Germain-l'Auxerrois.

(2) Cette fenêtre était, comme celles de toutes les chambres *de secret*, masquée par une espèce de hotte en planches, qui empêchait de voir, mais non pas d'entendre.

Le ciel nous l'a rendu par un de ces moyens admirables qui n'appartiennent qu'à sa toute-puissance, et qui attestent son ineffable bonté.

Telles sont les principales circonstances de cette douloureuse époque qui se retracent à mon esprit. L'impression qu'elles m'ont laissée au fond de l'âme m'a empêchée jusqu'ici d'en fixer le souvenir par écrit. On m'a invitée à le faire pour suppléer à l'insuffisance et corriger l'inexactitude de quelques autres récits qu'on s'est empressé de publier sur des traditions incertaines. J'ai obéi uniquement dans les intérêts de la vérité. A mon âge et dans ma position on n'est point guidé par d'autres vues. Ce n'est point une relation de circonstances étrangères, c'est un témoignage rendu sur des événemens qui me sont personnels; c'est un acte où je me hâte de déposer des faits dont je suis l'un des derniers témoins, pour l'acquit de ma conscience, pour l'honneur de la mémoire de mon époux, pour celui de mes enfans, et surtout pour consacrer un juste hommage à la plus haute vertu qui ait depuis long-temps honoré les grandeurs du trône et mérité les récompenses du ciel.

(U), page 255.

Une préoccupation, dont je n'ai pas été le maître, ne m'a pas permis de garder la date précise de notre visite au Temple; mais voici les faits.

Les affreux verroux s'ouvrent avec fracas à notre présence, et les sbires prennent les armes; déjà nous avions monté quelques marches de l'escalier de la tour à l'ouest de l'horrible prison, lorsqu'une voix lamentable, sortie par un guichet placé sur cet escalier, et qui eût plutôt annoncé la retraite d'un animal immonde que celle d'un homme, suspendit notre marche.

Précurseur effrayant de la tâche que nous avions à remplir,

cette voix fit sur mes collègues et sur moi un effet que rien ne peut exprimer. Nous nous arrêtons, nous interrogeons, et nous apprenons que cette loge, que ce cachot obscur renfermait un ancien valet de chambre de Louis XVI. J'ai oublié son nom.

J'atteste ici que le fait était absolument inconnu des comités du gouvernement; le lieu faisait horreur à voir; mais y être renfermé, quelle situation !

Le prisonnier nous exposa sa plainte, il demanda sa liberté ; nous lui observâmes que nos pouvoirs ne s'étendaient pas jusque-là. Hélas ! ils étaient sans mesure pour faire le mal.

Alors il demanda à changer au moins de lieu provisoirement; nous y consentîmes, non-seulement sans peine, mais les larmes aux yeux, et nous chargeâmes les commissaires de la commune, qui nous accompagnaient, de l'exécution de notre arrêté.

Cela fait, nous arrivâmes bientôt après à la porte, sous l'affreux verrou de laquelle était enfermé le fils innocent, le fils unique de notre Roi, notre Roi lui-même, dix ou douze marches peut-être au-dessus du guichet dont je viens de parler.

Le cœur me palpitait d'une force indicible, et mes collègues n'étaient pas plus tranquilles ni moins pâles que moi; nous nous observions mutuellement, mais avec une sympathie si expressive de peines et d'intention, que rien ne peut la peindre, et que nous nous entendions sans nous expliquer.

La clef tourne avec bruit dans la serrure, et la porte ouverte nous offre une petite antichambre fort propre, sans autre meuble qu'un poêle de faïence qui communiquait dans la pièce voisine, par une ouverture dans le mur de séparation, et que l'on ne pouvait allumer que par cette antichambre; les commissaires nous observèrent que cette précaution avait été prise, pour ne pas laisser du feu à la discrétion d'un enfant.

Cette autre pièce était la chambre du Prince, et dans laquelle était son lit ; elle était fermée en dehors, il fallut encore l'ouvrir ; ce mouvement de clefs et de verroux porte à l'âme un noir d'autant plus pénible, que la réflexion ne fait qu'y ajouter, au lieu de le dissiper.

Le Prince était assis auprès d'une petite table carrée, sur laquelle étaient éparses beaucoup de cartes à jouer ; quelques-unes étaient pliées en forme de boîte et de caisse, d'autres élevées en châteaux ; il était occupé de ces cartes lorsque nous entrâmes, et il ne quitta pas son jeu.

Il était couvert d'un habit neuf à la matelot, d'un drap couleur ardoise ; sa tête était nue, la chambre propre et bien éclairée.

Le lit se composait d'une couchette en bois, sans rideaux ; la coucher et le linge nous parurent beaux et bons. Ce lit était derrière la porte, à gauche en entrant ; plus loin, du même côté, était un autre bois de lit sans coucher, placé aux pieds du premier ; une porte fermée entre les deux communiquait à une autre pièce que nous n'avons pas vue.

Les commissaires nous dirent que ce lit avait été celui d'un savetier, nommé Simon, que la municipalité de Paris, avant la mort de Robespierre, avait établi dans la chambre du jeune prince, pour le servir et le garder. On sait assez avec quelle barbarie ce monstre s'est acquitté de ces deux fonctions.

On sait que ce scélérat se jouait cruellement du sommeil de son prisonnier ; que, sans égard pour son jeune âge, pour lequel le sommeil est un besoin si impérieux, il l'appelait à diverses reprises la nuit, en lui criant : *Capet.... Capet.*

Le prince répondait : *Me voilà, Citoyen... Approche, que je te voie*, répliquait le tigre : l'agneau approchait. La plume se refuse à tracer le reste : l'exécrable bourreau sortait sa jambe du lit, et, d'un coup de pied lancé partout où il pouvait atteindre, il étendait sa victime par terre, en lui criant : *Va te coucher, louveteau.* O ciel ! et la vengeance divine se bornerait à la vie que ce monstre a perdue avec Robespierre !

Ceci a déjà été écrit; mais je le rapporte parce que les commissaires nous en firent un récit dont le souvenir me fait frissonner chaque fois qu'il se présente.

Après avoir reçu ces affreux détails préliminaires, je m'approchai du Prince; nos mouvemens ne semblaient faire aucune impression sur lui; je lui dis que le gouvernement, instruit trop tard du mauvais état de sa santé et du refus qu'il faisait de prendre de l'exercice et de répondre aux questions qu'on lui faisait à cet égard, ainsi qu'aux propositions qu'on lui avait faites d'employer quelques remèdes et de recevoir la visite d'un médecin, nous avait envoyés près de lui pour nous assurer de tous ces faits, et lui renouveler nous-mêmes en son nom toutes ces propositions; que nous désirions qu'elles lui fussent agréables, mais que nous nous permettrions d'y ajouter le conseil et le reproche même s'il persistait à garder le silence et à ne vouloir point prendre d'exercice; que nous étions autorisés à lui procurer les moyens d'étendre ses promenades et à lui offrir les objets de distraction et de délassement qu'il pourrait désirer, et que je le priais de vouloir bien me répondre si cela lui convenait.

Pendant que je lui adressais cette petite harangue, il me regardait fixement sans changer de position, et il m'écoutait avec l'apparence de la plus grande attention; mais pas un mot de réponse.

Alors je repris mes propositions comme si j'eusse pensé qu'il ne m'avait pas entendu, et je les lui particularisai à peu près de cette manière :

« Je me suis peut-être mal expliqué, ou peut-être ne m'a-
» vez-vous pas entendu, Monsieur; mais j'ai l'honneur de
» vous demander si vous désirez un cheval, un chien, des
» oiseaux, des joujoux de quelque espèce que ce soit, un
» ou plusieurs compagnons de votre âge que nous vous
» présenterons avant que de les installer près de vous; vou-
» lez-vous, dans ce moment, descendre dans le jardin ou

» monter sur les tours ; désirez-vous des bonbons ? des gâ-
» teaux, etc., etc. ? »

J'épuisai en vain toute la nomenclature des choses qu'on peut désirer à cet âge ; je n'en reçus pas un mot de réponse, pas même un signe ou un geste, quoiqu'il eût la tête tournée vers moi, et qu'il me regardât avec une fixité étonnante qui exprimait la plus grande indifférence.

Alors je me permis de prendre un ton un peu plus prononcé, et j'osai lui dire : « Monsieur, tant d'opiniâtreté à votre âge
» est un défaut que rien ne peut excuser ; elle est d'autant
» plus étonnante que notre visite, comme vous le voyez, a
» pour objet d'apporter quelque adoucissement à votre situa-
» tion, des soins et des secours à votre santé ; comment vou-
» lez-vous qu'on y parvienne si vous refusez toujours de ré-
» pondre et de dire ce qui vous convient ? Est-il une autre
» manière de vous le proposer ? Ayez la bonté de nous le
» dire, nous nous y conformerons. »

Toujours le même regard fixe et la même attention, mais pas un seul mot.

Je repris : « Si votre refus de parler, Monsieur, ne com-
» promettait que vous, nous attendrions, non sans peine,
» mais avec plus de résignation, qu'il vous plût de rompre le
» silence, parce que nous devons en conjecturer que votre
» situation vous déplaît moins sans doute que nous ne le pen-
» sions, puisque vous ne voulez pas en sortir ; mais vous ne
» vous appartenez pas ; tous ceux qui vous entourent sont
» responsables de votre personne et de votre état ; voulez-
» vous les compromettre, voulez-vous nous compromettre
» nous-mêmes ? car quelle réponse pourrons-nous faire au
» gouvernement dont nous ne sommes que les organes ? Ayez
» la bonté de me répondre, je vous en supplie, ou bien
» nous finirons par vous l'ordonner. »

Pas un mot, et toujours la même fixité.

J'étais au désespoir et mes collègues aussi ; ce regard surtout avait un tel caractère de résignation et d'indifférence, qu'il semblait nous dire : *Que m'importe? achevez votre victime!*

Je le répète, je n'en pouvais plus, mon cœur se gonflait et je fus prêt à céder aux larmes de la plus amère douleur ; mais quelques pas que je fis dans la chambre me remirent et me confirmèrent dans l'idée d'essayer l'effet du commandement, ce que je tentai en effet en me plaçant tout près et à la droite du prince, et en lui disant : *Monsieur, ayez la complaisance de me donner la main ;* il me la présenta, et je sentis en prolongeant mon mouvement jusque sous l'aisselle, une tumeur au poignet et une au coude, comme des *nodus ;* il paraît que ces tumeurs n'étaient pas douloureuses, car le prince ne le témoigna pas.

L'autre main, Monsieur. Il la présenta aussi ; il n'y avait rien.

Permettez, Monsieur, que je touche aussi vos jambes et vos genoux ; il se leva. Je trouvai les mêmes grosseurs aux deux genoux, sous le jarret.

Placé ainsi, le jeune Prince avait le maintien du rachitisme et d'un défaut de conformation ; ses jambes et ses cuisses étaient longues et menues, les bras de même, le buste très-court, la poitrine élevée, les épaules hautes et resserrées, la tête très-belle dans tous ses détails ; le teint clair, mais sans couleurs ; les cheveux longs et beaux, bien tenus, châtain-clair.

Maintenant, Monsieur, ayez la complaisance de marcher. Il le fit aussitôt en allant vers la porte qui séparait les deux lits, et il revint s'asseoir sur-le-champ.

« Pensez-vous, Monsieur, que ce soit là de l'exercice, et
» ne voyez-vous pas au contraire que cette apathie seule est la
» cause de votre mal et des accidens dont vous êtes menacé ?
» Ayez la bonté d'en croire notre expérience et notre zèle,
» vous ne pouvez espérer de rétablir votre santé qu'en défé-
» rant à nos demandes et à nos conseils : nous vous enverrons

» un médecin, et nous espérons que vous voudrez bien lui
» répondre : faites-nous signe au moins que cela ne vous dé-
» plaira pas. »

Pas un signe, pas un mot.

« Monsieur, ayez la bonté de marcher encore et un peu plus
» long-temps. »

Silence et refus; il resta sur son siége, les coudes appuyés sur la table; ses traits ne changèrent pas un seul instant, pas la moindre émotion apparente, pas le moindre étonnement dans les yeux, comme si nous n'eussions pas été là et comme si je n'eusse rien dit : j'observe que mes collègues ne parlèrent pas.

Nous nous regardions d'étonnement, et nous faisions quelques pas l'un vers l'autre pour nous communiquer nos réflexions, lorsqu'on apporta le dîner du Prince.

Nouvelle scène de douleur : il faut l'avoir vue et éprouvée, pour la croire.

Une écuelle de terre rouge contenait un potage noir couvert de quelques lentilles; dans une assiette, de la même espèce, était un petit morceau de bouilli noir aussi, et retiré, et dont la qualité était assez marquée par ces attributs : une seconde assiette dont le fond était rempli de lentilles, et une troisième dans laquelle étaient six châtaignes plutôt brûlées que rôties, un couvert d'étain, point de couteau; les commissaires nous dirent que c'était l'ordre du conseil de la commune; et point de vin.

Tel était le dîner du fils de Louis XVI, de l'héritier de *soixante-six rois*; tel était le traitement fait à l'innocence.

Dans l'antichambre nous ordonnâmes que cet exécrable ordre de choses serait changé à l'avenir, et que l'on commencerait à l'instant même à ajouter à son dîner quelques friandises et surtout du fruit; je voulus qu'on lui procurât du raisin qui était rare alors.

L'ordre ayant été donné pour cela, nous rentrâmes; il avait

tout mangé. Je lui demandai s'il était content de son dîner, point de réponse ; s'il désirait du fruit, point de réponse ; s'il aimait le raisin, point de réponse. Un instant après le raisin arriva, on le plaça sur la table, et il le mangea sans rien dire. En désirez-vous encore? Point de réponse.

Il ne nous fut plus permis de douter alors que toutes les tentatives de notre part, pour en obtenir une réponse, seraient inutiles ; je lui fis part de notre détermination, et je lui dis qu'elle était d'autant plus pénible pour nous, que nous ne pouvions attribuer son silence à notre égard qu'au malheur de lui avoir déplu ; que nous proposerions en conséquence au gouvernement, de lui envoyer des commissaires qui lui seraient plus agréables.

Même regard, mais point de réponse. « Voulez-vous bien, » Monsieur, que nous nous retirions? » Point de réponse.

Cela dit, nous sortîmes ; la première porte étant fermée, nous restâmes un quart-d'heure dans l'antichambre, à nous interroger mutuellement sur ce que nous venions de voir et d'entendre, et à nous communiquer nos réflexions et les observations que chacun de nous avait faites à cet égard, ainsi que sur le moral et sur le physique du jeune Prince.

D'après le récit que je viens de faire, qui est exact, et dont j'ai plutôt abrégé qu'étendu les détails, tout le monde peut faire et fera sans doute les mêmes réflexions et les mêmes observations que nous ; ainsi je ne les répéterai pas.

J'ai dit les motifs auxquels les commissaires attribuaient le silence opiniâtre du prince. Je leur demandai, dans l'antichambre, si ce silence datait réellement du jour où la plus barbare violence lui avait fait faire et signer l'odieuse et absurde déposition contre la Reine, sa mère ; ils renouvelèrent leur assertion à cet égard, et nous protestèrent que depuis le soir de ce jour-là, le Prince n'avait pas parlé.

Après avoir présenté cette anecdote à l'éternelle douleur des âmes sensibles, je la livre aux observateurs de la nature. Est-il possible qu'à l'âge de neuf ans un enfant puisse former une telle détermination et y persévérer? c'est ce qui n'est pas vraisemblable sans doute ; mais je réponds à ceux qui douteraient ou qui nieraient, par un fait et par des témoignages que j'indique et auxquels on peut recourir.

J'ignore si ce jeune Prince a parlé à M. Dessault, lorsque ce médecin est allé le voir, parce que peu de jours après notre visite au Temple, une intrigue me fit nommer par la Convention commissaire aux Grandes-Indes. Je partis à cet effet pour Brest, où je restai plusieurs mois, et à mon retour j'appris que le malade et le médecin étaient morts, et celui-ci sans avoir laissé de notes ou de mémoires ; c'est ainsi qu'on me l'a dit.

Quoi qu'il en soit, avant de sortir de l'antichambre du Prince, mes collègues et moi nous convînmes que pour l'honneur de la nation qui l'ignorait, pour celui de la Convention qui, à la vérité, l'ignorait aussi, mais dont le devoir était d'en être instruite, pour celui de la coupable municipalité de Paris elle-même, qui savait tout et qui causait tous ces maux, nous nous bornerions à ordonner des mesures provisoires qui furent prises sur-le-champ, et que nous ne ferions pas de rapport en public, mais en comité secret, dans le comité seulement ; ce qui fut fait ainsi.

MADAME ROYALE.

J'ai à terminer un récit bien plus intéressant. J'ai raconté les malheurs de l'innocence opprimée sortant des mains de la nature ; il me reste à dire ceux de l'innocence ornée des vertus natives et acquises, et de toutes les grâces.

Ames célestes qui présidez aux destinées de la France inspirez-moi et communiquez à ma plume, avec la vérité, le style touchant qui convient à mon sujet.

En quittant l'antichambre du Prince, nous montâmes chez

Madame ; j'ai compté les marches, et, si ma mémoire est fidèle, j'en ai compté quatre-vingt-deux.

Les commissaires nous dirent que cet appartement était celui que le roi avait occupé. Je l'avais trouvé en effet très-haut, lorsque j'y étais monté au mois d'octobre 1792; mais je ne m'y reconnus pas, on avait fait depuis quelques changemens intérieurs ; et pour priver le roi et ses augustes compagnes de la jouissance de la vue en dehors, sous le prétexte que quelques fidèles sujets montaient aux fenêtres les plus élevées des maisons voisines du Temple, pour lui témoigner, par quelques signes, ou leur douleur, ou leurs espérances, on avait non-seulement fait élever les murs de clôture à une hauteur extraordinaire, mais on avait encore masqué les fenêtres de l'horrible prison par des caisses extérieures en bois, formées en hotte, et que l'on appelle, je crois, des abat-jours, de sorte qu'il était beaucoup plus sombre ; il était même obscur. Cependant, étant arrivé dans la première pièce, vis-à-vis la porte ouverte d'une chambre voisine, je crus reconnaître, au fond de cette seconde chambre, la porte par laquelle j'avais vu sortir Cléry, valet de chambre du roi, lorsque ce prince l'appela dans une circonstance dont j'ai rendu compte.

Les commissaires nous avaient prévenus, comme je l'ai déjà dit, que Madame ne parlait pas, par la raison qu'elle ne daignait pas le faire.

Je ne sais à quelles causes attribuer les dispositions faciles d'esprit et de cœur dans lesquelles je me trouvai en arrivant là; je n'éprouvais plus cette douleur oppressive qu'on ne peut exprimer, elle était forte, mais expansive ; et s'il m'eût été permis de parler, si j'eusse osé dire tout ce que je sentais, j'ai l'indiscrète confiance de croire qu'on me l'eût pardonné.

Une très-grande cheminée, dans laquelle était un très-petit feu, se présentait en face de la porte d'entrée ; un lit était à gauche, au pied du lit une porte ouverte communiquant à la chambre dont je viens de parler.

Il faisait ce jour-là un froid pluvieux, et ce froid vous saisissait en entrant dans cette vaste chambre, sous un plafond antique extrêmement élevé, et le tout fermé de murs d'une épaisseur extraordinaire ; tout me parut humide et glacial, et cependant proprement tenu.

Madame était assise dans un fauteuil sous une de ces fenêtres que j'ai décrites plus haut, fermées en outre par d'énormes grilles et élevée de plusieurs pieds au-dessus de la tête ; c'était la seule qui éclairât cette chambre : un rayon de lumière, brisé et à moitié intercepté par la grille, descendait perpendiculairement et sans projection au bas de cette fenêtre, par le haut de la caisse en bois placée en dehors. L'effet de ce rayon de lumière était à peu près celui que produirait dans un lieu obscur un miroir présenté au soleil, et Madame était placée sous ce disque de lumière comme dans une auréole de gloire : c'est l'image que je me fis de cette position vraiment digne du pinceau.

Madame était habillée d'une toile grise unie de coton, resserrée en elle-même comme n'étant pas suffisamment vêtue et garantie du froid. Elle portait un chapeau que je ne puis décrire, mais qui me parut très-fatigué, ainsi que les souliers. Madame tricotait ; ses mains me parurent enflées par le froid, par conséquent violettes, et les doigts gros d'engelures : aussi Madame tricotait-elle avec peine et d'un air bien sensiblement gêné.

J'observe que j'entrai seul dans l'appartement de Madame, mes collègues restèrent sur le seuil de la porte, à portée cependant de tout voir et de tout entendre ; les commissaires de la commune s'étaient arrêtés dans un petit bureau que je vis en montant, mais que je n'ai pas assez remarqué pour le décrire.

Madame tourna un peu la tête à mon entrée qui parut lui donner quelque inquiétude. J'étais un être bien nouveau pour son Altesse Royale, et mon apparition devait nécessairement la préoccuper un peu. Était-ce encore quelque événement, quelques catastrophes, quelques peines nouvelles ?

L'état dans lequel je trouvai Son Altesse ne me permit aucun préliminaire, et ne me laissa pas le temps de lui exposer d'abord l'objet de notre visite ; mon intention et mon projet, en montant, avaient été de lui demander la permission de parler, mais je ne pus y tenir. Voici comment je débutai, et ce début n'est pas à imiter ; je ne le donne pas pour modèle, mais comme une preuve de mon embarras et du saisissement que j'éprouvais : toutes mes belles dispositions étaient disparues.

« Madame, pourquoi, par le froid excessif qu'il fait, êtes-
» vous si éloignée de votre feu ? »

Son Altesse me répondit : « *C'est que je ne vois pas clair au-*
» *près de la cheminée.* »

« Mais, Madame, en faisant un plus grand feu, la chambre
» au moins serait échauffée, et vous éprouveriez moins de froid
» sous cette croisée. »

« *On ne me donne pas de bois....* » Telle fut la réponse de Madame.

J'ai dit, et je le répète, que le feu était très-petit ; il était en effet composé de trois petits morceaux de ce bois qu'on appelle communément à Paris bois de cotrets, sur un monceau de cendres.

D'après les préventions que les commissaires avaient voulu nous donner, je ne m'étais pas trop attendu à une réponse, et cependant, non-seulement j'en avais déjà obtenu deux, mais encore je remarquai que Madame suspendait un peu son travail, m'observait sans effroi et sans dédain, et même avec l'air d'une attente tranquille.

Je pris alors un peu d'assurance, et j'osai lui dire : « Ma-
» dame, le gouvernement, instruit depuis hier seulement des
» indignes et pénibles détails que je ne vois que trop, nous a
» envoyés vers vous, d'abord pour nous en assurer, et en-
» suite pour recevoir vos ordres pour tous les changemens qui
» vous seront agréables et que les circonstances permettront. »

Ce langage parut nouveau à Madame, depuis sa captivité ; son maintien le disait, mais elle ne répondit rien.

Après ma courte harangue, je me permis de parcourir la chambre dans laquelle était Madame, et d'en examiner les meubles ainsi que ceux de la pièce à côté ; il y en avait peu, mais tous étaient beaux et bien tenus.

Dans l'angle de cette seconde pièce, du même côté que le lit de Madame, était un fort beau piano à queue. Embarrassé et cherchant une occasion nouvelle de faire parler son altesse, et de lui prouver que ma maladresse était moins l'effet de l'ineptie que celui de ma position, je touchai le clavier du piano, et, quoique je n'y connusse rien, je dis à Madame que je croyais que son piano n'était pas d'accord, et je lui demandai si elle désirait que je lui envoyasse quelqu'un pour l'accorder.

« Non, Monsieur, ce piano n'est pas à moi, c'est celui
» de la Reine ; je n'y ai pas touché, et je n'y toucherai pas. »

Qui pourrait rendre, qui pourrait exprimer tout ce que cette touchante réponse signifiait ? C'est aux âmes seules qui savent sentir qu'il appartient d'en pénétrer le sens douloureux, et de s'en pénétrer elles-mêmes ; je n'y échappai pas, mes jambes s'affaissaient sous moi du poids de ma douleur.

Je rentrai dans la première pièce ; il fallait passer au pied du lit, qui était très-bien fait ; mais je commis alors une imprudence qu'aucune intention, quelque bonne et adroite qu'elle fût, ne pouvait justifier ; je passai légèrement la main sur le pied du lit, pour m'assurer en effet de sa qualité ; mais je vis clairement que ce geste, dont je me suis bien repenti, quoique fait avec intention bien opposée à celle d'offenser, m'avait fait perdre, aux yeux de son Altesse Royale, l'appréciation favorable qu'elle paraissait avoir faite de mes autres démarches.

Mais la faute était faite, je la sentis vivement sur-le-champ, et je cherchai à l'atténuer en faisant à Madame la question que j'aurais dû faire sans toucher le lit. Je lui demandai si elle était contente de son lit ; elle me fit l'honneur de me répondre : *Oui.*

J'ajoutai : « Et du linge, Madame ? » Réponse : « Il y a plu-
» sieurs semaines qu'on ne m'en a donné. »

A chaque détail de cette scène, on sent accroître sans doute son indignation et sa douleur ; mais à cette dernière réponse de son Altesse Royale, la peine de mes collègues et la mienne furent sans mesure ; ils l'exprimèrent fortement, et du geste et de la voix, par des imprécations contre la coupable commune.

Je continuai cependant mon audacieux inventaire dans la chambre de Madame ; il y avait des encognures en acajou aux deux coins de la cheminée, au-dessus du manteau, et dans ces encognures quelques livres.

J'étais au désespoir de penser qu'en sortant du Temple je ne laisserais de moi, à Son Altesse, que l'opinion commune à tous ceux qui l'avaient approchée jusqu'alors ; et il y avait une si grande différence entre la leur et la mienne, sous tous les rapports, que, quoique je n'eusse pas l'honneur d'en être connu, j'étais indigné contre moi-même d'avoir donné à Madame la juste occasion d'observer que jusqu'à ce jour elle n'avait pas encore vu un être qui eût l'idée des convenances, ou qui sût les respecter.

Je désirais me réhabiliter ; si je n'avais pas eu des témoins, des témoins suspects, quoique non malveillans, le repentir, le respect et tous les sentimens que je devais à Madame, comme Français, m'eussent inspiré, et je sentais bien ce que j'aurais eu à dire et à faire ; mais l'occasion n'était pas favorable, et je n'avais d'ailleurs que des pouvoirs limités.

Dans cette perplexité, j'allai aux encognures dont je viens de parler ; il n'y avait pas plus de dix à douze volumes in-8°. et in-12.

Le premier que je touchai était une *Imitation de Jésus-Christ* ; tous les autres étaient des livres d'église, de prières, etc.

Je pris la liberté d'observer à Madame que ces livres étaient bien peu propres à lui procurer les distractions et les délassemens que sa situation pouvait lui faire désirer, et j'osai lui demander si elle en lirait d'autres avec plaisir.

Écoutez la réponse, et jugez..... « Non, Monsieur ; ces livres » sont précisément les seuls qui conviennent à ma situation. »

Quelle sublime et édifiante réponse ! Dieu et le malheur ! Dieu et la vertu ! telles étaient, dans la plus injuste captivité, la compagnie et l'occupation de Marie-Thérèse-Charlotte de France !

Les nouvelles réflexions dans lesquelles cette réponse sublime me jeta, et la bonté que Madame avait eue de me la faire, me rendirent un peu à l'estime de moi-même ; j'apprenais d'une jeune et grande princesse qu'il est donc, hors du monde, et au milieu des plus grandes peines, des consolations pour les âmes justes et fortes.

Je voulais me retirer pour ne pas me distraire de cette grande idée, et pour la méditer ; mais je ne pouvais ni ne devais sortir sans assurer Son Altesse royale de l'empressement que le gouvernement apporterait, d'après notre rapport, à changer l'ordre actuel du Temple ; ce que je fis, en la priant de vouloir bien m'indiquer quels premiers soins pourraient lui être agréables ce jour-là même.

Madame demanda d'abord du bois ; puis, plus confiante sans doute, elle daigna me demander des nouvelles du jeune prince son frère.

Il ne nous était pas venu dans l'idée (et qui aurait pu la concevoir cette idée ?) que la commune poussait sa barbare surveillance jusqu'à priver ces deux jeunes et illustres victimes du plaisir de se voir.

Nous marchions donc, dans le séjour affreux du Temple, de surprise en surprise, et d'indignation en indignation.

« Madame, répondis-je, nous avons eu l'honneur de le voir » avant d'entrer chez vous.

» — Pourrai-je le voir? — Oui, madame... — Où est-il ?...
» — Ici, sous votre appartement, et nous allons faire en sorte
» que vous puissiez le voir et communiquer ensemble quand
» cela vous conviendra. »

Cela dit, nous nous retirâmes; et nous chargeâmes les commissaires d'exécuter sur-le-champ les promesses que nous venions de faire à Madame.

Cette Princesse avait dîné en même temps que son frère, et sans doute de la même manière; mais il n'y paraissait plus, et tout était dans un état d'ordre et de propreté agréable à voir quand nous arrivâmes chez elle.

La crainte et la honte d'apprendre les détails de ce dîner ne me permirent pas de faire à cet égard la moindre question à Madame; il ne nous restait que la ressource de donner des ordres pour que cela n'arrivât plus, ce que nous fîmes aussi.

En descendant de cette tour, où étaient renfermés les plus illustres rejetons de la plus auguste famille de l'Europe, dans laquelle l'un d'eux périt, peu de temps après, victime des violences les plus inouïes et d'une barbarie sans exemple, et de laquelle devait sortir ensuite l'espoir et la gloire de la France, mes collègues et moi, les larmes aux yeux, après nous être communiqué franchement nos opinions et notre profonde affliction, nous convînmes de nouveau que nous demanderions au comité une séance secrète pour lui faire notre rapport. Je m'empresse d'annoncer que le gouvernement mit le plus grand zèle à acquitter les promesses que nous avions faites en son nom, et à réaliser les espérances que nous avions données : au moins, cela fut arrêté le soir même.

(Extrait d'une brochure intitulée *Anecdotes relatives à quelques personnes et à plusieurs événemens remarquables de la révolution*, par *J.-P. Harmand de la Meuse*. Paris, 1820.)

FIN.

www.ingramcontent.com/pod-product-compliance
Lightning Source LLC
Chambersburg PA
CBHW060451170426
43199CB00011B/1169